U0815123

国家出版基金项目
NATIONAL PUBLICATION FOUNDATION

中国物理教育研究丛书
郭玉英 主编

仲扣庄 著

高中物理量子理论课程研究

GAOZHONG WULI
LIANGZI LILUN KECHENG YANJIU

GEP 广西教育出版社

序

20世纪90年代，广西教育出版社出版了《学科现代教育理论书系·物理》，由我的导师阎金铎教授担任主编，在物理教育领域产生了重要影响，已经成为本学科专业发展的里程碑。二十多年过去了，随着新世纪中国基础教育课程改革的全面推进，物理教育研究呈现出前所未有的繁荣景象，涌现出丰富的研究成果。当2014年该社提出要我组织编写一套《中国物理教育研究丛书》，汇集新时期的标志性成果时，我认为这是一个现实与历史意义兼具的重要选题，同时也感到是一个非常艰巨的任务，责任重大。

我国的物理教育有研究与教学紧密结合的优良传统，许多优秀的中学物理教师和教研员植根于教学实践开展研究，积累了大量本土化、原创性的研究成果，展示出物理教育的中国特色。近十几年来，随着研究生教育的发展，物理教育的国际交流不断拓展和深化，越来越多的年轻学者借鉴国际科学教育研究的经验和方法，针对我国物理教育实践中的问题，开展了多角度、多层次的具体深入的实证研究，如围绕新课程倡导的科学探究和探究教学的研究，针对物理学科核心概念和关键能力展开的学习进阶研究，促进学生发展的课堂教学模式的研究，关于物理课程和教材的深入研究和国际比较研究，关于物理教育测量和评价的研究，物理教育与信息技术整合的研究，针对物理教师观念的研究等。研究内容涵盖了课程与教学论的各个分支领域，研究对象从课程教材到课堂、学生、教师、试题，研究视角从哲学到物理、心理、技术，研究方法从思辨到定量、实证，呈现出多元化和多样化的研究取向，拓宽了物理教育研究的视野和范围，为我国物理教育理论和中学物理教学实践提供了研究基础和方法论指导。

本丛书的选题力图涵盖上述诸方面的主要研究成果，简要介绍如下。

在来自一线教师和教研员的研究成果中，包含了从哲学层面到物理课堂教学操作层面的四本著作。《物理与哲学——中学物理教学的视角》呈现了中学物理教师的哲学思考。作者从物理与哲学的关系入手，结合中学物理教学的具体内容，论述了哲学的洞见与物理教学实践密不可分，将中学物理教学上升到哲学高度。在实验教学方面，毕生从事高中物理实验教学与研究的专家撰写了《高中物理实验教学研究》，从科学技术发展和教育理念进步的角度，突出了以学生为主体的教育理念和学科素养在实验中的表现及培养的途径，重点探讨了高中物理实验教学的目标、内容和方法策略方面的热点问题。在课堂教学实践层面，《中学物理习题教学研究》凝聚了中学物理特级教师的经验和智慧，从习题和试题的不同功能出发，以大量的题例阐述了习题和试题的编写要领，论述了优化习题教学的各种途径，提出了科学实施习题教学的策略，把习题教学的目标落实到提高学生解决问题的素养上来。《中学物理教学疑难问题研究》则来自基层教研工作者，从一线教学实际和物理教师的需求出发，对新课程实施过程中遇到的多方面的具体疑难问题进行了深入分析和探讨。

丛书围绕新课程实施以来物理教育研究领域关注的重点——科学探究和探究教学呈现了三个不同视角的研究成果。《科学探究能力模型与培养研究》系统介绍了国际科学教育领域对科学探究能力及其培养的研究和实践，构建了基于知识和技能的科学探究能力结构模型，结合案例论述了在中学物理教学中如何利用探究式教学法培养学生的科学探究能力。《促进认知发展的物理探究教学研究》聚焦目前中学物理探究教学中亟待解决的核心问题，从物理学科自身特点出发，构建了促进认知发展的探究教学模型，并对实施该探究教学模型的教学策略进行了探讨。《中学物理教师的探究教学观研究》则聚焦教师观念和行为，基于对探究教学的理论探讨，提出了教师探究教学观的分析框架与研究方法，从语言表达和教学行为两个层面研究了物理教师的探究教学观现状及其影响因素。

围绕学科核心概念展开的对学生认知和能力发展的研究是近几年的研究热点，学习进阶是将学生核心素养的发展与课程、教材和评价紧密联系在一起的桥梁，是具有发展潜力的新兴研究领域，丛书呈现了其中四方面的最新研究成果。《高中物理概念学习进阶及其教学应用研究》针对我国概念教学中存在的问题，构建了核心概念统领下的物理概念层次结构模型和概念学习进阶模型，以静电场核心概念为例进行了实证检验，并应用于教师培训。中学物理中的能量概念既是物理学科的核心概念，又是与社会发展和技术进步密切相关的共通概念，对于学生的发展至关重要。《中学物理能量学习进阶研究》构建了以学生为中心、具有实证有效性的“能量”进阶框架，并以此对学生“能量”概念的认知状态和发展情况进行了刻画和阐释，针对如何帮助学生提升“能量”概念的认知水平给出了相关建议。《中学物理课程中科学解释学习进阶及其教学应用》结合科学哲学的相关理论，提出了科学解释的“现象—理论—资料—推理”框架，确立了学习进阶的二维进阶模式及其进阶变量，通过跨年级测试建构了科学解释的学习进阶，并结合能量学习进阶进行了准教学实验研究。《基于学习进阶的中学物理教学设计研究》将物理概念和能力学习进阶的研究成果与现代教学设计理论相结合，建立了教学设计模型，结合大量中学物理教学案例，论述了如何基于学习进阶的研究成果开展以学生为中心的教学设计，从而促进学生物理核心素养的进阶发展。

关于课程和教材的研究呈现了两方面的研究成果，分别体现了不同的研究范围和方法。《高中物理量子理论课程研究》聚焦中学物理中的量子内容，从课程角度开展研究。采用理论和实证研究相结合的方法，对高中物理课程中量子理论的地位与教育价值、课程发展历程与现状进行了系统深入的探讨。《中学物理教材比较研究》选取中国、美国、俄罗斯、英国、法国、德国、日本、韩国、新加坡和澳大利亚十个国家的初中物理主流教材为比较对象，对教材的难度、广度、平均深度进行了比较研究，并分别比较了教材中实验内容、例题和习题及拓展内容情况，分析了教材特点并提出了教材建设的启示与建议。

学生物理核心素养的测评一直是本领域关注的重要问题，特别是像高考、中考这样的高利害考试的有效性已经成为全社会关心的热点。《大学入学物理考试内容效度研究》对大学入学物理考试的内容效度进行了多方面的定量研究。一方面以高中物理课程标准为校标，研究比较和评估了我国（包括台湾和香港地区）大学入学考试物理试卷的内容效度；另一方面从比较我国的高考物理考试与美国AP物理考试、英国A Level 物理考试出发，研究评估了我国大学入学物理考试的内容效度，提出了对我国现行高考制度的改革建议。

《中学物理教学与信息技术整合研究》展示了跨领域的研究视角，凸显了现代技术特色。在“数据探究”理论指导下，探讨了信息技术与中学物理教学深度融合的基本概念、理论等问题。同时还根据物理学科教学的特点，选取了几何画板软件、物理虚拟仿真实验软件、Camtasia视频制作软件、FrontPage网站制作等技术，用案例说明了信息技术在物理教学中的实际应用。

大学物理教学研究是我国物理教育研究领域中正在发展的研究方向，关于心智模型和建模教学的研究也是新的研究热点。《基于学生心智模型进阶的物理建模教学研究》介绍了国内外关于模型与学习进阶、建模与建模教学的相关研究。在此基础上整合心智模型、学习进阶和建模教学的研究，结合我国物理教学的实际，从教学要素和学生心智模型进阶两个维度建构了基于学生心智模型进阶的导引式建模教学模式，并以大学物理“静电学”为例展开实践研究。其研究内容和方法对中学物理教学与研究均有参考价值。

十几位学者参与了本套丛书的编著工作。他们有的是长期从事物理教育研究和中学物理教学的专家，凝聚毕生研究之学术精华；有的是具备海外学习经历的年轻学者，用现代科学教育研究方法研究我国的实际问题。其中多数作者为本领域的博士。作者们都为丛书的出版付出了艰辛的劳动。本丛书从策划、编辑到出版面世，得到时任广西教育出版社副总编黄力平编审、编辑部主任黄敏娴副编审和各书责任编辑的积极参与和付出辛劳，也得到不少同行的关心和帮助，其中参阅引用了大量相关的研究成果，均已在参考文献中列出，在此一并表示感谢！期望本丛书的出版有助于物理教育研究领域的繁荣与发展，也期望这些研究成果能够在物理教育实践中得到进一步的检验、修正和完善。

郭玉英

2016年11月于北师大

前 言

19世纪末经典物理学已建成为一座庄严雄伟、动人心弦的美丽殿堂，物理学家在额手称庆之余，也不无忧虑地注意到在物理学晴朗的天空中，还有两朵令人不安的乌云：一朵是热辐射的“紫外灾难”，另一朵是迈克耳逊–莫雷实验的零结果。原以为随着时间的流逝，乌云终将随风而去，不曾想却迎来一场暴风骤雨——物理学革命，量子力学是其标志性成果之一。量子力学引领人类进入信息化时代，深深改变了我们的生活方式。同时它使人类对物质运动、因果律等的认识产生根本性的变化，物理学的研究范式也发生了革命性的转变，正如美国科学史学家库恩所指出的：“范式的改变的确使科学家对他们所涉及的世界看法不同了。……在革命之后，科学家们所面对的是一个不同的世界。”

诺贝尔物理学奖得主霍夫斯塔特说过：“我相信任何一个喜欢自然的人都应该学习量子力学，并不是它的数学，而是它的思想。”作为新世纪的高中生理应了解量子理论的成就和基本观点，而量子王国地处微观世界，那里的一切对熟知宏观世界的学生来说是那样的陌生，理解微观世界的“语言”“法制”是非常困难的。如何体现课程改革的内容现代化要求，构建适切高中生认知特点的量子理论课程内容？这是高中物理课程研究的重要课题。

2003年教育部颁布了《普通高中物理课程标准（实验）》，应束炳如、何润伟先生和上海科技教育出版社之邀，笔者和汪延茂特级教师主编了《普通高中课程标准实验教科书 物理选修3–5》，对高中物理中量子理论教材编写进行了深入思考和实践。2006年笔者来到我国师范教育的最高学府——北京师范大学，师从郭玉英教授攻读博士学位，选择了“高中物理中量子理论的课程研究”作为研究课题，本书就是在该研究的基础上形成的，主要从以下几个方面来选择、呈现本书的内容。

第一，通过文献研究和专家访谈，阐明量子理论的教育价值。量子理论是现代科学技术的基础，深深影响着现代物理学和其他自然科学分支的发展，通过对量子理论的学习，可为高中生将来的学习和生活打下良好的基础；量子理论中蕴含丰富的科学方法教育内容，物理学家在构建量子力学的过程中，充分展示了其高超的哲学素养、创新能力和实事求是的科学态度。在高中阶段初步学习量子理论内容，将使学生体会其中的科学方法，受到科学思想的启迪，感悟科学的和谐美；量子理论中蕴含丰富的科学本质教育内容，物理学家在此领域中的探索体现了科学本质及探究的特点，是对高中生进行科学本质教育的良好素材。

第二，对影响高中物理中量子理论课程内容的因素进行分析，通过报刊调查，了解社会发展对学生科学素养培养的要求。通过历史回顾，梳理量子理论的发展脉络和学科逻辑结构。笔者还采用问卷调查与访谈相结合的方式，探明学生关于量子理论的前认知，研究表明：高中生在学习量子理论内容之前，所持关于原子、电子、光等的观念与历史上一些物理学家的观念存在着相似之处，大多高中生习惯于用经典物理学的观点解释微观现象，且通过中学数学的学习，他们对概率与统计的概念有了一定的认识，为学习量子理论的统计观念打下良好的基础。

第三，分析不同时期分布的我国高中物理课程文件和有代表性的教科书，以纵向把握我国高中物理中量子理论的课程发展轨迹。随着时代的发展，我国高中物理课程中量子理论在深、广度的变化上尽管存在反复，但总的趋势是内容增多、要求变高，在一定程度上体现了课程现代化的要求。

第四，比较、剖析多个国家和地区的高中物理中量子理论的课程现状，研究表明美国、日本、加拿大、澳大利亚、芬兰等国的课程文件均从整体上设计高中科学课程，美国密歇根州、加拿大安大略省把波和粒子、原子结构的内容分别安排在高中物理和化学课程中，但所分析的课程文件中大多没有引入统计的观点说明光和粒子的行为。美国高中物理教科书中量子理论部分比较关注探究和STS教育，这种做法值得我们借鉴。

第五，结合笔者对课程标准高中物理选修3–5教科书的编制实践，多方位剖析我国高中物理新课程标准及其教科书。对4套教科书的量子理论部分的课程难度进行了比较研究，发现4套教科书均高于课程标准，并呈现如下顺序：教科版＞人教版＞沪科教版＞鲁科版。还从不同时期和中美比较两个视角，基于科学素养的主题，定量分析、比较高中物理教科书中量子理论部分内容，研究表明我国课程标准教科书相对传统教科书在科学素养主题内涵及所占比重方面，发生了积极的变化，主要表现在更加关注学生的主动探究和科学史教育，但科学、技术、社会关系主题内容较少、范围较窄。美国的《物理：原理与问题》在科学素养主题的均衡性上表现得比我国教科书要好，有关科学、技术、社会主题的比重远高于我国教科书。

最后对有关量子理论部分的高中物理课程标准修订、教科书编写及课程实施提出了建议。

在本书出版之际，首先感谢母校南京师范学院、苏州大学、北京师范大学对我的培养。感谢郭玉英教授对我的学术引领，导师严谨求实的研究风格、淡泊名利的工作态度为我树立了榜样。感谢德高望重的阎金铎教授、赵铮教授、束炳如教授、刘炳昇教授的教诲，感谢亦师亦友的李春密教授的指导和热诚帮助，感谢申先甲教授、管靖教授、何润伟特级教师、肖振军教授、平加仑教授、郭怀忠教授等接受我的访谈，感谢王高教授级高级教师、卢向林高级教师、朱丽洁高级教师等为我的问卷调查提供帮助，感谢我的研究生杨志卿、杨绍兰、王劲存、郑国栋、李鸿先、王峰等为调查访谈、数据统计提供协助，感谢同门师兄、师姐、师弟、师妹的帮助，感谢家人的关怀。感谢广西教育出版社的大力支持，感谢责任编辑潘姿汝付出的辛勤劳动。期待着读者的关注和指正。

2016年12月于南京仙林

目　录

绪 论

一、研究的背景

自 20 世纪 80 年代以来，世界各国相继兴起了新一轮课程改革。我国于 2001 年启动了基础教育改革，对课程设置、目标等进行了全面、深刻的变革，《普通高中物理课程标准（实验）》（以下简称《课程标准》）明确提出从知识与技能、过程与方法、情感态度与价值观三个方面提高学生的科学素养[1]。

课程内容现代化是高中课程改革的重点之一，在 2001 年教育部颁布的《基础教育改革纲要（试行）》中提出："改变课程内容'难、繁、偏、旧'和过于注重书本知识的现状，加强课程内容与学生生活以及现代社会和科技发展的联系，关注学生的学习兴趣和经验，精选终身学习必备的基础知识和技能。"[2]《课程标准》中的内容标准阐述了学生在高中物理课程中应该懂得什么，理解什么，做到什么，以及学生最终要达到的学习水平。它提出的课程基本理念之一是：在课程内容上体现时代性、基础性和选择性。其中的时代性对课程内容现代化提出了要求，要求"加强与学生生活、现代社会及科技发展的联系，反映当代科学技术发展的重要成果和新的科学思想"[3]，高中物理课程应担负起使受教育者

[1] 中华人民共和国教育部. 普通高中物理课程标准（实验）[S]. 北京：人民教育出版社，2003：3.
[2] 中华人民共和国教育部. 基础教育课程改革纲要（试行）[N]. 中国教育报，2001-7-27（2）.
[3] 同[1].

实现科学文化素养现代化的责任。早已有人批评说：现代科学中的概念、理论同基础教育中所教的概念、理论存在着越来越大的差异和冲突，就如同天文学中已经确立了“日心说”，而学校里还在教“地心说”一样。在以前的教学大纲和教科书中，量子理论主要涉及早期量子论的内容，不确定性关系等只是作为较高要求的选学内容，由于高考不做要求，真正接触这部分内容的高中学生少之又少，这样的状况怎么还能继续下去呢！为此，高中物理课程内容的选择要立足于当代，着眼于人的终身发展，将现时的教育与时代的发展联系起来，教会学生如何学会生活和发展、如何把握现实世界，帮助学生形成科学的自然观，为学生的终身发展打好基础。

《课程标准》在课程内容体现时代性上进行了有益的尝试，在共同必修物理 2 模块中，要求学生在认识经典力学的成就和局限性的基础上，了解近代物理的主要观点。在选修 2 和选修 3 系列中有关量子理论的内容以二级主题呈现，如选修 2-3 中的“原子结构与核技术”、选修 3-5 中的“原子结构”和“波粒二象性”。相对以前的教学大纲，在选修 3-5 中增加了以下内容：了解微观世界中的量子化现象；比较宏观物体和微观粒子的能量变化特点；体会量子力学的建立深化了人们对于物质世界的认识；了解康普顿效应；通过典型事例了解人类直接经验的局限性；体会人类对世界的探究是不断深入的[1]。

国内有 5 家出版社根据《课程标准》出版了教科书，为体现课程内容的选择性，实验区在实际操作中，在学习物理 1、物理 2 的基础上，文科学生通常选修物理 1-1，理科学生在物理 3 系列中选修 4 个模块。由于编著者对《课程标准》认知的差异，各套教科书在物理 2 中有关量子理论的内容差别较大，有的教科书仅提及微观粒子“不仅具有粒子性，同时还具有波动性，它们的运动规律在很多情况下不能用经典力学来说明”[2]，有的教科书以“微观世界与量子论”为题单列一节作为选学内容，介绍了光和

[1] 中华人民共和国教育部. 普通高中物理课程标准（实验）[S]. 北京：人民教育出版社，2003：46.

[2] 人民教育出版社，课程教材研究所，物理课程教材研究开发中心. 普通高中课程标准实验教科书 物理必修2 [M]. 北京：人民教育出版社，2007：50.

实物粒子的波粒二象性和玻尔理论[1]，可见物理中主要为早期量子论内容，在当前中学的实际教学中常常是一带而过，高中生的学习效果并不理想。从课程实施的结果来看，文科学生和部分理科学生并未真正接触量子理论，与《课程标准》提出的“提高全体学生的科学素养”的要求存在一定距离。

我国从20世纪初开始，在高中物理课程中引入量子理论，教学内容主要为早期量子论，中华人民共和国成立后，有关量子理论的教学内容历经多次增删，对高中物理中量子理论内容的选定和呈现方式缺乏坚实的研究支撑，广大中学物理教师尽管在大学学习过量子力学，但对量子理论概念的理解仍普遍存在一些错误[2]，难以驾驭教学，往往把重点放在有计算要求的光电效应、玻尔理论上，教学效果不尽如人意。

二、研究的意义

目前我国的课程标准及其教科书已在全国推广，并将进入修订阶段，然而在高中物理中量子理论的课程建设中面临的许多重要问题尚未得到解决。需要从理论和实践层面加以研究，为我国完善高中物理中量子理论部分的课程建设提供参考和借鉴。

第一，笔者通过文献研究和专家访谈，明确高中物理中量子理论的地位与教育价值。

第二，通过文献研究和问卷调查，探明社会对量子理论知识的需求、量子理论的发展和高中生关于微观世界的前认知，为高中物理课程标准及教科书的修订建议提供依据。

第三，研究、分析我国高中物理中量子理论的课程发展历程，选择典型案例，比较、剖析多个国家和地区的高中物理中量子理论课程的发展现状，为我国量子理论课程的建设提供支撑。

第四，结合笔者编制高中物理3-5教科书的实践，多方位剖析我国高中物理新课程标准和教科书，对有关量子理论部分的高中物理课程标准修订、教科书编写等提出建议。

[1] 束炳如，何润伟. 普通高中课程标准实验教科书　物理共同必修2［M］. 上海：上海科技教育出版社，2007：122-126.
[2] 王春凤，郭玉英. 中学物理教师量子力学概念调查［J］. 物理教师，2005，26（5）：45-47.

第一章 高中物理中量子理论课程研究进展

近年来，随着科技的发展和社会的进步，量子理论已成为各国高中物理课程中不可或缺的内容，国内外学者对此进行了深入研究。

我国关于在基础教育中探究教学的理论研究与实践探索已见诸大量文献，为什么还要围绕中学物理课堂中的探究教学问题进行研究？这一研究的学术背景是什么？相关研究的问题、进展和趋向如何？为了回答这些问题，下面对相关文献进行介绍和评述。

第一节　本研究的核心概念

一、课程

课程是现代教育领域中使用最为广泛的术语之一，在我国，“课程”一词始见于唐宋时期，如宋代朱熹在《朱子全书》中多次提及课程，其意指功课及其进程。在西方，课程一词则起源于拉丁语 currere，意为“跑道”，常被理解为学习的进程，即学程（施良方，1996）[1]。

国内外学者对课程概念持有多种不同观点，根据鲁尔 1973 年对“课程”定义的统计，约有 119 个[2]。如 Lewy（1991）列举了 7 种典型定义：（1）课程是学校为了训练儿童和青少年思维及行动方式而组织的一系列可能的经验；（2）课程是在学校指导下学习者所获得的所有经验；（3）课程是为了使学生取得毕业资格、获取证书及进入职业领域，学校应提供给学生的教学内容及特定材料的总体计划；（4）课程是一种方法论的探究；（5）课程是学校的生活和计划，是一种有指导的生活事业；（6）课程是一种学习计划；（7）课程是在学校指导下，为了使学习者在个人的、社会的能力方面获得不断有意识的发展，通过对知识和经验的系统改造而形成的有计划和有指导的学习经验及预期的学习结果[3]。

我国学者施良方（1996）对课程定义加以归类，认为可分为 6 种类型：（1）课程即教学科目；（2）课程即有计划的教学活动；（3）课程即预期的学习结果；（4）课程即学习经验；（5）课程即社会文化的再生产；（6）课程即社会改造[4]。

廖哲勋、田慧生（2003）对课程做出如下定义：课程是在一定学校的培养目标指引下，由具体的育人目标、学习内容及学习活动方式组成的，

[1] 施良方. 课程理论——课程的基础、原理与问题［M］. 北京：教育科学出版社，1996：2-3.

[2] 王斌华. 校本课程论［M］. 上海：上海教育出版社，2000：26.

[3] LEWY A. The International Encyclopedia of Curriculum［M］. New York：Pergamon Press，1991：15.

[4] 施良方. 课程理论——课程的基础、原理与问题［M］. 北京：教育科学出版社，1996：3-7.

具有多层组织结构和育人计划性能、育人信息载体性能的，用以指导学校教育、教学活动的育人方案，是学校教育活动的一个组成部分[1]。这一定义强调了：(1)课程是课程目标、课程内容及学生学习活动方式的有机结合；(2)课程具有育人计划的性能，能提供系统的育人目标、分类分领域的学习内容，多样的学习渠道和周密的教学进程的育人计划；(3)课程具有育人信息载体的性能，提供了学生全面发展所需要的各种信息载体，包括文字教材、多媒体教材、学习指导书等。

普通高中课程由学习领域、科目、模块三个层次构成。高中物理课程是科学学习领域中的分科课程，它由12个模块组成，包括两个必修模块和10个选修模块[2]。选修模块分为3个有不同特色和侧重的系列，选修系列1以物理学的核心内容为载体，侧重物理学与社会的相互关联和相互作用，突出物理学的人文特色，注重物理学与日常生活、社会科学以及人文科学的融合，强调物理学对人类文明的影响。选修系列2以物理学的核心内容为载体，侧重从技术应用的角度展示物理学，强调物理学与技术的结合，着重体现物理学的应用性、实践性。选修系列3侧重让学生较全面地学习物理学的基本内容，进一步了解物理学的思想和方法，较为深入地认识物理学在技术中的应用以及对经济、社会的影响[3]，量子理论是选修3-5模块中的重要课程内容。

二、量子理论

量子理论研究微观粒子的运动规律，是研究原子、分子、凝聚物质、原子核和粒子的结构和性质的基本理论。它不仅和相对论构成了近代物理学的理论基础，而且在化学等相关学科和现代技术中也得到了广泛的应用[4]。

[1] 廖哲勋，田慧生. 课程新论[M]. 北京：教育科学出版社，2003：43-45.

[2] 中华人民共和国教育部. 普通高中物理课程方案（实验）[M]. 北京：人民教育出版社，2003：2-3.

[3] 中华人民共和国教育部. 普通高中物理课程标准（实验）[S]. 北京：人民教育出版社，2003：4-6.

[4] 中国大百科全书总编辑委员会《物理学》编辑委员会. 中国大百科全书 物理学[M]. 北京：中国大百科全书出版社，1987：753.

由于量子理论涉及高深的数学知识和哲学思想，限于高中生的知识基础，高中物理中量子理论部分主要探讨光和粒子的波粒二象性、原子结构的理论，旨在进一步提升学生的科学素养，在学习量子理论的初步知识的同时，更重视情感态度价值观和科学方法方面的教育，使学生体会到人类的直接经验是有限的，一个学说的正确性不能以是否与直接经验一致为依据，它最终要靠实践的检验。学生还应该体会到人类对世界的探究是无止境的，新的认识会层出不穷，过去的认识在新的场合可能不再适用，要使学生逐步建立正确的科学本质观[1]。

[1] 物理课程标准研制组. 普通高中物理课程标准（实验）解读［M］. 武汉：湖北教育出版社，2004：113.

第二节　国外相关研究进展

国外学者对量子理论的课程问题开展了大量的定量与定性研究，主要针对中学、大学预科和基础物理课程，研究集中于：学生学习量子理论的困难和前认知；在学生不太熟悉高等数学的基础上，如何定性理解量子理论的概念；课程内容的选择、呈现顺序及其教学策略。1999 年美国科学教学研究会（NARST）还专门出版了量子力学课程与教学研究的专辑[1]。

国外学者利用问卷调查、访谈等方式对大、中学生的前认知进行了深入研究，根据 Duit（2007）编制的“学生和教师的概念与科学教育 ”（Students' and Teachers' Conceptions and Science Education）的文献目录，笔者统计有关学生的量子理论前认知研究的文献为 99 篇[2]。

1. 原子模型

在原子模型的教学中，通常会向学生介绍从简单的微粒模型到量子力学模型的多种理论模型，国外的许多研究涉及学生的观念以及有关原子模型改变的过程，这些研究表明学生日常生活中的概念与科学观念相距甚远（Duit，2007）[3]。

Harrison、Treagust（1996）和 Treagust、Chittleborough、Mamiala（2002）的研究表明：学生在考察原子模型时，倾向于持原始的实证主义

[1] ZOLLMAN D. Research on teaching and learning quantum mechanics [M]. National Association for Research in Science Teaching，1999.

[2] DUIT R.Bibliography—STCSE（Students' and Teachers' Conception and Science Education）[M]. Kiel：IPN-Leibniz Institute for Science Education，2007.

[3] DUIT R.Teaching physics [M] // ABELL S，LEDERMAN N. Handbook of research on science education. New Jersey：Lawrence Erlbaum Associates，2007.

观点，他们中的绝大多数或多或少把原子模型视为现实的复制[1][2]。

在物理学的研究进程中，出现过从道尔顿的球形原子模型到电子云模型的多种原子模型，国外学者对学生心目中的模型做了详尽的研究，澳大利亚的 Harrison、Treagust（1996）发现：初中生中有 38% 的人认为原子有一个硬核，有 50% 的人知道电子云概念；有一半的初中生、绝大多数的高中生和大学生认同玻尔的原子模型，该模型仍然是中学的教学内容，通常被视为学生学到的唯一的所谓现代原子物理模型[3]。由于这个模型可类比于行星系统，为学生提供了强有力的理想模型，但同时也对更为先进的原子模型的教学带来非常大的阻碍（Taber，2001；Müller，Wiesner，2002）[4][5]。在欧洲，至少在英国和德国有在高中介绍量子力学视野下的原子物理的传统，Petri、Niedderer（1998）发现有学生建构了介于玻尔模型和量子力学原子模型之间的模型，有代表性的是点状的电子轨道模型（smeared orbits model）[6]，Müller 和 Wiesner（2002）的研究表明，许多大学生也持有相似的模型。Budde 等（2002）的研究表明，原子的电子云模型易于学生的学习，在最终的测试和访谈中，有约 90% 的学生偏好原子的电子云模型[7]。

德国学者 Juergen Petri、Hans Niedderer（1998）对一名高中生原子模型的认识过程进行了个案研究，表明该学生在学习的不同阶段建构了不同的原子模型（如表 1-1），最终他接受了电子云模型，但同时认

---

［1］HARRISON A，TREAGUST D. Secondary students' mental model of atoms and molecules：Implications for teaching chemistry［J］. Science Education，1996，80（5）：509-534.

［2］TREAGUST D，CHITTLEBOROUGH G，MAMIALA T.Students' understanding of the role of scientific models in learning science［J］. International Journal Science Education，2002，24：357-368.

［3］同［1］.

［4］TABER K.When the analogy breaks down：Modeling the atom on the solar system［J］. Physics Education，2001，36（3）：222-226.

［5］MÜLLER R，WIESNER H.Teaching quantum mechanics on an introductory level［J］. American Journal of Physics，2002，70（3）：200-209.

［6］PETRI J，NIEDDERER H. A Learning pathway in high-school level quantum atomic physics［J］. International Journal of Science Education，1998，20（8）：1075-1088.

［7］BUDDE M，NIEDDERER H，SCOTT P，et al. 'Electronium'：A quantum atomic teaching model［J］. Physics Education，2002，37（3）：197-203.

为行星式模型更易理解："我能用玻尔模型向我的妹妹解释，尽管她只有 12 岁。……如果我向她提及量子力学的原子模型，她会说'这太疯狂了！'"[1]

表1-1 一名德国高中生对原子模型的认识过程

不同学习阶段的原子模型		信服度	接受状态
最初 行星式		强	低
中段 定态电子式		中	中
最终 电子云式	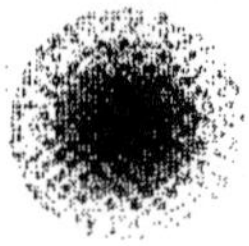	中	高

2. 对概率的理解

Bao、Redish（2002）就本科生对物质系统中概率的理解进行了实证研究，用问卷调查的方法，辅以个别访谈，研究表明学生在理解概率方面存在较大困难，他们认为造成上述困难的原因有：（1）在学生学习物理的初期，很少向他们介绍概率在经典物理情境下的应用；（2）经典物理学的学习强化了机械决定论的经验认识。在实验中，他们运用类比的方法，用经典物理系统——单摆在摆动过程中连续曝光的图片（如图 1-1），来帮助学生理解概率密度的概念[2]。

[1] PETRI J，NIEDDERER H.A Learning pathway in high-school level quantum atomic physics［J］. International Journal of Science Education，1998，20（8）：1075-1088.

[2] BAO L，REDISH E.Understanding probabilistic interpretations of physical systems：A prerequisite to learning quantum physics［J］. American Journal of Physics，2002，70（3）：210-217.

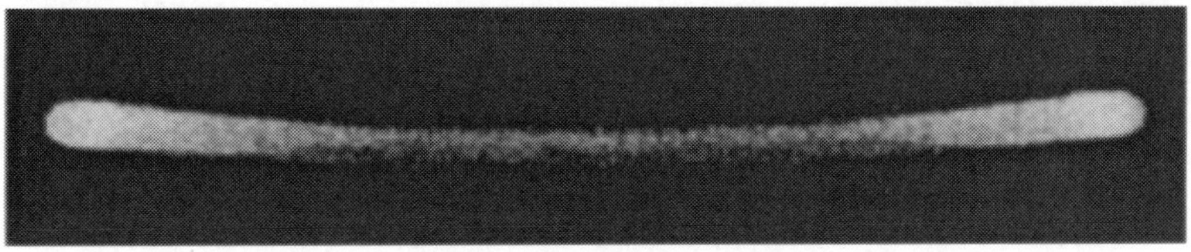

图 1-1 单摆的振动

3. 中学物理中量子理论的课程设计及教学策略的研究

国外学者在研究学生学习量子理论的前认知基础上，提出了多种课程设计方案，以概念转变理论为指导，对相应的教学策略进行了定量和质性研究。

（1）课程设计的研究

国外绝大多数物理课程是追随量子理论发展的历史进程，从光的量子特性开始，直到量子力学的初步知识。德国的 Fischler（1999）提出从电子的衍射实验及其解释开始，在教学中，奇特的结果很快吸引了学生的注意，避免了电子的经典力学解释，他的研究小组的实验表明，实验组中有约 20% 的学生令人满意地建立了量子理论的概念，而在对照组中没有学生达到这一层次[1]。Fischler、Lichtfeldt（1992）和 Fischler（1999）提出在量子理论的教学中应当避免搬用经典物理学的概念，首先应处理电子而不是光子问题；对量子现象应使用统计解释，避免用波粒二象性解释；不确定性关系的介绍应提前；处理氢原子问题时，应避免介绍玻尔理论，并提出教学内容的呈现顺序（如图 1-2）[2][3]。

[1] FISCHLER H.Introduction to quantum physics-development and evaluation of a new course [M] // ZOLLMAN D, et al. Research on teaching and learning quantum mechanics. National Association for Research in Science Teaching, 1999.

[2] FISCHLER H, LICHTFELDT M.Modern physics and students' conceptions [J]. International Journal of Science Education, 1992, 14 (2): 181-190.

[3] 同 [1].

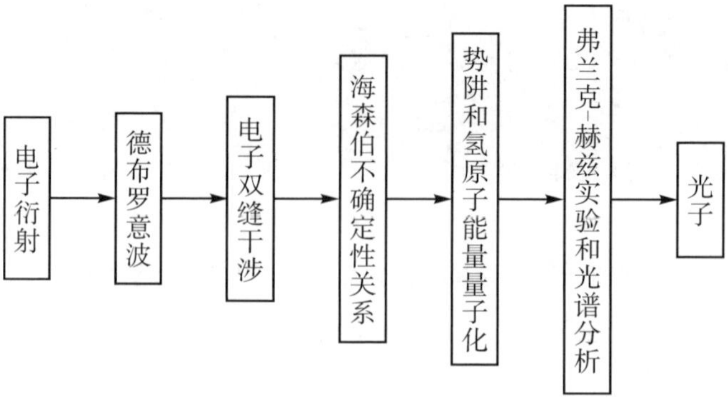

图 1-2 德国学者建议的量子理论内容呈现顺序

（2）量子理论教学策略的研究

国外量子理论教学策略的研究专注于解释基本的现象和量子理论的技术应用，Niedderer、Deylitz（1999）把目标集中于理解原子的大小和光谱、化学键、固体光谱，其研究的教学评价表明，除了薛定谔方程的数学表达，学生在理解量子理论的概念方面取得令人满意的结果[1]。

Zollman 等（2002）由实验出发，让学生参与探究，较多地注重形象化和直观性。例如在有关量子理论的实验中，探究发光二极管（LED）的特性，对于不同的 LED，使其发光时所加的最小电压不同，其发光的颜色也不同，通过实验记录数据，由 LED 的颜色查出波长，求得频率，再由电压计算出电子在跃迁过程中放出的能量，作出能量－频率曲线，而曲线的斜率正是普朗克常量[2]。

国外学者还注重将信息技术渗透到量子理论教学中。量子理论中很多理想实验很难物化，可以运用现代媒体来模拟实验的过程。一些研究者自行设计并采用交互式计算机软件来帮助学生理解量子理论内容，并对其教学效果进行了研究。Zollman 等（2002）在“可视化量子力学”教学方面进行了尝试，如在原子光谱的教学中，利用计算机课件，要求

[1] NIEDDERER H, DEYLITZ S. Evaluation of a new approach in quantum atomic physics in high school [M] //ZOLLMAN D, et al. Research on teaching and learning quantum mechanics. National Association for Research in Science Teaching, 1999: 23-27.

[2] ZOLLMAN D, REBELLO N, HOGG K.Quantum mechanics for everyone Hands-on activities: Hands-on activities integrated with technology [J]. American Journal of Physics, 2002, 70 (3): 252-259.

学生在图 1-3 的右侧添加能级线，与所观察到的原子光谱相吻合，取得较好的教学效果[1]。

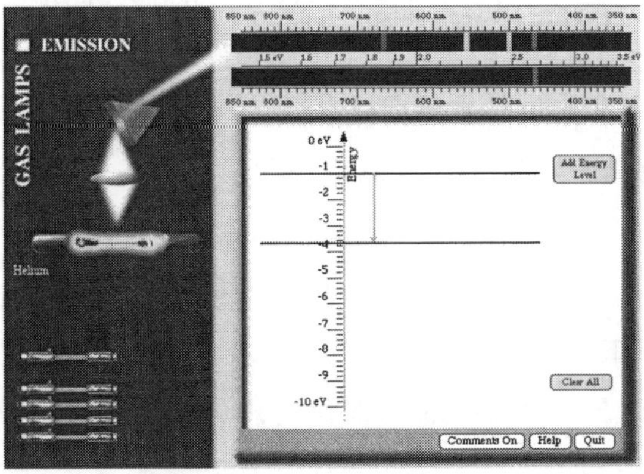

图 1-3 原子光谱教学

[1] ZOLLMAN D, REBELLO N, HOGG K.Quantum mechanics for everyone Hands-on activities: Hands-on activities integrated with technology [J]. American Journal of Physics, 2002, 70 (3): 252-259.

第三节 国内相关研究进展

国内对量子理论课程的研究才刚刚起步，大多定性研究为思辨性讨论，定量研究还处于对国外研究的模仿阶段。

一、量子理论的教育价值及其社会需求

梁志国、郭玉英（2002）对2000年我国具有代表性的报刊进行了统计，认为包括量子力学在内的近现代物理知识在科学、哲学的发展和社会生活中具有重要的意义，对公众具有重要的教育价值，建议在中学物理课程中以适当的形式予以引入[1]。

黄惠芬、熊钰庆（1998）从量子力学教学与大学生科学素质培养的视角，阐述了量子力学对培养科学思维能力、发现自然规律和创建学科体系及进行科学研究能力、培养科学精神和科学态度等的作用[2]。

何润伟、王继珩等（2002）就社会对高中物理课程的需求进行了调研，提出了以下建议:（1）关于课程目标，学生“应学习必备的物理知识，掌握通用技能。我国现行的高中物理课程对文科学生在知识和技能方面要求偏高，而物理学的一些基本思想、观点、方法渗透较少。而对理科学生在知识和技能方面要求偏低，数学工具的应用滞后于学生高中阶段在数学方面的发展，近代物理的思想、观点反映较少”。应学习并认识物理学的基本思想、观点和方法，时空观、守恒与对称、物质与场、波和粒子等基本观点应渗透到物理课程中去。（2）关于课程内容，应反映物理学研究的新成果，根据现代物理的发展趋势和已有的成果，用新的观点重新整合高中物理的课程内容[3]。

[1] 梁志国，郭玉英. 从报刊看我国公众对近现代物理知识的需求［J］. 学科教育，2002（11）：31-34.

[2] 黄惠芬，熊钰庆. 量子力学教学与科学素质的培养［J］. 国际物理教育通讯，1998（21）：31-35.

[3] 何润伟，王继珩，等. 社会对高中物理课程需求的调研［M］// 物理课程标准研制组. 普通高中物理课程标准（实验）解读. 武汉：湖北教育出版社，2004：12-14.

课程教材研究所、物理课程教材研究开发中心（2005）以“中学物理教育与社会需求相关性”为题进行了社会调查，统计了《北京晚报》跟物理学相关的名词在1990年1—4月和2000年1—4月出现的次数，其中量子（0和14）、激光（7和90）、电子（85和902）、辐射（8和47）、粒子（0和9）为高频率出现，稳步深入社会生活。在对江苏、辽宁成人的调查中，多数人认为激光应该进入中学物理教科书，而量子力学初步则不应进入[1]。

二、中学量子理论教科书研究

何征宇（2003，2004）以我国大陆教学大纲高中物理教科书、我国台湾地区《高中物理》和美国高中物理教材*PHYSICAL SCIENCE*为研究对象，罗列了包括量子理论在内的现代物理知识点，提出了在新课程标准下实施物理教学内容现代化应遵循的原则和教学策略[2][3]。

米丽琴（2004）对高中物理教科书中现代物理内容的选取和呈现方式进行了研究，提出在高中物理教科书中现代物理内容的选取应从三个方面入手：（1）考虑学生的接受能力；（2）选取对人类社会生产、生活和观念有重大影响的内容；（3）选取最能体现其物理思想和不容易使初学者产生误解的内容。在内容编写上，注重渗透科学思想和方法教育，注重渗透物理学史的教育功能。并试编了突出量子力学的态叠加原理的教科书片断[4]。

三、对国外中学量子理论课程和教学的介绍

郭玉英（2006），曹磊、谭树杰（1996），胡卫平、孙桂莲、刘建伟（2007）对一些国家和地区的高中物理课程内容和教学进行了比较分析，

[1] 课程教材研究所，物理课程教材研究开发中心. 我们的探索 [M]. 北京：人民教育出版社，2005：22-63.

[2] 何征宇. 基于新课标的高中物理教学内容现代化初探 [D]. 南京：南京师范大学，2004.

[3] 何征宇. 中美高中物理教材中现代物理知识的比较研究 [J]. 中学物理教学参考，2003（12）：53-55.

[4] 米丽琴. 高中物理教材中现代物理内容的选取和呈现方式 [D]. 北京：北京师范大学，2004.

特别是前者详细分析了中国内地与中国香港、美国、英国、日本、俄罗斯等包括量子理论在内的教学内容及其特点，针对我国高中物理中量子理论内容的选取和教学提出了建议[1][2][3]。

刘湘敏、张军朋（2006）从以下4个方面介绍了国外中学量子力学教学的做法：(1)进一步扩展量子力学的基本知识，引导学生较深入地了解微观世界的量子化现象；(2)由实验出发，倡导学生参与探究，教学中注重形象化和直观性；(3)将信息技术渗透到量子力学教学中；(4)用量子力学的观点解释日常生活的一些现象[4]。

四、量子理论教学研究

王春凤（2003），王春凤、郭玉英（2005）对我国在职中学物理教师和在读大学生的量子力学概念进行了调查。调查表明他们对量子力学概念的理解存在一些普遍性的错误，大多还是采用经典物理的思维方式来考虑量子力学问题[5][6]。

王春凤、管靖（2004）以概念转变理论为指导，对大学非物理专业学生进行了定性量子力学的教学尝试[7]。课程以量子力学公设为核心，避开相关的高深数学，以强调基本概念和物理图像为重点，在课上利用慕尼黑大学编制的光子干涉模拟实验来探讨光子的行为。以教案的形式，介绍光和电子的波粒二象性等的具体教学过程。教学结束后，对学生的量子力学基本概念的理解进行了测试。测试的题目选自宾夕法尼亚州立大学的E. Cataloglu和R. W. Robinett开发出的量子力学可视化测试工具（QMV），结果表明，学生能够对量子力学概念获得较好的理解。王春

[1] 郭玉英. 物理比较教育[M]. 南宁：广西教育出版社，2006.

[2] 曹磊，谭树杰. 各国物理教学改革剖析[M]. 上海：上海教育出版社，1996.

[3] 胡卫平，孙桂莲，刘建伟. 物理课程与教学论研究[M]. 北京：高等教育出版社，2007.

[4] 刘湘敏，张军朋. 国外对中学量子力学教学的研究及启示[J]. 中学物理教学参考，2006，35(5)：2-3.

[5] 王春凤. 在职中学物理教师的量子力学概念研究[D]. 北京：北京师范大学，2003.

[6] 王春凤，郭玉英. 中学物理教师量子力学概念调查[J]. 物理教师，2005，26(5)：45-47.

[7] 王春凤，管靖. 定性量子力学教学研究[J]. 物理与工程，2004，14(5).

凤（2003）针对在职中学教师也进行了类似的尝试。

米丽琴（2004）对高中物理教科书中现代物理内容的教学进行了初步的实证研究，利用自己开发的教材进行课堂教学，并进行了测试，表明学生对量子力学中“态叠加原理”的理解比较困难。

熊良斌、陈贻汉、韦群（2005）从大学的层次，分析了量子力学课程的特点，阐述了针对该课程的特点，在大学物理教学中渗透创新思维培养的方法[1]。他们认为：（1）量子力学的形成与发展是一部活生生的创新思维的教育史。量子力学从诞生到发展的历史中所包含的这些创新思维的闪光点之多，是迄今为止哪一门学科都难以相比拟的。因此，在《量子力学》这门课程的教学中，为学生重温物理学家科学发现之路，有意识地将历史背景渗透到课堂教学中，对培养他们的创新精神，是非常有益的。（2）量子力学是“哥本哈根精神”环境熏陶下的产物。所谓哥本哈根精神，就是“高度的智力活动、大胆的涉险精神”，玻尔的贡献不仅在物理学本身，还在于他创造了一个和谐的有利于创新的环境。教师自身需具有较高创新思维素质，在教学中需创设一个和谐的有利于创新的环境。（3）量子力学是在“非逻辑”的假设体系上建构起来的。在教学中向学生渗透“非逻辑”创新思维的培养是非常重要的，应让学生体味物理大师们在提出假说时怎样动用他们那非凡的“非逻辑”创新思维。袁媛、胡连（2002）对现代教育媒体在大学量子力学课程应用的优势进行了阐述[2]。

[1] 熊良斌，陈贻汉，韦群．量子力学课程特点与学生创新思维培养［J］．国际物理教育通讯，2005，35（5）：11-13.
[2] 袁媛，胡连．现代媒体与量子力学的教学［J］．哈尔滨学院学报，2002，23（8）：108-110.

第二章 高中物理中量子理论课程研究的问题聚焦及研究设计

通过文献研究，笔者注意到国外对量子理论课程的研究集中于大学预科和基础物理课程，有关高中的研究则聚焦于前概念的探知上。我国从中华民国时期开始在高中物理课程中引入量子理论（初步）内容，对此的探讨散见于高中物理课程的整体研究或现代物理课程内容的研究中。据此本章呈现了研究的问题和思路。

第一节　研究的主要问题及内容

一、研究的主要问题

本研究试图从理论和实践的视角对高中物理中量子理论部分进行系统研究，主要围绕以下问题开展研究：

（1）量子理论在高中阶段的教育价值何在?

（2）影响高中物理中量子理论内容选择的社会发展、物理学发展、学生认知发展的情况如何？

（3）我国高中物理中量子理论的课程发展及现状如何?

（4）境外高中物理中量子理论的课程现状如何?对我国相关课程建设有何启示?

二、研究的主要内容

1. 高中物理中量子理论教育价值的探讨

通过文献分析和专家访谈，从量子理论是现代科学技术的基础和其中蕴含丰富的科学本质教育内容等方面，探讨高中物理中量子理论在提高学生科学素养方面的教育价值。

2. 制约高中物理中量子理论内容选择的要素分析

课程内容是课程目标的具体化（廖哲勋、田慧生，2003）[1]，制约高中物理中量子理论内容选择的要素主要从以下 3 个方面进行分析与研究。

（1）社会发展

社会发展对学生素质发展的要求是课程内容选择的客观依据（廖哲勋、田慧生，2003）[2]。量子理论从 1900 年普朗克提出能量子假说，至今已走过逾 100 年的发展历程，极大地促进了科学技术的进步，对社会发展和人类生活产生了深远的影响。本研究通过文献研究和报刊调查，从以下两方面分析社会对量子理论的需求：①社会发展对量子理论知识的

[1] 廖哲勋，田慧生. 课程新论 [M]. 北京：教育科学出版社，2003：186.
[2] 同 [1].

需求及其变化。②公民为适应社会生活对量子理论知识的需求。

（2）学生发展

学生身心发展规律、水平和需要，制约着课程内容（廖哲勋、田慧生，2003）[1]。本研究运用文献研究法分析高中生的身心发展规律、水平、学习量子理论的数学知识准备；运用问卷调查和个别访谈相结合的方法，研究高中生与量子理论相关的前概念与思维方式，调查对象为南京市两个不同层次城市学校的高二学生，问卷调查采用附录 2 中的学生问卷，第一部分为开放性测试题，以了解学生对氢原子模型、电子和光的本性的认识，第二部分为封闭性测试题，主要参考了英国的 Ireson（2000）的研究，内容涉及学生对原子模型、电子和光的本性、概率和科学本质的认识[2]，首先在小范围内进行测试，修改后进行正式测试，根据学生答题的情况，选取有代表性的学生进行个别访谈，在征得学生同意的前提下，对访谈全程进行录音、录像，整理、分析测试和访谈结果。

（3）学科发展

课程内容的基本要素是知识，课程内容的选择必须考虑人类科学文化知识和技术本身的特点及其发展趋势（廖哲勋、田慧生，2003）[3]。量子理论的发展历经早期量子论、量子力学和量子电动力学 3 个阶段。经典物理学不能恰当地解释气体比热、黑体辐射、光电效应、原子的稳定性和原子光谱等问题，1900 年普朗克提出能量子假说，1905 年爱因斯坦提出光子说，1913 年玻尔提出玻尔理论，用量子化的思想解决了上述问题，建立了早期量子论；但早期量子论采用对经典物理学理论加以某些修正或附加条件的方式，以解释微观领域的一些现象，难以令人满意，1925 年海森伯创立矩阵力学，1926 年薛定谔创建波动力学，从两条不同的路径建立了量子力学，1928 年狄拉克则建立了相对论性量子力学，提出了微观粒子的基本理论；人们在试图解释电磁场与带电粒子相互作用的努力遇到大难题，为此 1948—1949 年费恩曼、施温格尔、朝永振一郎、

[1] 廖哲勋，田慧生. 课程新论 [M]. 北京：教育科学出版社，2003：186.

[2] IRESON G.The quantum understanding of pre-university physics students [J]. Physics Education，2000，35（1）：15-21.

[3] 同 [1] 187.

戴森等人建立了量子场论（仲扣庄，2009）[1]。

3. 我国高中物理中量子理论的课程发展的研究

通过文献研究，纵向把握我国高中物理中量子理论课程的发展轨迹。从课程目标、内容和要求等维度，分析从20世纪初至2001年我国颁布的高中物理教学大纲（课程标准）中量子理论部分；选取从清朝晚期至2001年不同阶段有代表性的高中物理教科书，从教学内容、呈现顺序、栏目、实验等方面进行分析。

4. 境外高中物理中量子理论的课程分析

通过文献研究，从横向进行高中物理中量子理论课程的国际比较。从课程目标、内容和要求等维度，分析当前有代表性的国家、地区颁布的高中课程文件中的量子理论部分，其中有：中国台湾地区、美国密歇根州、日本、加拿大安大略省、澳大利亚维多利亚州和芬兰等。选取有关国家和地区有代表性的新世纪高中物理教科书，从教科书内容、呈现顺序、栏目、实验等方面进行分析。其中有：中国台湾地区的两本高中教科书、美国和日本各1本高中教科书。

5. 我国新世纪高中物理中量子理论的课程分析

通过文献研究和案例分析，从课程目标、内容和要求等维度，分析我国2003年颁布的高中物理课程标准中的量子理论部分。从教科书内容、呈现顺序、栏目、实验等方面，对多个版本课标高中物理教科书进行定性分析，对其课程难度、科学素养主题的呈现进行定量分析，以把握量子理论部分课程建设的现状。

三、研究的论述框架

基于以上研究内容，整个论述框架如图2-1所示。

[1] 仲扣庄. 物理学史教程[M]. 南京：南京师范大学出版社，2009：218-247.

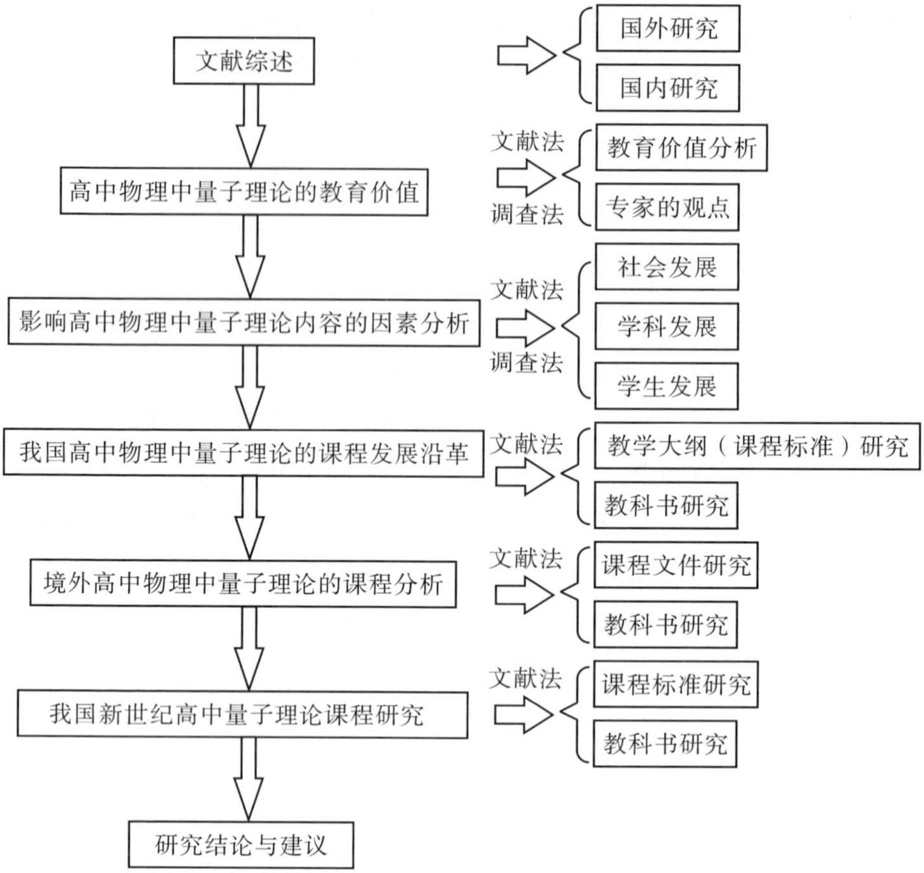

文献综述
国外研究
国内研究
高中物理中量子理论的教育价值
文献法
调查法
教育价值分析
专家的观点
影响高中物理中量子理论内容的因素分析
文献法
调查法
社会发展
学科发展
学生发展
我国高中物理中量子理论的课程发展沿革
文献法
教学大纲（课程标准）研究
教科书研究
境外高中物理中量子理论的课程分析
文献法
课程文件研究
教科书研究
我国新世纪高中量子理论课程研究
文献法
课程标准研究
教科书研究
研究结论与建议

图 2-1 研究的论述框架

第二节　研究方法

研究方法的选择由研究内容所决定，本研究主要运用了文献研究法、问卷调查法、访谈法。

一、文献研究法

文献研究法是对文献进行查阅、分析、整理并力图找寻事物本质属性的一种研究方法（袁振国，2000）[1]，主要分为文献的定性分析方法和定量分析方法。文献定性分析是通过对文献中所包含的信息进行整理、分类，在定性描述的基础上通过分析而得出结论。文献定量分析又叫内容分析，是对文献的具体内容进行客观的、系统的量化，并加以定量的描述，据此进行趋势分析和比较分析等。

在本研究中文献包括两个方面：一是关于高中物理课程的具体文本，即高中物理课程标准（教学大纲）、教科书、教学参考书（教师用书）等，笔者收集了我国不同时期以及新世纪不同国家、地区的相关材料；二是关于高中物理中量子理论的期刊文章、官方文件和学术出版物等。

二、问卷调查法

调查研究是在教育研究中应用最为广泛的一种研究方法，它是一种描述研究，通过对原始材料的整理，有目的、有计划地搜集研究对象的材料，从而形成科学认识（裴娣娜，1995）[2]。本研究主要采用问卷调查和访谈法。

问卷调查法是以书面提出问题的方式搜集资料的研究方法（裴娣娜，1995），研究者将所要研究的问题编制成问卷，以邮寄、当面作答等方式，了解被调查者的意见、态度或看法[3]。

问卷可分为三种类型：结构型、非结构型以及综合型。结构型问卷

[1] 袁振国. 教育研究方法 [M]. 北京：高等教育出版社，2000：149.
[2] 裴娣娜. 教育研究方法导论 [M]. 合肥：安徽教育出版社，1995：158.
[3] 同 [2] 167.

也称为封闭式问卷，是把问题的答案事先加以限制，只允许在限定的范围内进行选择（裴娣娜,1995）[1]。每道题由题干和一系列反应选项组成，题干是表达某种观点的陈述句，而与题干相伴的反应选项则是反映被调查者对该陈述句所表达观点的认同程度。非结构型问卷也称为开放式问卷，由自由作答的问题组成，被调查者按照自己的理解自由陈述答案。混合型问卷则是指在一份问卷中既包括封闭性问题，又包括开放性问题，一般以前者为主，根据研究需要加上若干开放性问题。

本研究中对高中生关于波、粒子、原子前认知的调查采用了混合型问卷。封闭性问题采用了5点式李克特量表（Likert scale），向被调查者呈现一系列陈述句，请他们表明对问卷中相应陈述的认可程度。开放性问题涉及对原子、电子、光、科学理论本质的认识，被调查者用文字和简图自由表达其对上述问题的理解。两种问题相互配合，以全面、深刻了解高中生的相关前认知。

三、访谈法

“访谈”是一种研究性交谈，是研究者通过口头谈话的方式从被研究者那里收集资料的一种研究方法（陈向明，2000）[2]。从结构上来分，访谈可分为三类：封闭型、开放型和半开放型。本研究采用半开放型访谈，笔者事先准备了一个访谈提纲，根据自己的研究设计向访谈对象提问，同时根据访谈的情况对访谈的程序和内容进行调整，有时会对尚存疑问的部分进行追问。从形式上分，访谈则可分为两类：正规型和非正规型，正规型访谈在事先约定好的时间、地点进行，研究者与被访者就事先准备好的问题展开交谈。非正规型访谈则是研究者和被访者之间的日常式交流和谈话（魏冰，2006）[3]。本研究采用正规型访谈，笔者在对学科专家、课程标准制定者、教科书编写者、教师进行访谈时，事先用电子邮件发去访谈提纲，在约定的时间、在被访者的办公室或所住宾馆房间进行，

[1] 裴娣娜. 教育研究方法导论［M］. 合肥：安徽教育出版社，1995：168.
[2] 陈向明.质的研究方法与社会科学研究［M］.北京：教育科学出版社，2000：165.
[3] 魏冰. 科学素养教育的理念与实践——理科课程发展研究［M］. 广州：广东高等教育出版社，2006：197.

对高中生的随机访谈则在问卷调查结束后在办公室进行。在征得被访者同意的前提下，对访谈内容进行录音或录像，研究者同时也做笔记，访谈结束后，再将访谈录音或录像转变为文字材料。

第三章 高中物理中量子理论的教育价值

量子力学是20世纪物理学的主要进展之一，与相对论一起成为现代物理学的两大支柱。量子力学打开了微观世界的大门，深深冲击了经典物理学观念，使人类对因果律的认识产生根本性的变化。它的理论触角已深入到化学、生命科学领域，形成众多的交叉学科。它同时也是许多高科技的理论基础，对人类社会发展产生了深远的影响。高中物理课程中量子理论内容对提高学生的科学素养、促进其全面发展有着独特的作用。

第一节　量子力学是现代科学技术的基础

自20世纪初以来，与微观粒子相关的物理学研究取得了长足的进展，量子力学是其主要理论成果，学生在高中物理课程中学习关于波和粒子、原子的初步知识，这是了解现代科学技术的基础，也是继续学习物理学及相关科学技术的基础。

量子力学增进了人类对光和粒子的认识，从波粒二象性的视野去审视光、电子等的行为和原子的结构。量子力学发端于原子的研究，很快被广泛地应用于物理学的其他分支，导致原子核物理学、粒子物理学的应运而生，也促使固体物理学、凝聚态物理学、激光物理学和非线性光学的崛起。没有量子力学，就没有当代物理学，而且在今后相当一段时间内，量子力学必将继续居于物理学理论创新的中心[1]。

量子力学还向自然科学的其他领域延伸，众多交叉学科的研究领域，像量子化学、量子生物学、量子宇宙学，也都立足于量子力学这块基石之上，量子力学的基本原理成为这些交叉学科的指导性原理[2]。如量子力学在生物学方面的应用发端于薛定谔关于生物遗传的持久性来源于基因是非周期性晶体的猜测，他认为非周期性中存在大量信息。而晶体的量子能级间较大的能量差，使信息易于保存、免为热运动破坏，以此来解释遗传与突变[3]。他写了《生命是什么》一书，试图用量子力学来解释生命的本性，引进了遗传密码等概念，成为量子生物学的先驱。

量子力学奠定了今天的高新技术的理论基础，20世纪50年代在爱因斯坦受激辐射理论的指引下，科学家发明了激光，现在激光已广泛应用于尖端科学研究、工业、农业、医学、通信、军事和家庭生活等方面。而20世纪科学技术给人类社会所带来的最大冲击，莫过于以现代计算机

[1] 陆果. 量子力学教学中值得注意的问题——读关洪著《一代神话——哥本哈根学派》[J]. 大学物理，2003，22（10）：45-46.

[2] 沈葹. 量子力学的光辉八十年（三）[J]. 世界科学，2006（12）：14-19.

[3] 彭桓武. 量子力学的诞生和发展——从量子论到量子力学[J]. 物理，2001，30（5）：265-270.

为基础的信息技术，而计算机的硬件基础则是半导体集成电路。上述的一切，无不建立在量子力学的基础之上。

可以说没有量子力学，就没有我们今天发达的科学技术和丰富的生活方式。在进入 21 世纪的今天，中学生甚至全体公民都应当了解一点量子力学，了解其基本概念、思想及其在现代科技和生活中的应用。

第二节 量子力学中蕴含丰富的科学方法教育内容

对于微观粒子的波粒二象性的认识，体现了人类直接经验的局限性，物理学家在构建量子力学的过程中，充分展示了其高超的哲学素养、创新思维能力和实事求是的科学态度。在高中阶段初步学习量子理论内容，将使学生体会其中的科学方法，受到科学哲学思想的启迪，感受科学的和谐美。

科学方法和具体的科学概念、科学规律一样，都是人类认识自然和利用自然中积累的文明成果。如果一个人在遇到未知的事物要去发现，遇到新的问题要去解决时，能够有意识地用科学方法去处理，那么他认识世界、解决问题的能力就会高得多。新一轮物理课程改革中的一大课题就是把“过程与方法”明确地提出来，放到与“知识与技能”“情感态度与价值观”同等重要的地位。

在历史上，物理学家在探究波和粒子及原子结构的进程中，综合运用了多种科学方法。特别是当人类研究的领域深入到微观世界时，微观粒子与宏观物体在行为和特性上差异显著，要求物理学家在研究方法上大胆创新。而且物理实验与观测技术高度发展，与人类的日常经验愈来愈远，理性思维愈来愈重要。假说（探索性）演绎法取代了经验归纳法的地位，创造性思维及直觉、灵感等非常规方法和哲学方法在建立量子理论方面的作用至关重要。

如爱因斯坦在提出光子说、得出光电效应方程的过程中，主要运用了假说演绎法。假说演绎法是近现代物理学研究中一种重要的方法，所谓假说是科学研究中对客观事物所做的假定性说明，经实验证明后方能成为科学理论。图 3-1 反映了爱因斯坦运用假说演绎法的过程，他通过对黑体辐射、光电效应等现象的思索，利用直觉提出了一个“启发性的观点”：“确实现在在我看来，关于黑体辐射、光致发光、紫外光产生阴极射线，以及其他一些有关光的产生和转化的现象的观察，如果用光的能量在空间中不是连续分布的这种假说来解释，似乎就更好理解。”[1]这里的假说就是光子说，从它演绎出的结论，可解释当时有关光电效应的所有实验结果。更为可贵的是，根据光子说和能量守恒定律，爱因斯坦还演绎得到了光电效应方程：$h\nu=W+E_{km}$，预言光电子的最大初动能与光的频率成线性关系，后来被密立根的实验所证实，生动展示了物理理论强大的解释和预言功能。

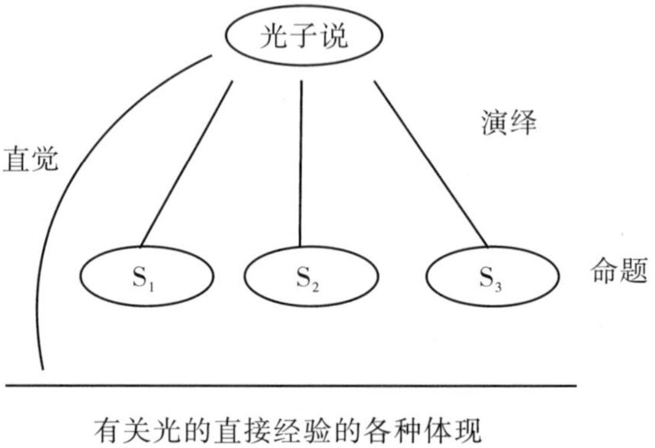

图 3-1 爱因斯坦运用假说演绎法的过程

德布罗意在提出物质波的过程中，则运用了对称类比的方法，他对光和实物粒子的属性进行了深入的思考，他注意到：在玻尔的原子理论中，原子的能量和原子中电子的轨道是量子化的，引入了整数，而在此之前物理学中涉及整数的现象只有干涉和振动。德布罗意指出既然在光的情形中，同时引入了波动性和粒子性的观念，则不能把电子等简单视为粒子，必须同时赋予它们以波动性，据此他提出了物质波的概念。

[1] 爱因斯坦. 爱因斯坦文集（第二卷）[M]. 范岱年，赵中立，许良英，编译.北京：商务印书馆，1977：38.

第三节　量子力学蕴含丰富的科学本质教育内容

我国新一轮的高中物理课程改革将其课程性质定位于进一步提高学生的科学素养，课程标准中对科学本质的教育提出了一些显性或隐性的要求，如“体会量子论的建立深化了人类对于物质世界的认识”“通过典型事例了解人类直接经验的局限性，体会人类对世界的探究是不断深入的”[1]。量子力学是物理学家集体通过实验探究、理论创新而构建的关于微观粒子的理论体系，其中蕴含丰富的科学本质教育内容。

科学家通过观察、实验、理论模型和数学模型来构建和检验对自然界的解释，当遇到与已有的解释不一致的新的实验证据时，就要改变关于自然界的概念。物理学家在探索光和微观粒子的属性以及原子结构的过程就生动说明了上述观点。如人类认识原子结构的历程大致分为以下 4 个阶段，每个阶段都体现了科学本质及探究的特点，学生通过这一部分内容的学习，可以“体会人类对世界的探究是不断深入的”[2]。

（1）1897 年汤姆孙通过对阴极射线的研究，发现电子，认识到原子内部也有结构，据此提出原子的“枣糕”模型。

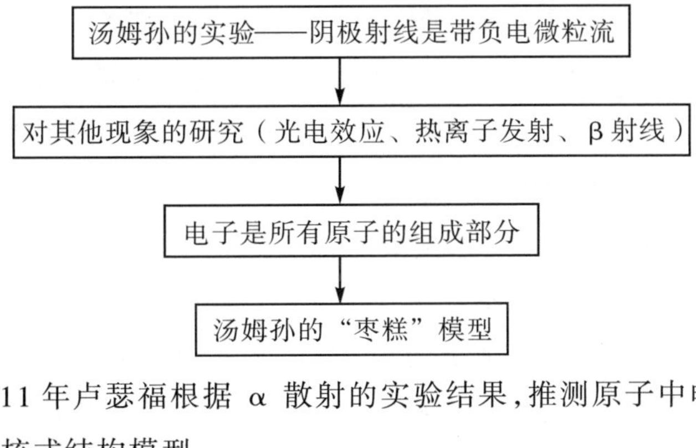

（2）1911 年卢瑟福根据 α 散射的实验结果，推测原子中电荷的分布，提出原子的核式结构模型。

[1] 中华人民共和国教育部. 普通高中物理课程标准（实验）[S]. 北京：人民教育出版社，2003：8-9，47.

[2] 同 [1] 47.

α散射实验

↓

原子的核式结构模型

（3）1913年玻尔在对电子运动的研究中，发现经典物理学理论在原子的稳定性和原子线光谱的解释方面遇到了困难，提出了半量子半经典的原子理论。

经典物理学理论的困难和氢光谱研究

↓

玻尔原子理论

（4）通过对原子光谱的进一步研究，物理学家发现玻尔理论不能解释光谱线的强度和多电子原子光谱规律，认识到仅依靠在经典理论的基础上强加量子化条件的办法来讨论微观现象是行不通的。为克服早期量子论的局限性，多位物理学家在20世纪20年代建立了量子力学，提出了原子的量子力学模型——电子云模型。

玻尔模型的局限性

↓

原子的电子云模型

上述的讨论说明所有的科学观念都不是最终真理，在原则上都要进行改进。同时通过量子理论课程的学习，也会使学生理解：一些基本概念已经经过大量的实验证实，在未来不可能有大变化。如能量和动量守恒定律已经经过了广泛的证实，在康普顿效应等微观现象的解释中仍可运用。

经典物理学的成就强化了机械决定论的自然观，而量子力学则对此产生了深深的冲击，它表明描述微观客体的规律是概率性的，会使学生对物质运动、因果律的认识产生根本性的变化。在这一点上，量子力学相比相对论来说，教育价值更为显著，相对论的革命性的意义在于改变了人们的时空观，但正如玻尔所说："相对论不但扩大了决定论描述的范围，而且也加强了它的基础；这种决定论的描述，乃是通常称为经典物理学的那座宏伟大厦的特征。"[1]

[1] 玻尔. 尼耳斯·玻尔哲学文选 [M]. 戈革，译. 北京：商务印书馆，1999：230.

第四节　专家关于量子理论教育价值的观点

笔者就高中物理课程中量子理论的教育价值等问题，对 6 位专家进行了访谈，其中 3 位为课程标准研制者、高中物理课程标准实验教科书编制者，3 位为物理学科专家。

一、刘炳昇先生的观点

受访专家：刘炳昇，南京师范大学教授，博士生导师，中国教育学会物理教学专业委员会原副理事长，初中科学课程标准研制组核心成员，苏科版初中物理课程标准实验教科书主编，教科版高中物理课程标准实验教科书副主编。

访谈地点：刘炳昇老师寓所。

时间：2009 年 2 月 21 日。

观点1：把量子力学引入高中物理课程是课程内容时代性的要求

从物理学发展的角度看，进入 20 世纪以后，物理学由近代走向现代的过程中，物理学的发展出现了一个新阶段，这个阶段标志着过去的经典物理学转向了现代物理学，主要是相对论和量子力学，教学要反映物理学科的时代性，就应该引进这部分内容。

观点2：量子力学对于现代社会生活有重大的贡献

课程内容的时代性，不光是从学科角度上来考虑，在教学中量子力学之所以重要，是它对于现代社会生活的贡献。物理学的发展及应用已渗透到社会发展、物质生活和精神生活的各个层面。人们在生活当中都会享受到现代物理的成果，比如激光在各个领域的应用，在信息科学中很重要，在我们的交通、通信、学习领域也起到很重要的作用。这些东西是技术上的成果，但是它离不开科学发展。从观念上说，应该了解这一点。

观点3：学习量子力学有助于学生理解科学的本质

在了解科学本质方面学习量子力学也有重要的教育价值，在物理学的发展变化方面，它（量子力学）非常典型地说明了科学的本质。当时经典物理学大厦基本建成,好像没什么问题了。但物理学发展到一定阶段,在微观世界、高速领域有很多问题不能解决,需要不断地探究,需要有新理论的出现,而这种新理论需要有事实和证据的支持,这本身就是一个培养学生科学观念的很好素材。

观点4:学习量子力学有助于学生了解近代物理的观念

从人类文明角度看,在思维方法的变化上,学习量子力学也是有重要意义的。在牛顿力学中主要是因果决定论,科学走上诞生和发展的道路时,首先认识到科学是有规律的,有因有果是一个很重要的方面,通过因就可知道果,可预测它的发展。而统计事件需要概率这块,这在微观领域就显现出来了,在人类思维方式上这是一种重要突破,从学生的发展来说需要对此有一些了解,但不可能了解得较深,知道一些就行了。

二、管靖先生的观点

受访专家:管靖,北京师范大学物理系教授,硕士生导师,《基础物理学》等大学教科书主编,高中物理课程标准实验教科书审定专家。

访谈地点:管靖老师办公室。

时间:2008 年 11 月 2 日。

观点1:量子力学和人类的生活关系紧密

从和所有人的关系、和生活的关系角度看,量子力学很重要,像其对计算机技术的影响是巨大的。相对论几乎对我们的生活没有影响。

观点2:量子力学课程可使学生了解现代的科研模式

在物理学的发展史上,以前都是一个科学家单打独斗,量子力学是大规模的科研,量子力学方面获诺贝尔奖的就有 14 人,现代的科研模式发生了变化。

观点3:量子力学富含科学人文教育的内容

量子力学和生活联系紧密。相对论、量子力学对人类世界观有非常深刻的影响,我认为在中学阶段更应关注这一点,而不应只关注与计算有关的问题。如果能使中学生对世界观有新的认识,那就是大的提高。

量子力学在第二次和第三次技术革命中起着关键作用,人文方面的教育意义很深刻。量子力学的发展历史很复杂,对人文教育反映得特别强烈。像爱因斯坦和玻尔保持了终身的友谊，但见面就争论，有非常独有的特征。

三、申先甲先生的观点

受访专家：申先甲，首都师范大学物理系教授，中国科技史学会物理学史专业委员会原主任委员，教科版高中物理课程标准实验教科书选修 1 系列主编。

访谈地点：申先甲先生寓所。

时间：2009 年 10 月 12 日。

观点1：量子力学的思想观念有很大的教育价值

首先，量子力学的思想观念有很大的教育价值。从经典连续性原理到微观世界的不连续性——量子性，这是第一。第二，从经典的精确性原理到微观的不确定关系，测量上就有了限度，到一定程度就不能再精确了。

另外，从经典的机械决定论到量子力学的概率决定论，在思想方法上是很大的变化。而且现在看来概率决定论更本质一些。对于哪个决定论是更本质的，爱因斯坦说“上帝不会掷骰子”，认为决定论是唯一的，最终要用因果关系来解释一切。而量子力学否定这一点，它认为就是“掷骰子”，就是概率。所以要把量子化思想与基本知识本身相结合，要把量子化基础打得很牢固。

然后，结合海森伯的不确定性关系来解决精确测量问题。这说明微观世界就是这样的，它不是说要测量就可以了，过去我们批判不确定性关系是唯心的观点，实际上它不是唯心的，它是物理的问题。测量本来就有人为的因素，测量本身就是将人为的因素强加到微观世界上去。测量需要造仪器，造仪器有倾向性，如：你重点要测什么，关注哪些问题，想测粒子性还是想测波动性。那就把人的选择性、把主观的愿望加到仪器身上去了，加到实验身上去了。海森伯曾经说过很重要的一句话：人们研究物理学并不是和客观世界打交道，而物理学理论本身是中间的一个过渡，客观的物理世界是远的，主观的观察者是近的，在之间有一个中间层次就是物理学。之所以这么说是因为物理学本身已经是用人的选择性的思想，用人的已知的概念加在物理世界上提炼出来的东西，如粒子、波、连续、因和果等，这些都是人们已经有的传统观念，但是我们也只能用这些观念来研究物理学，研究物理世界。因为人们长期以来已经形成了一些基本概念，认识物体就想知道它是波还是粒子，所以就把这些概念加到物理世界上，最后发现它既有波动性又有粒子性。所以物理学是把基本概念、基本观念进行运用后整理出来的理论，所以说物理学处于中间层次。

观点2：量子力学跟社会、科技发展的关系紧密

现在认识已深入到微观领域，深入微观领域以后发现微观世界中有许多奇妙的现象，在各种仪器制造、各种各样实际的技术应用上已经有反映了，如纳米技术，老百姓也知道这个词，为什么它能够在物质结构上有那么多新鲜的性质；产生激光需要粒子数反转，这是用宏观理论解释不了的；还有通信技术，其基本理论都是微观物理。量子力学对社会生活各个方面的贡献是很大的，与社会生活密切结合。不要让学生觉得量子力学离我们太远了，学生认识到量子力学与社会生活的联系，对他将来钻研物理学、对物理学产生兴趣都有很大好处。另外从大的方面讲，怎么解释宇宙现象、宇宙是怎么来的、宇宙是怎么发展的、暗物质这些问题都是用微观物理才能探索的，用宏观物理是探索不了的，就是说在人类认识的发展上，在人类的实际生活中，在技术应用上，在人类的观念的变革上，量子力学起的作用是很大的。

四、何润伟先生的观点

受访专家：何润伟，中学特级教师，物理课程标准研制组负责人之一，中国教育学会物理教学专业委员会原副理事长，安徽省教育科学研究所原所长，沪科教版高中物理课程标准实验教科书主编。

访谈地点：陕西省西安市某宾馆。

时间：2008 年 8 月 2 日。

观点1：把量子力学引入高中物理课程是课程内容体现时代性的要求

考虑新课程改革的“三个性”：基础性、时代性、选择性。经过调查，从中华人民共和国成立起，高中物理教学内容几十年来基本没有变化。

物理学已经发展到今天这样一种情况，怎样去体现时代性？倒不是说要把普通物理内容下放，我们考虑首先要在内容的选择上体现时代性，如近代物理的一些基本观点，包括量子力学、相对论，广义相对论也做了一点介绍。量子力学内容以前在中学课程中是很弱的，只讲光谱、玻尔理论，近代量子理论没有涉及。当时征求了一些科学院院士的意见，他们认为不一定要讲得很深，但是相关思想、观点要体现，它们对一个人的成长，不管是高中毕业走向社会，还是继续深造，都是最基本的东西。相对论和量子力学对于中学生原来是很神秘的，到了21世纪，应该破除神秘感，成为公民的一种常识。量子论的观点在生活中也经常遇到，所以首先要从内容上体现时代性。我们还进行了国际比较，比较中国的高中物理教科书与国外的教科书，看究竟差距在哪里。经典物理方面我们比国外不仅没有差距，甚至还高于国外，但近代物理部分比国外差得较多，量子论部分没有达到国际水平。美国的教科书，量子论部分比我们讲得多，观点新得多，成果也介绍得多。

经过国际比较，感觉中国高中物理教学水平应当要与发达国家水平相当，美国、法国等国外教科书、课程标准及大纲早就把量子理论作为中学物理的重要内容，我们以前是把它作为点缀，老的大纲中是有些量子论的内容，但主要是早期量子论的内容，到玻尔理论为止，不确定性关系没有涉及。科学院院士提出，量子论的基本思想和观点是一个公民的基本素养，即使是文科生，也应该知道量子论，知道相对论，而由于数学基础的限制，主要还是强调观点和思想。我们在三块加强了近代物理内容，一个是共同必修物理2，写入量子力学的基本观点和思想，一个是选修3–4写入了相对论，一个是选修3–5集中展示量子理论。物理2主要介绍一些思想观点，使之后不再学习物理的学生对此有一些基本的认识，这也是科学院的一些院士提的意见。

观点2：量子力学课程有助于学生了解物理学的思想、观念

物理学不光是那些经典的内容，学习量子力学对了解物理学、提高个人的科学素养和对自然的认识，都起到了很大的作用，对人的成长，树立科学的价值观有着不可低估的作用，不能认为只是一个点缀。今后高考这方面内容应该考，可以考得浅一点，例如一些基本的思想、观点之类的。

我觉得量子力学的思想、观念是最关键的，当初把量子理论放进来，旨在拓展学生的科学思维，增强对自然界的认识。

五、肖振军先生的观点

受访专家：肖振军，博士，南京师范大学特聘教授、博士生导师，研究方向为粒子物理理论和量子场论。

访谈地点：肖振军老师办公室。

时间：2010年3月20日。

观点1：量子力学是高科技应用的理论基础

对于现在的物理学，量子力学是基本理论框架，相对论则是进入到了高速的领域。而激光、凝聚态、材料物理是以量子力学为理论框架的。量子力学是很多高科技应用的理论基础，高科技中利用量子效应、场效应、量子霍尔效应的例子很多。如光电技术，像LED，已经影响到我们的生活。

观点2：通过量子力学课程可使学生了解现代物理学的基本观点

应该让学生了解一些基本的观点，特别是波粒二象性的观点、概率的观点。以前学生习惯于经典物理学的确定论，而量子力学涉及不确定性。量子物理与经典物理之间还是有联系的，而到了微观、高速领域，经典物理学就不适用了，学生只要知道这些就可以。

观点3：量子力学有助于学生理解科学本质

微观尺度（10^{-10}m）的理论框架是量子力学。当然在更小的空间尺度——费米尺度（$\leqslant 10^{-15}$m），量子场论和规范场理论代替量子力学成为基本理论框架。学习量子力学让学生有一个发展的概念，经典物理是物理学发展中的阶段性成果，在一定的近似条件下才有效。量子力学也是发展的，还没有最后的定论。到现在关于量子力学的本质还是有争论的，是概率解释，还是决定论，已上升到哲学的层次。

关于量子力学的争论，我觉得现有的实验告诉我们概率解释是正确的，当然不排除今后会有新的理论框架的建立。但是就目前的实验、科学发展程度，概率解释还是正确的。量子力学再往高一步走就是量子场论，量子场论的数学框架、数学基础也改变了，但是还是用概率解释，还是要用到波函数，用二次量子化的波函数，仍然用态、波函数的概念，一个初态跃迁到末态，仍然用到振幅。

六、平加伦先生的观点

受访专家：平加伦，博士，南京师范大学教授，博士生导师，研究方向为凝聚态物理。

访谈地点：平加伦老师办公室。

时间：2010 年 3 月 21 日。

观点1：量子力学课程有助于学生理解理论与实验的关系

从量子力学的概念上来讲，让学生知道一些还是有好处的，从思维方式上进行感受。从某种意义上来讲，真正懂量子力学的人很少，多数人只是会用量子力学计算。这样看来，在中学讲量子力学是不容易的。

在中学讲量子力学，反而可以突出物理的一些最根本的东西：物理学归根到底是实验科学，总结在实验上观察得到了什么，然后去解释实验。

中学阶段主要是从实验角度上讲，实验的现象就在这里，你要去解释它，用经典物理学没法解释，那就得用到量子力学，这是解释微观世界的现象所必需的。量子力学中的基本概念有很多与常识相矛盾，表面上看来是和经典物理学相矛盾的，但是微观领域的实验是需要这种理论的。

历史上的电子衍射实验，如不用波就没办法解释，它的花样和 X 衍射是相似的。从这个角度来讲，可跟学生强调，实践是检验真理的唯一标准。

观点2：量子力学课程有助于学生理解科学知识的条件性和暂定性

科学本来就是证伪的，任何一个理论原则上来讲是一个有效的理论，但不是终结理论，在所研究的领域上是对的，或者说在测量误差范围内与实验是一致的，那么这个理论就可以用。经典物理在宏观领域是没问题的，量子效应没有显现，但是进入微观领域，量子效应就比较明显了，经典物理的结果就不适用了，从某种意义上讲就是误差太大了。

第五节 小结与讨论

高中物理课程旨在进一步提高学生的科学素养，从知识与技能、过程与方法、情感态度与价值观三个维度进行培养[1]，其中的量子理论部分具有独特的教育价值，主要表现在以下方面：

（1）学生在量子理论部分将学习关于波和粒子、原子结构等初步知识，这是了解现代科学技术的基础，也是继续学习物理学及相关科学技术的基础。

（2）在历史上，对于波和粒子、原子结构的认识，典型地展示了人类认识自然的科学方法；而对于光和粒子的波粒二象性的认识，则表现了人类直接经验的局限性，物理学家在构建量子理论的过程中，充分展示了其高超的哲学素养、创新思维能力和实事求是的科学态度。在量子理论的学习中，学生将能体会其中的科学方法，受到科学哲学思想的启迪，感悟科学的和谐美。

（3）量子理论与科学前沿和高新技术密切结合，生动体现了科学、技术、社会（STS）的关系。通过学习，学生将得以增强利用科学服务于人类的社会责任感和可持续发展的意识。

分析专家们关于量子力学的教育价值的观点，印证了以上的总结。6位专家全部认为量子力学可使学生了解现代物理学的基本思想、观念；5位专家提及量子力学对现代社会、科技的贡献，有助于学生正确认识科学、技术、社会的关系；3位专家认为量子力学的学习有助于学生理解科学本质；2位专家认为把量子力学引入高中物理课程是课程内容时代性的要求，可使学生了解现代物理学的初步知识。2位专家认为量子力学可使学生了解现代物理学的科研模式，理解科学探究。具体内容总结如表3-1。

[1] 中华人民共和国教育部. 普通高中物理课程标准（实验）[S]. 北京：人民教育出版社，2003：2.

表3-1　专家关于量子理论的教育价值的观点

专家的观点	刘	管	申	何	肖	平
·在高中物理中引入量子理论体现了课程现代化的要求，可使学生了解量子理论的初步知识	√			√		
·使学生了解现代物理学的基本思想和观念	√	√	√	√	√	
·使学生理解科学探究，了解现代物理学的科研模式和方法		√				√
·促进学生理解科学本质	√				√	√
·使学生正确认识科学、技术、社会的关系	√	√	√		√	

第四章 影响高中物理中量子理论课程内容的因素分析

课程就像一个过滤器起着过滤作用，允许一些内容被纳入其中而排斥其他内容。廖哲勋、田慧生（2003）、吕达（1994）把制约课程的因素归结为学科知识、学生和社会发展三大因素，认为应当以经济和社会发展的实际需要与可能（包括当前的和未来的）为出发点，以受教育者的全面发展为落脚点，对人类知识总和（包括当代科学最新成果）加以精选，组成结构优化的课程[1][2]。

[1] 廖哲勋，田慧生．课程新论［M］．北京：教育科学出版社，2003：186-188.

[2] 吕达．“课程教材改革与21世纪人才培养”国际研讨会述评——兼及我国普通高中课程改革等问题的思考［J］．课程·教材·教法，1994（7）：1-7.

第一节　社会需求

社会发展对学生科学素养培养的要求，是高中物理课程内容选择的客观依据。

一、社会各界的需求

何润伟、王继珩（2004）等针对高等院校的教师、科研院所的研究人员、著名企业家、工人、农民、普通高中在校生的家长、中国科技大学少年班的学生等，采取了访谈、问卷、座谈会等多种形式，就“社会对高中物理课程需求”进行了调研，他们认为：高中物理课程应反映物理学研究的新成果，根据现代物理的发展趋势和已有的成果，用新的观点重新整合高中物理的课程内容，如超弦理论、非线性物理、粒子物理、核聚变实验研究、高温超导、激光冷却原子、纳米材料、大型物理实验装置、高精度仪器的发明和使用，以及物理学在天文学研究方面的拓展等；应学习并认识物理学的基本思想、观点和方法，如时空观、守恒与对称、物质与场、波和粒子等基本观点应渗透到物理课程中去；应关注科技和社会发展中的问题（如信息、能源、环境、资源等），物理课程应该适当联系现代技术应用[1]。以上调查结论中涉及的激光冷却原子、纳米材料、物质与场、波和粒子等均与量子理论密切相关，被调查者还特别指出我国现行的面向理科学生的高中物理课程中，近代物理的思想、观点反映较少。

二、报刊调查

在我国，大众传媒是公众获得科技知识和信息的主要渠道，中国科学技术协会公布的 2003 年中国公众科学素养调查显示，电视是我国公众获得科技知识和信息的最主要渠道，报纸则位居次席，有 69.5% 的公

[1] 物理课程标准研制组. 普通高中物理课程标准（实验）解读［M］. 武汉：湖北教育出版社，2004：13.

众通过报纸获得科技知识和信息，公众对于报纸相关信息的信任程度为67.3%(如图4-1)[1]。报刊从一个侧面反映了社会发展对物理知识的需求情况。

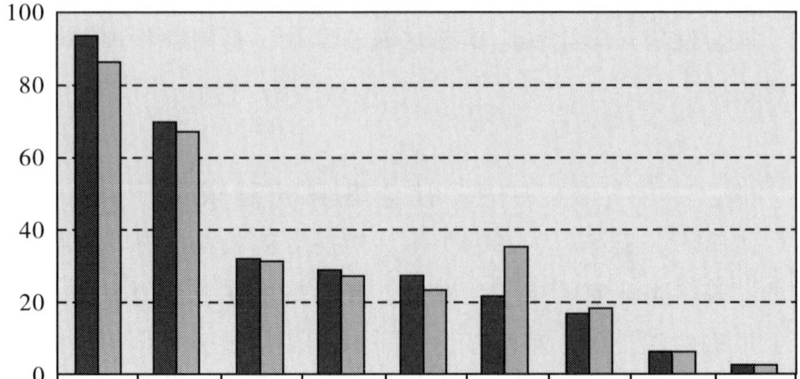

	电视	报纸	广播	亲友或同事	刊物	专业技术培训	图书	互联网	音像制品
主要渠道	93.1	69.5	31.9	28.5	27.1	21.6	16.2	5.9	2.6
信任程度	86.2	67.3	31.5	27.2	23.2	35.2	17.8	6.0	2.5

图4-1 公众获得科技知识和信息的主要渠道和信任程度（%）

为了解社会发展对量子理论知识的需求，笔者选取《北京晚报》为对象进行报刊调查。《北京晚报》以“立足北京，面向全国，反映生活，服务生活，指导生活”为办报宗旨，是贴近社会、生活和群众的报纸。《北京晚报》报纸内容广，信息量大而全，能满足不同人群的不同需求，涵盖政治、社会、经济、体育、文化等各类信息。课程教材研究所、物理教材课程教材开发中心（2005）曾进行过“中学物理教育与社会需求相关性”的调查，其中对《北京晚报》有关物理名词的调查是其中的一个重要组成部分，该调查针对1990年和2000年的数据进行了统计、分析[2]。笔者与调查的课题组负责人取得了联系，掌握其调查研究的手段与方式，以保证后续研究的一致性。

笔者下载了《北京晚报》2008年1月至4月的电子版，先逐篇浏览

［1］中国科学技术协会. 2003年中国公众科学素养调查主要结果［EB/OL］. http: //www.kxsz.org.cn/webedit/uploadfile.do? action=open&filepath=file/filed21ee8e489e5.doc.

［2］课程教材研究所，物理课程教材研究开发中心. 我们的探索［M］. 北京：人民教育出版社，2005：37-43.

文章和广告，把与物理学相关的文章转成WORD文档进行汇总，再利用WORD的“查找”功能统计有关物理名词出现的次数。为了避免由于广告连续刊载造成某些物理名词出现次数的偏差，统计时只将同一广告中首次发布时出现的名词进行了统计。最后针对1990年、2000年、2008年1—4月《北京晚报》跟量子理论相关的名词做了统计、分析（如表4-1），以探知社会发展对量子理论知识的需求情况，为高中物理中量子理论的课程研究提供有意义的素材。

表4-1 《北京晚报》与量子理论相关物理名词出现的次数

物理名词	1990年1—4月	2000年1—4月	2008年1—4月
量子	0	14	3
辐射	8	47	53
电子	85	902	740
粒子	0	9	2
阴极射线	0	0	2
原子	0	0	19
激光	7	90	31
光谱	0	0	4
X射线	6	10	0
紫外线	13	21	79
红外线	0	13	10
光子	0	16	8
光能	0	0	4
光电	0	0	12
LED	0	0	21
纳米	0	7	28
总和	119	1129	1016

对《北京晚报》的调查显示：

（1）笔者统计了3个年份1—4月物理名词在《北京晚报》上出现的总次数，1990年、2000年、2008年的数据依次为358次、1767次、2363次[1]，尽管2000年、2008年与1990年相比，该报进行了扩版，但

[1] 课程教材研究所，物理课程教材研究开发中心. 我们的探索[M]. 北京：人民教育出版社，2005：24.

物理名词在《北京晚报》上出现的频率总体呈快速增长的趋势（如图 4–2），物理学与社会发展、人民生活关系越来越密切。

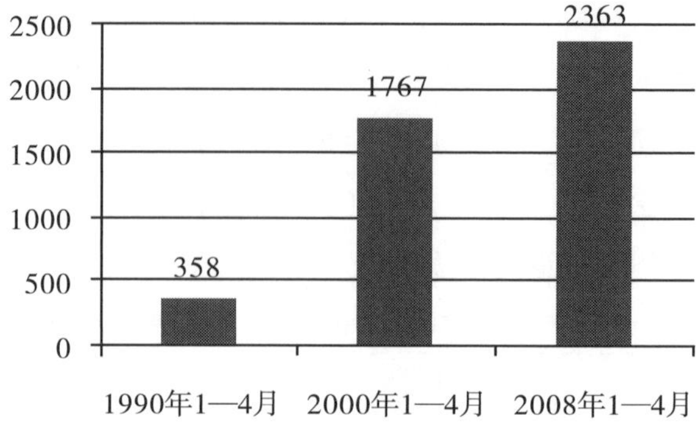

图 4–2 《北京晚报》中物理名词在不同时期出现的次数

（2）如图 4–3 所示，1990 年 1—4 月《北京晚报》与量子理论相关名词出现的次数为 119 次，2000 年、2008 年同期出现的次数分别为 1129 次、1016 次，基本持平，接近 1990 年同期出现次数的 10 倍，出现的名词数目也呈增长态势（如图 4–4）。自 1900 年普朗克提出能量子假说，20 世纪 20 年代海森伯、薛定谔等人创立量子力学以来，量子力学和相对论一起作为现代物理学革命的标志，对科技的发展、人类的生活产生了深远的影响。

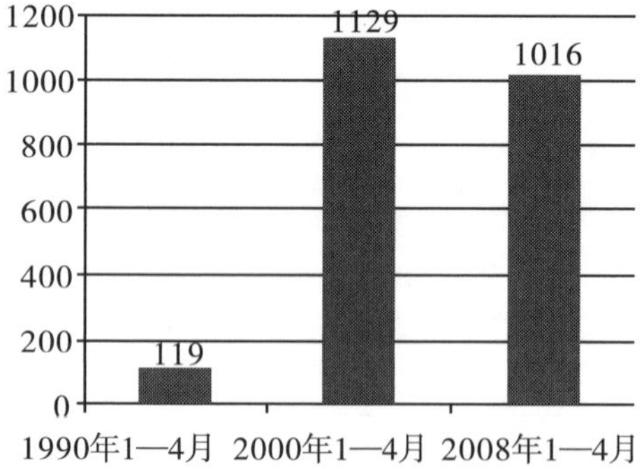

图 4–3 涉及量子理论的物理名词在不同时期出现的次数

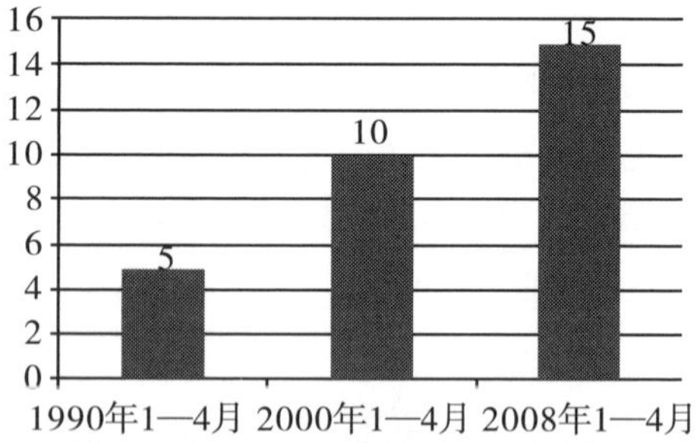

图 4–4 涉及量子理论的物理名词在不同时期出现的数目

（3）“电子”是《北京晚报》中出现频率最高的物理名词，在 1990 年、2000 年、2008 年前 4 个月出现的次数分别为 85 次、902 次、740 次，所占比例均在 70% 以上（如图 4–5）。电子是人类发现的第 1 个微观粒子，随着微电子技术、计算机技术的发展，人类社会已步入信息时代，“电子”亦成为人们在媒体上接触最多的术语。

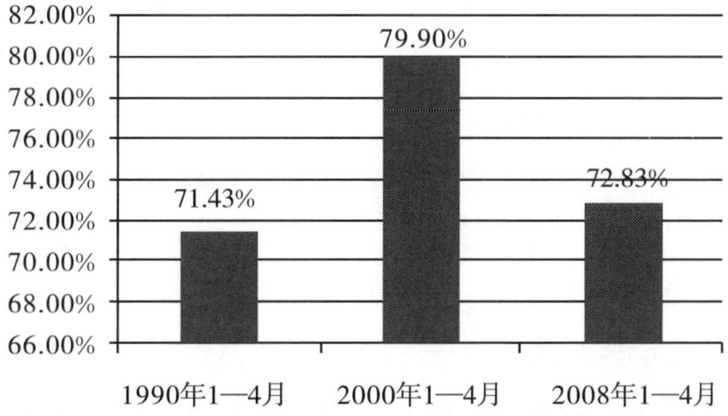

图 4-5 《北京晚报》中“电子”在不同时期所占比例

（4）量子理论在现代科学技术的发展中发挥着核心作用，激光、纳米、LED 等高新技术频频见诸报端（如图 4-6）。

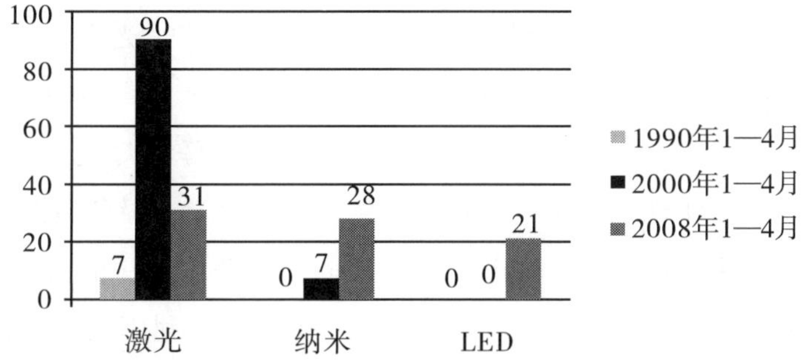

图 4-6 有关高新技术在《北京晚报》中出现的频率

1917 年爱因斯坦提出受激辐射的概念，从理论上指明了激光研究的方向，1960 年美国的梅曼（T. H. Maiman）制成了世界上第一台红宝石激光器。激光由于其方向性好、单色性好、相干性好和亮度高的特性，在工业、农业、医学、军事、文化领域有着广泛的应用[1]。在《北京晚报》关于量子理论的术语中，“激光”出现的频率仅次于“电子”，在 2008 年前 4 月的文章中有：工业（汽车激光焊接）2 篇、医学 2 篇、军事 3 篇、激光照排和打印 3 篇、科学研究 2 篇、文化娱乐 2 篇、环境监测和天气

[1] 倪光炯，王炎森，钱景华，等. 改变世界的物理学［M］. 上海：复旦大学出版社，1998：213-214.

预报 3 篇。1 月 31 日和 2 月 28 日连续报道了北京市启用汽车尾气激光遥感监测车进行尾气监测，3 月 10 日报道北京有关公司启动了“出生纪念金银证”销售，这种“出生证”可以用激光技术镌刻孩子的原始出生信息数据、生肖甚至出生时拓印的小脚印、父母亲友的希望寄语等，可见激光技术已走入我们的日常生活。

从 20 世纪 70 年代科学家开始纳米尺度的探索，1982 年世界上第一台扫描隧道显微镜（STM）问世，纳米技术的研究和应用得到长足发展。2008 年前 4 月的《北京晚报》中有关纳米技术的报道主要涉及应用方面，2 月份有 3 篇文章谈及纳米纤维：13 日报道澳大利亚和中国科学家已研制出一种自洁纤维，用其制成的衣服晒晒就干净；15 日报道美国华人科学家研制成功能发电的纳米纤维；16 日提及一款汽车轻巧的车身由纳米碳纤维制成，能够令其在水底畅行无阻。该报还提及纳米机器人、纳米卫星和能提高发电效率的纳米水晶。

近年来在世界范围倡导绿色能源技术，“LED”“光电”在 1990 年、2000 年的《北京晚报》中还鲜有提及，而在 2008 年前 4 月出现的次数分别为 21 次和 12 次，有 12 篇文章谈及 LED 屏幕和灯泡，其中 4 篇与奥运场馆相关，体现了 2008 北京奥运会“科技奥运、绿色奥运”的理念，有 4 篇则是与数码相机、笔记本电脑显示屏相关。有 3 篇文章报道了在旧金山、首尔的建筑物上使用了光电薄膜或玻璃板，利用太阳能产生电能，可再生能源已进入实用阶段。

《北京晚报》还涉及了量子理论的其他主题：量子、光子、粒子、原子等，在调查的 3 年的前 4 个月中出现的总次数分别为 17 次、24 次、11 次、19 次（如表 4-1），与梁志国、郭玉英（2002）对 2000 年有关报刊调查中涉及量子理论的主题大同小异（如表 4-2），值得注意的是 2000 年《人民日报》有 3 篇文章谈及电子显微镜，《读者》中有 2 篇文章提到了测不准关系，涉及人类对因果律的认识。

表4-2　2000年有关报刊涉及量子理论文章的篇数[1]

物理名词	篇数			
	人民日报	参考消息	中国青年报	读者
量子	36	21	8	5
光子	2	3	3	2
激光	85	50	45	6
纳米	39	25	19	3
粒子	13	17	18	4
电子显微镜	3	0	0	0
X射线	0	3	0	0
原子模型	0	1	0	0
测不准关系	0	0	0	2

三、小结与讨论

对以上社会需求分析和报刊调查的结果总结如下：

（1）以量子力学为代表的物理学基础研究是21世纪科技革命的重要推手，激光、纳米、新能源技术已进入实用阶段，深深影响着社会发展和人们的日常生活，这就要求高中物理中量子理论部分应紧密联系现代科技和社会问题，增加与社会及人类自身发展密切相关的内容，加强科学、技术、社会观点的渗透，关注物理学的技术应用所带来的社会热点问题，培养学生的社会参与意识和对社会负责任的态度，树立可持续发展的观念。

（2）量子理论的基本概念和观念已进入面向大众的报刊，能读懂通俗报刊刊登的科学文章是对公众科学素养的基本要求[2]，为达成高中物理课程提升学生科学素养的目标，要求高中物理中量子理论部分应反映物理学研究的新成果和新的科学思想，用新的观点重新整合课程内容，在课程内容上体现时代性的要求。

（3）笔者注意到在一些媒体广告和厂家的宣传中，有炒作高科技概念、

[1] 梁志国，郭玉英. 从报刊看我国公众对近现代物理知识的需求［J］. 学科教育，2002（11）：31-34.
[2]［美］国家研究理事会. 美国国家科学教育标准［M］. 戢守志，金庆和，等译. 北京：科学技术文献出版社，1999：28.

夸大产品功效、误导消费者的情况，如《北京晚报》2008 年 3 月 9 日报道有些卖场“自造概念”误导消费者，饮水机促销员张嘴都能讲出许多新名词，如“纳米膜”“微晶超滤膜”“五级过滤”“亲水膜”“中空过滤膜”“远红外矿化”等，但是当记者反问“这个技术和别的有什么本质区别”时，他们却含糊其辞，答不上来[1]。物理学是一门实事求是的科学，要通过物理课程的学习，培养学生实事求是、尊重客观规律的科学态度，不迷信权威，具有判断大众传媒是否符合科学的意识。

[1] 窦媛媛．“水家电”浑水摸鱼 [N]．北京晚报，2008-03-09 (12).

第二节　学科发展

课程内容的基本要素是知识（廖哲勋、田慧生，2003）[1]，高中物理中量子理论部分内容的选择必须关注量子理论的特点及其发展状况，关注量子理论本身的内在逻辑，从中选出最基本的科学事实、概念、原理、方法和观念，满足学生发展的需要。

量子力学是20世纪物理学的主要进展之一，1900年普朗克为了解释黑体辐射的规律，“孤注一掷”地引入能量子假说，突破了经典物理学的一切过程都是连续的信条，从而量子论产生，并在此基础上建立和发展起了量子力学。

一、早期量子论的发展

早期量子论的发展以普朗克的能量子假说、爱因斯坦的光量子假说和玻尔的原子理论为标志，起源于人们对黑体辐射原子结构等的探索。

1.普朗克的能量子假说

为了全面说明有关黑体辐射的实验事实，德国物理学家普朗克研究了封闭在一个具有理想反射壁的空腔里的电磁辐射，以赫兹的线性谐振子作为理论模型，针对黑体辐射在短波段和长波段的实验结果，尝试用内插法去寻找辐射公式，1900年10月19日他在德国物理学会的会议上以《维恩辐射定律的改进》为题报告了新的公式：$\rho(v,T)=\frac{Av^3}{e^{\frac{Bv}{T}}-1}$。德国实验物理学家鲁本斯连夜就将普朗克公式与测量资料进行了细致的比较，结果是处处符合，令人甚感满意。但这一切并未使普朗克感到陶醉和满足，反而促使他开始致力于寻找该公式的真正物理意义。普朗克设想空腔内谐振子的能量只能取一些分立的值：$E=nhv$，则可推得上述公式，1900年12月14日他在德国物理学会宣读了论文《关于正常光谱的能量分布定律的理论》，他强调指出：“我们采取这种看法——并且这是整个计算中最重要的一点——认为E是由一些为数完全确定的、有限而又相

[1] 廖哲勋，田慧生. 课程新论 [M]. 北京：教育科学出版社，2003：187.

等的部分组成的，而对于这个有限而又相等的部分，我们应用了自然常量 $h=6.55\times10^{-27}$ 尔格·秒。"[1]他提出的假说表明能量不再是连续的，普朗克常量 h 是最基本的自然常量之一，体现了微观世界的基本特征，它既是支配电磁波和物质相互作用的基本量，又是表征原子结构的重要参数，随着它登上历史舞台，物理学的革命时代来到了。

2.爱因斯坦的光量子假说

爱因斯坦考察了黑体辐射、光电效应等实验现象，认为"当人们把用连续空间函数进行运算的光的理论应用到光的产生和转化的现象上去时，这个理论会导致和经验相矛盾"。他在1905年发表的《关于光的产生和转化的一个启发性观点》中指出："确实现在在我看来，关于黑体辐射、光致发光、紫外光产生阴极射线，以及其他一些有关光的产生和转化的现象的观察，如果用光的能量在空间中不是连续分布的这种假说来解释，似乎就更好理解。按照这里所设想的假设，从点光源发射出来的光束的能量在传播中不是连续地分布在越来越大的空间之中，而是由个数有限的、局限在空间各点的能量子所组成，这些能量子能够运动，但不能再分割，而只能整个地被吸收或产生出来。"[2]爱因斯坦称这些能量子为"光量子"，现称为光子，其能量 $E=h\nu$，他用光子说对光电效应进行了解释，预言了光电效应方程，后为密立根的实验所验证。1916年他还根据相对论，在《关于辐射的量子理论》一文中，给出了光子动量的表达式：$\rho=\frac{h\nu}{c}$，被康普顿效应所证实，给了光量子以物理实体的地位。1908年他运用自己所擅长的统计涨落理论，用光量子假说对普朗克公式进行解释，得到了关于涨落的公式，发现辐射场在一定程度上不仅相当于经典的电磁振动，并且还相当于光粒子，据此爱因斯坦提出光的波粒二象性理论，用统一的光的本性理论来解释光现象。

3.玻尔的原子理论

卢瑟福根据 α 散射的实验结果，于1911年提出了原子的核式结构模型，但存在与原子的稳定性以及原子发射线状光谱的事实不符的严

[1] 申先甲，张锡鑫，祁有龙. 物理学史简编［M］. 济南：山东教育出版社，1985：716.
[2] 爱因斯坦. 爱因斯坦文集（第二卷）［M］. 范岱年，赵中立，许良英，编译. 北京：商务印书馆，1977：37.

重问题。玻尔认为解决这个问题的出路在于将量子概念引入原子结构理论中来，1913 年他发表了关于原子结构的论文《论原子和分子的组成》，设想只有满足量子化条件 $\oint pdq=nh$ 的“电子轨道”才是稳定的，各定态轨道的能量排列成一系列分立的能级，并提出了两条主要的假设：“(1)系统在稳定状态下的动力学平衡问题可借助普通力学进行讨论；而不同稳定状态间的过渡则不能在这样的基础上进行研究。(2)在发生后面这一过程时，会伴随着发出单一的辐射，在这种辐射中，频率和发出的能量遵从普朗克理论中给出的关系。”[1] 玻尔将量子概念推广到原子物理学中，解决了原子的稳定性问题，揭示了光谱规律与原子结构的本质联系。但玻尔理论存在着缺陷：第一，它只能计算氢光谱和类氢光谱，对于稍复杂一些的原子，无法进行计算；第二，即使对于氢光谱，也不能计算出它的谱线强度；第三，正如卢瑟福所指出的“普朗克概念和旧力学的混合，却很难使人对什么是它的基础形成一个物理概念”[2]，玻尔理论的主要问题在于理论内部的不自洽。

二、量子力学的建立

玻尔理论是早期量子论的最后一次重大进展，此后量子论的研究出现了停滞不前的局面，物理学家们意识到建立新力学的时候到了，正如德布罗意所指出的：“从一切迹象来看，我们必须着手建立一个新的力学，量子概念应该在其基本公理中就取得自己的位置，而不像旧量子论那样是附加上去了。”[3] 首先是德布罗意提出物质波理论，接着是海森伯和薛定谔分别建立矩阵力学和波动力学，量子力学迅速兴起并向前推进。

1.德布罗意的物质波理论

德布罗意对光和原子中电子的属性进行了对比，认为玻尔理论中量子化条件提示电子具有波动性，他在获得诺贝尔物理学奖时演讲的《电子的波动性》中说道：“确定原子中电子的稳定运动涉及整数，而至今物

[1] 沙摩斯.物理史上的重要实验[M].史耀远，郁明康，刘孟朝，等译.北京：科学出版社，1985：408.
[2] 戈革.尼耳斯·玻尔[M].上海：上海人民出版社，1985：148-149.
[3] 李醒民，宋德生，王身立.科学发现集[M].长沙：湖南科学技术出版社，1998：155.

理学中涉及整数的只是干涉现象和本征振动现象。这使我想到，不能用简单的微粒来描述电子本身，而还应当赋予它们以周期的概念。于是我得出了指导我进行研究的全部概念：对于物质和辐射，尤其是光，需要同时引进微粒概念和波的概念。换句话说，在所有情况下，都必须假设微粒伴随着波而存在。”[1] 1924 年 11 月，在他向巴黎大学提交的博士论文《量子理论研究》中，明确提出了所有实物粒子都具有波动性的假设。

2.薛定谔的波动力学

薛定谔的波动力学是在德布罗意理论的基础上建立起来的，他注意到了爱因斯坦 1925 年 2 月发表的《单原子理想气体的量子理论（二）》，爱因斯坦在文中以称赞的口吻提到了德布罗意的工作，这使薛定谔受到很大影响，他怀着极大的兴趣拜读了德布罗意的独创性论文。当时德拜主持了一个由苏黎世大学和苏黎世理工学院人员参加的定期学术讨论会，薛定谔被指定报告德布罗意的工作，他做了清晰又漂亮的说明。在他报告之后，德拜评论道：讨论波动而没有一个波动方程，太幼稚了。薛定谔受到触动，下定决心要找到它。

薛定谔通过光学与力学的类比，深信原子内部的力学应当是波动力学。1926 年他连续发表了题目都是《量子化就是本征值问题》的 4 篇论文，引入了波函数的概念，利用哈密顿 - 雅可比方程，建立了氢原子的定态薛定谔方程 $\nabla^2\Psi+\frac{2m}{k^2}\left(E+\frac{e^2}{r}\right)\Psi=0$。根据边界条件，$E$ 只有取某些确定值，这个方程才有稳定解，他得出能量 E 的本征值为：$E_n=-\frac{2\pi^2me^4}{n^2h^2}$，其中 n 是主量子数，这样量子化就成了薛定谔方程的自然结果，从而取代了玻尔理论中人为规定的量子化条件。

在建立波动力学的过程中，薛定谔最为关切的问题就是波函数Ψ的物理意义，而这一波动力学中的画龙点睛之笔，竟是出自矩阵力学的中坚人物——玻恩之手。1926 年玻恩在题为《散射过程中的量子力学》的论文中，提出了波函数的统计解释：“粒子的运动遵循着统计规律，而统计性则按因果律在坐标中传播。”在空间某点找到粒子的概率密度正比于该

[1] 诺贝尔奖获得者演讲集 物理学（第二卷）[M]. 宋玉升，郑锡琏，惠和兴，等译. 北京：科学出版社，1984：213.

点的波函数Ψ模的平方。由于有了玻恩的诠释，波动力学才为物理学家们普遍接受。

3.海森伯的矩阵力学

矩阵力学可以认为是玻尔原子理论的自然发展，海森伯对此进行了细致的分析，认为理论必须建立在实验中可观察量的基础上，玻尔的对应原理——经典物理学规律和量子物理学规律间存在一种有启发价值的形式类比，是一条重要的指导原则。

在薛定谔提出波动力学的 8 个月前，海森伯写出了《关于运动学和力学关系的量子论新释》，在文中他按照经典力学中用振幅和频率表示坐标的方法，把力学量做傅里叶展开，然后根据对应原理把经典频率转译为量子频率，这样就实现了他的研究目标：由可观察的谱线频率和振幅的二维数集来代替经典的电子轨道，从而奠定了矩阵力学的基础。说来令人惊讶，矩阵力学的创立者当初竟不知矩阵为何物，甚至还在为自己提出的不对易的乘法规则而坐卧不宁。玻恩开始也难以理解海森伯的乘法规则，经过几天的冥思苦想，他想起这正是大学时学过的矩阵的乘法运算规则，此后海森伯、玻恩和约当合作，全面阐述了矩阵力学的原理与方法，宣告量子力学诞生。

矩阵力学和波动力学都是在不发生实物粒子的产生和湮没以及粒子的速度远小于光速的前提下研究量子理论的，是非相对论性量子力学。1928 年英国物理学家狄拉克提出了电子运动的满足相对论不变性的波动方程，将相对论、量子力学和自旋的概念和谐地综合起来，完成了相对论性量子力学的建立工作。

三、小结与讨论

分析量子力学发展的历程，笔者认为以下 3 点对高中物理中量子理论部分的课程建设具有一定的启迪意义：

（1）量子力学的发展表明科学理论的建构可有不同途径。

图 4-7 简略展示了量子力学的发展路径和主要事件，物理学家基于对光谱、原子结构、辐射以及波粒二象性的研究，针对原子现象，循着两条不同的道路，独立、平行地建立了形式上很不相同的量子力学理论

体系。海森伯从可观察的光谱项出发，沿着对应原理所指引的方向，借助矩阵这一数学工具，创立了矩阵力学；薛定谔则通过光学与力学的类比，在德布罗意物质波观念的引导下，借助数学上本征值研究的成果，创立了波动力学。

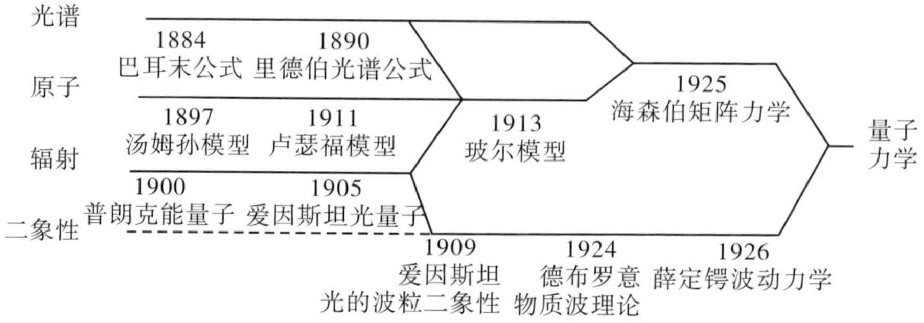

图 4-7 量子力学的发展路径

（2）物理学家在量子力学的研究中逐步完成了观念的转变。

回顾量子力学的发展历程，物理学家对光、原子、电子等的认识，经历了经典物理—半经典半量子—量子力学观念的转变。在早期量子论的发展阶段，开始人们试图利用经典物理学从理论上推导出黑体辐射实验规律，如 1896 年维恩假设黑体辐射能量按频率的分布和同温度的理想气体分子能量按麦克斯韦速度分布律的分布类似，推出了维恩辐射定律。1900 年瑞利根据经典统计物理的能量均分原理，利用严格的经典电动力学理论，推导出瑞利辐射公式。普朗克最初也是想从经典物理学来推导出与实验曲线相一致的公式，并仿效维恩的做法，以赫兹的线性谐振子作为理论模型研究黑体辐射。1913 年玻尔以卢瑟福的原子模型为基础，由经典物理学理论加上量子化限制，其构建的原子模型实际上是半经典、半量子的机械组合。波动力学和矩阵力学则完成了经典物理学向量子力学的转变（仲扣庄，2009）[1]。

（3）量子力学的创立引起了科学概念的深刻变革。

在量子力学的创立过程中引入了一系列新概念和原理，引起深刻的物理学革命，其概念革新的主要内容有：

[1] 仲扣庄. 物理学史教程［M］. 南京：南京师范大学出版社，2009：188-189，218-246.

① 1900年普朗克提出物体在发射和吸收辐射时，能量变化不是连续的，冲击了经典物理学长期信奉的一切自然过程都是连续的信条。

② 1905年爱因斯坦提出光不仅在发射和吸收中，而且在传播中也是量子化的，冲破了光的电磁学说的束缚。他还进一步提出光的波粒二象性的观念，把在经典物理学中互相排斥的波和粒子的属性结合起来，是物理学史上的重大创新。

③ 1913年玻尔提出玻尔原子理论，把量子化概念的应用范围从能量、辐射扩展到原子中电子的行为上。

④ 1924年德布罗意提出一切实物粒子都伴随着波的物质波理论，揭示微观粒子的波粒二象性，为波动力学的建立奠定了基础。

⑤ 1925—1926年创立的量子力学从微观世界的波粒二象性出发，由概率解释引出统计性，量子化是该理论的自然结果，深刻冲击了经典物理学的决定论观念。

（4）量子力学的创立引起了科学观的深刻变革。

量子力学的研究领域深入到了微观世界，导致了巨大、深刻的概念变革，这些概念变革及其解释涉及一系列方法论和哲学问题，使人类对物质、因果律等的认识产生根本性的变化，这种“革命是世界观的改变”[1]。如波和粒子的概念在经典物理学中是互相排斥的，波粒二象性难以用从日常生活经验中总结得来的概念去进行理解，“波粒二象性否定了物理学中朴实的直观方法——它在于把日常生活中习惯的概念转移到更小的微观领域里去——而迫使我们去使用更抽象的方法”[2]，量子力学的概率解释最终放弃了直观性理解。

伴随着量子力学的革命出现了新的研究范式，正如美国科学史学家库恩所说：“科学革命中出现的新的常规科学传统，与以前的传统不仅在逻辑上不相容，而且实际上是不可通约的”，“在革命之后，科学家们所面对的是一个不同的世界”[3]。在历史上，许多亲历这场革命的物理学家

[1] 库恩.科学革命的结构[M].金吾伦，胡新和，译.北京：北京大学出版社，2003：101.

[2] 玻恩.我这一代的物理学[M].侯德彭，蒋贻安，译.北京：商务印书馆，1964：140.

[3] 同[1]95，101.

都难以接受新的范式和实现概念转变。普朗克甚至在其《科学自传》中说道："一个新的科学真理的胜利并不是靠它的反对者信服和领悟，而是因为它的反对者终于都死去了，而熟悉这个新科学真理的新一代成长起来了。"[1]

普朗克为了解释他的辐射公式，被迫接受玻尔兹曼的思想，从而提出能量子假说。对此他的心情非常矛盾，一方面直觉告诉他，自己的发现非同寻常，另一方面他对自己的革命性行动惴惴不安，总想回到经典理论的立场上去（仲扣庄，1997，2009）[2][3]。1909 年后，当他重新投入到量子理论的研究中时，他告诫自己和他人：在将作用量子 h 引入理论时，应当尽可能保守从事。这就是说，除非业已表明绝对必要，否则不要改变现有理论。1911 年普朗克认为只是在发射过程中才是量子化的，而吸收完全是连续进行的。到了 1914 年，他干脆取消了量子假说，认为发射过程也是连续的。而一次次失败使他最终放弃了自己的倒退立场，为此他百感交集："为了使作用量子能以某种方式溶合于经典理论之中，我花了几年的时间（实际上是一直到 1915 年），它们耗费了我大量的精力，然而这一切枉费心机，我的许多同事把它看作一种悲剧，但是我却不这样看。从这当中我受到的启发是，这一切都是有价值的，我现在懂得了一个事实，基本作用量子在物理学中所起的作用远比我最初设想的要深刻得多。懂得了这一点，又使我清醒地看到，对原子问题的处理，需要引入一套全新的观点与分析方法。"[4]

爱因斯坦提出光量子假说，并赋予光子以客观实体的地位，他的观点受到广大物理学家的强烈反对，他们认为这一理论与光的波动理论是完全相背的，甚至量子论的创始人普朗克也认为爱因斯坦的光量子理论"走得太远"，他在 1913 年推荐爱因斯坦为普鲁士科学院院士时还说：爱

[1] 普朗克.《科学自传》摘译 [J]. 科学与哲学，1988（1）.

[2] 仲扣庄，杜守建. 两位量子论之父的工作比较研究 [J]. 物理通报，1997（12）：24-27.

[3] 仲扣庄. 物理学史教程 [M]. 南京：南京师范大学出版社，2009：223.

[4] 威尔特，裴利普. 现代物理学进展 [M]. 魏凤文，申先甲，程力，等编译. 长沙：湖南教育出版社，1990：379-380.

因斯坦也会在思索中迷失方向（仲扣庄，2009）[1]。美国实验物理学家密立根则将自己视为光的波动理论的捍卫者，定下了工作目标：对爱因斯坦的光电效应方程进行彻底检验，以抑制"不可思议的""大胆的""轻率的"光子说（仲扣庄，2003）[2]。在密立根"用实验证明了爱因斯坦方程是精确成立的"[3]和康普顿效应的发现后，才打消了人们对光量子假说的怀疑。

关于量子力学的基本物理解释，即对波函数的解释，直接涉及量子力学核心概念——波粒二象性或物质波的理解，而作为物质波理论和波动力学创始者的德布罗意和薛定谔是从与光学的类比中，提出物质波和波函数的概念，主要是从实在波的角度进行考虑，前者提出德布罗意波是相波，后者则提出波包设想。玻恩对波函数的统计解释完全放弃了实在波的观念和对波粒二象性的直观性理解，解决了波动性与粒子性的明显冲突。他认为德布罗意提出的物质波，或薛定谔方程中的波函数所描述的，并不一定像经典波动那样代表实在的物理量的波动，只不过是刻画粒子在空间的概率分布的概率波而已（梁绍荣，管靖，2002）。

量子力学引入了统计性概念，深深冲击了经典物理学机械决定论的因果观。以玻尔、海森伯为代表的哥本哈根学派提出：单个微观粒子的运动状态具有偶然性，不服从严格的因果关系。但他们排斥否定单个粒子运动具有偶然性的机械决定论，而代之以使用概率描写的统计决定性，认为微观粒子服从的是一种完全新型的因果规律。但爱因斯坦、薛定谔等人不同意哥本哈根学派的量子力学诠释，尤其是爱因斯坦，坚决反对不确定关系和量子力学的概率解释，认为这是由于量子力学主要的描述方式不完备所造成，从而限制了对客观世界的完备性认识，所以只能得出不确定的结果。对爱因斯坦来说，相对论就是按照决定论的观点来创立的，他认为一个没有严格因果律的物理世界是不可想象的。他在写给玻恩的信中说："量子力学固然是堂皇的，可是有一种内在的声音告诉

[1] 仲扣庄. 物理学史教程［M］. 南京：南京师范大学出版社，2009：223.
[2] 仲扣庄. 类比方法与光的本性的探索［J］. 大学物理，2003，22（10）：38-41.
[3] 诺贝尔奖获得者演讲集　物理学（第二卷）［M］. 宋玉升，郑锡琏，惠和兴，等译. 北京：科学出版社，1984：52.

我，它还不是那真实的东西。这理论说得很多，但是一点也没有真正使我们更接近‘上帝’的秘密。我无论如何深信上帝不是在掷骰子。”[1]这里所说的“‘上帝’的秘密”就是指自然界不包括偶然性，只有必然性与严格的决定论（仲扣庄，2009）[2]。历史事实表明，决定论的因果观似乎是最不容易被攻破的经典物理学堡垒，就连创立相对论、变革了经典物理学的时空观和物质观的爱因斯坦，在这个堡垒面前也望而却步了。实际上关于量子力学物理解释的争论已扩展到哲学研究的领域，虽然哥本哈根学派的观点略占上风，但反对意见依然存在，至今尚未结束（赵峥，2008）[3]。

---

[1] 爱因斯坦. 爱因斯坦文集（第一卷）[M].许良英，范岱年，编译. 北京：商务印书馆，1976：221.

[2] 仲扣庄. 物理学史教程 [M]. 南京：南京师范大学出版社，2009：247.

[3] 赵峥. 物理学与人类文明十六讲 [M]. 北京：高等教育出版社，2008：173-174.

第三节　学生认知发展

课程的本体功能是培养人，促进学生的全面发展。高中物理中量子理论部分内容的选择须关注学生的现有认知水平和身心发展的需要，把量子理论的学科逻辑顺序与高中生的心理顺序有机地统一起来。

建构主义理论认为：学生不是空着脑袋进入教室的，因为他们从一出生就开始了探索环境、顺应环境的活动，在这种活动中，积累了丰富的经验，并建构了个体特定的认知图式，即使有些问题他们从没有触及过，还没有现成可以借鉴的经验，但是一旦新问题出现在他们面前时，个体往往可以基于过去的经验，依据他们的认知能力，对新问题给以解释或提出假设，建构起新的认知图式。在学习量子理论之前，高中生较全面地学习了经典物理学的内容，经典物理学的自然观和认知方式对学生产生深刻影响，同时他们在物理、化学课程学习和课外阅读中，对光、电子、物质结构有了初步的了解。正如奥苏伯尔在《教育心理学：认知观点》所指出的："假如让我把全部教育心理学仅仅归结为一条原理的话，那么，我将一言以蔽之曰：影响学习的唯一最重要的因素，就是学习者已经知道了什么。要探明这一点，并应据此进行教学。"[1]对学生的前认知进行调研，是进行课程研制和实施的前提。

一、关于学生前认知的调查设计

调查研究是一种描述研究，通过有目的、有计划地搜集、分析研究对象的资料，从而形成科学的认识。本调查采用问卷法与访谈法相结合的方式，以探明学生关于量子理论的前认知。

1.测量工具

笔者设计的关于"量子理论"的调查问卷包括简答题和选择题两部分。简答题为3道开放性问题，涉及对原子、电子、光、科学理论本质

[1] 奥苏伯尔，等.教育心理学：认知观点［M］. 佘星南，宋钧，译. 北京：人民教育出版社，1994：扉页.

的认识。选择题则参考了英国 Gren Ireson（2000）在大学预科生中所做的关于量子力学核心概念的调查问卷，采用了李克特（Likert）量表形式，由 16 个陈述句组成，针对每一陈述有“很同意”“同意”“不能确定”“不同意”“很不同意”五种回答，在要求受测者选出他所同意的陈述语句的同时，还要求他们表明同意或不同意的程度，根据回答情况分别计分为 1、2、3、4、5，计分标准如表 4-3 所示。

表4-3　选择题计分标准

选项	正面陈述（分）	负面陈述（分）
很同意	5	1
同意	4	2
不能确定	3	3
不同意	2	4
很不同意	1	5

把李克特量表值看作连续变量还是顺序的类别变量，对此学术界还存在争议。有人认为量表的描述从负面到正面存在着重大的转折，使用 5 个等级时，无法让受测者察觉到这些相邻的项目的间隔是等距的，所以不能将其看作简单的连续变量。但如果单纯地看作顺序的类别变量的话还会遗落信息，如从非常不同意到不同意就是连续变量的变化。在问卷分析中需要依据问卷判断量表性质，选择合适的分析方法。有研究表明当李克特量表中分值数为 5 个或以上时，其分值非常接近等距变量（Dawes，John，2008）[1]，本研究把李克特量表分值视为等距变量，问卷调查采用了 EXCEL 和 SPSS 软件进行数据的统计和分析。

问卷的测试内容涉及原子、光、电子、自然观、概率、科学理论的本质等方面，具体分布见表 4-4，表中题号右边打 * 的表示该题为负面陈述。

表4-4　问卷内容分布

测试主题	题号
原子	1*、2*、3*、14
光	4*、6、7、10*
电子	5*、9、11*、12*
自然观	（3*）、8*、（11*）、13*
概率	15*
科学理论的本质	16

[1] DAWES，JOHN.Do data characteristics change according to the number of scale points used- an experiment using 5-point，7-point and 10-point scales [J]. International Journal of Market Research，2008，50（1）：61-77.

2.抽样方法与样本信息

本次问卷调查在南京市中华中学随机抽取了 3 个班（其中物化两个班、物生地组合 1 个班）、在南京市 34 中随机抽取了两个班（其中物化、物生地组合各 1 个班）作为被试，其中中华中学为重点中学，34 中为普通中学。于 2008 年 7 月对被试进行了测试，作答时间统一为 30 分钟。测试结束后，对部分学生进行了个别访谈，以深入了解学生的想法，在征得其同意后，对访谈进行了录像或录音。本次问卷调查共发放 196 份，回收 196 份，因部分学生未全部作答，对 170 份问卷进行了统计、分析，样本信息如表 4-5 所示。

表4-5　样本信息

	物化组合	物生地组合	合计
中华中学	71	41	112
34 中	37	21	58
合计	108	62	170

3.信度和效度分析

信度和效度是衡量测量质量的指标，代表了测量工具的可信性和有效性。

信度（Reliability）也称可靠性，指测量结果的一致性程度，由信度系数来表征，两平行测验上实测分数的相关系数被称为信度系数，它的类型主要有重测信度、复本信度、同质信度和评分者信度（顾海根，2008）[1]。在本研究中，笔者用同一份调查问卷，对南京市大厂中学高二一个理科班的学生前后调查两次，该班选择的选修模块为物理 3-2、3-3 和 3-4，时间间隔为 1 个月。对两次测量的数据用 SPSS 进行处理(潘玉进，2006)，得到的重测信度系数为 0.447，表明两次测量的分数在 0.01 的水平上显著相关，信度较高（如表 4-6）。

表4-6　重测信度计算表

		前测	后测
前测	Pearson Correlation	1	0.447（**）
	Sig.（2-tailed）		0.004
	N	39	39
后测	Pearson Correlation	0.447（**）	1
	Sig.（2-tailed）	0.004	
	N	39	39

** Correlation is significant at the 0.01 level（2-tailed）.

[1] 顾海根. 心理与教育测量［M］.北京：北京大学出版社，2008：25-27.

效度（Validity）指测量的有效程度，本研究以内容效度予以说明，内容效度关注测量内容的适当性，常常采用专家评定的逻辑分析方法（顾海根，2008）[1]，本问卷根据国外学者论文中效度较高的调查问卷结合本人的已有的研究编制而成，涉及了量子理论的核心概念，请三位物理课程与教学论专家和两位理论物理学教授对问卷内容进行审核，并根据反馈意见做了修改。问卷在南京市 13 中进行了测试，根据测试情况对部分题目进行了修订，形成正式问卷。

二、总体分析

问卷中第 15 题涉及对概率的理解，其表述为：一位同学抛掷了 3 次硬币，结果都是正面朝上，当他抛掷第 4 次时，反面朝上的可能性大于正面朝上的可能性。被试中很不同意、不同意该陈述的比例高达 95%（如图 4-8），说明他们在理解微观世界的统计解释时，在数学方面不存在障碍。在高中数学选修 2-3“概率”一章中对随机变量及其概率分布进行了探讨，在访谈中学生对硬币抛掷问题给出了正确的解释。如中华中学王军同学回答：“从数学知识出发考察，这种说法是不正确的。实际生活中人们总是有错觉：前面三次正面朝上的话第四次反面朝上的概率更大，实际上前几次实验不会影响后面的结果。”

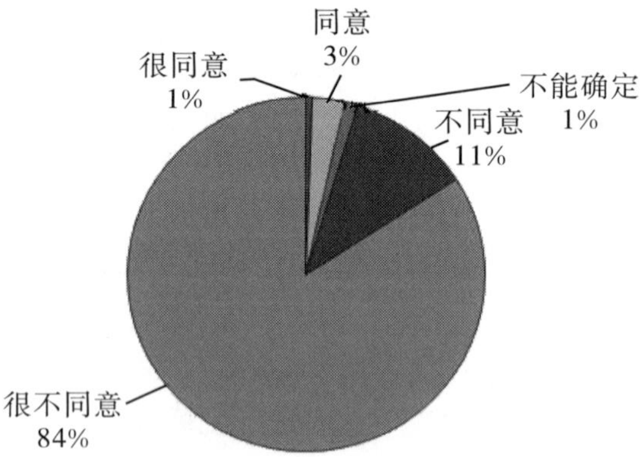

图 4-8　第 15 题圆饼图

问卷中第 16 题涉及对科学理论的认识，其表述为：当科学家提出了

[1] 顾海根. 心理与教育测量[M].北京：北京大学出版社，2008：61-63.

一个能成功地解释相关现象的理论后，该理论还将会改变。学生中很同意、同意该陈述的比例达 80%，很不同意、不同意的只占 9%（如图 4-9）。学生刚学完物理选修 3-4，他们大多以相对论和经典力学为例予以说明。如中华中学的王军同学谈道："理论总是会改变，历史是不断发展的，现在我们觉得正确的理论若干年后还会改变的，正如牛顿定律在相对论面前也有其局限性，牛顿定律只适用于低速运动情况，相对论改进了牛顿理论。"

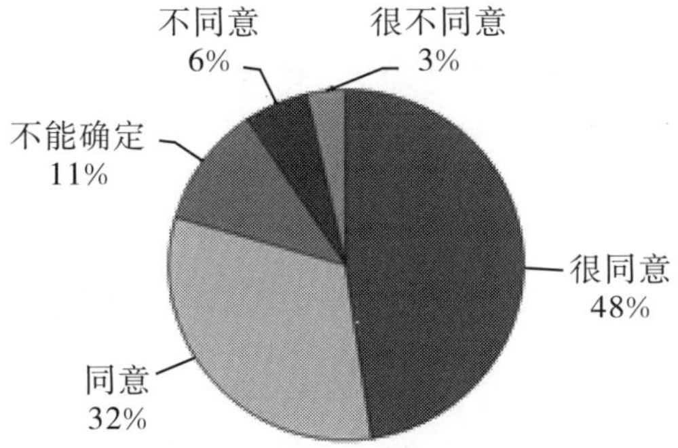

图 4-9 第 16 题圆饼图

根据以上的讨论，本研究将重点关注学生关于高中量子理论的前认知，故以下将对 1—14 题的回答情况进行统计、分析。14 题满分为 70 分，最高分为 57 分，最低分为 22 分，总平均为 43.98 分，标准差为 6.22，每道题的平均得分为 3.141，表明高中生通过多种渠道对原子、光、电子等方面有一定的了解，但与科学认识还有一定距离。如访谈者向学生提问道："以前有没有接触过量子理论？" 中华中学王晶同学谈道："在电视上，通过科教片以及相关学习得知过一些。"中华中学王军同学说："接触过，历史课上老师介绍过普朗克、盖尔曼、夸克等。但不太清楚量子理论的一些基本理论。" 34 中曹垚同学说："曾经读过霍金的《时间简史》《果壳中的宇宙》等书，了解一些关于量子理论的内容。"

中华中学、34 中为不同层次的学校，其问卷回答的基本统计量如表 4-7 所示，两组学生对量子理论的认识存在差异与否，需进行平均分差异的显著性检验（如表 4-8）。首先用 SPSS 进行样本方差的分析，Levene 方差检验结果：F = 0.092，P=0.763>0.05，说明样本所在各总体的方差齐性。再进行独立样本的双侧 t 检验（潘玉进，2006）[1]，$df=N_1+N_2-2=112+58-2=168$，$t$（168）=1.965，$P=0.051>0.05$，表明中华中学、34 中高二学生在学习物理选修 3-5 前对量子理论的认识上没有显著性差异。

表4-7　中华中学、34中高二学生的基本统计量

学校	N	Mean	Std. Deviation	Std. Error Mean
中华	112	44.65	6.213	0.587
34 中	58	42.69	6.088	0.799

表4-8　中华中学、34中高二学生的独立样本检验

	Levene' s Test for Equality of Variances		t-test for Equality of Means						
	F	Sig.	t	df	Sig.（2-tailed）	Mean Difference	Std. Error Difference	95% Confidence Interval of the Difference	
								Lower	Upper
Equal variances assumed	0.092	0.763	1.965	168	0.051	1.96	0.998	-0.009	3.933
Equal variances not assumed			1.978	117.526	0.050	1.96	0.992	-0.002	3.926

把参加问卷调查的学生按物化组合和物生地组合分为两组，其问卷回答的基本统计量如表 4-9 所示。对两组学生的平均分进行独立样本检验，如表 4-10，Levene 方差检验结果：$F=2.081$，$P=0.151>0.05$，说明样本所在各总体的方差齐性。双侧 t 检验结果：t（168）=2.764，$P=0.006<0.01$，表明两种组合的学生在学习物理选修 3-5 前对量子理论的认识在 0.01 水平上存在显著性差异，物化组合学生的测验得分的平均数显著高于物生地组合学生。

[1] 潘玉进. 教育与心理统计——SPSS应用［M］. 杭州：浙江大学出版社，2006：83-86，72-73.

表4-9　物化组合和物生地组合的基本统计量

组合	N	Mean	Std. Deviation	Std. Error Mean
物化	108	44.96	6.330	0.609
物生地	62	42.27	5.686	0.722

表4-10　物化组合和物生地组合的独立样本检验

	Levene's Test for Equality of Variances		*t*–test for Equality of Means						
	F	Sig.	t	df	Sig.（2–tailed）	Mean Difference	Std. Error Difference	95% Confidence Interval of the Difference	
								Lower	Upper
Equal variances assumed	2.081	0.151	2.764	168	0.006**	2.69	0.973	0.769	4.609
Equal variances not assumed			2.846	138.664	0.005	2.69	0.945	0.821	4.557

注：$^*P<0.05$，$^{**}P<0.01$，$^{***}P<0.001$。

三、关于原子主题的分析

以下按原子、光、电子、自然观 4 个主题进行详细统计、分析。在开放性的测试题中，要求学生画出心目中的氢原子的图像，并对所画图像做出简略说明。他们所绘图像比较典型的情形如图 4–10 所示。绝大部分被试指出氢原子由原子核（质子）和核外电子组成，未对电子的运动情况做出说明的占 9.4%，有 65.0% 的被试指出电子在轨道上绕核运转。如 34 中的娄馨玥同学认为："电子在原子核周围除原子核以外的区域做圆周运动，越靠近原子核斥力越大，不能太接近原子核。"有同学对原子图像的认知明显受到了媒体的影响，有同学画出的形象与国际原子能机构的图标相似。有 25.6% 的被试提及电子云或电子出现的概率，其全部来自物化组合的班级，如中华中学王晶同学答："电子是高速运动的，所以无法画出。运动方向不确定，在原子核周围出现的概率最高，但无具体的运动轨迹。以原子核为圆心越向外出现概率越小。”还有学生同时用轨道和电子云的概念说明核外电子的行为，如中华中学王军同学答道：“老师讲过氢原子的图像有点像行星围绕太阳运行，所以画了轨道，电子类似球体，所以画了圆，氢原子中间是质量较大的原子核，原子核周围围绕着随意乱动的电子。电子云是电子出现概率较大的地方。”

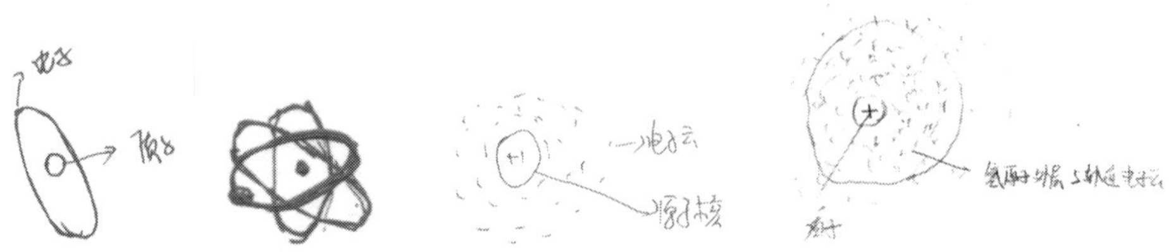

图 4-10 学生心目中的氢原子图像

与原子主题相关的选择题有 4 道，其中第 14 题为正面陈述，第 1—3 题为负面陈述。运用 SPSS 中的描述性统计功能，得到 4 题的平均分为 12.17 分（满分为 20 分），最低分为 4 分，最高分为 20 分，标准差为 2.95。

从图 4-11 可见，有 60% 的被试同意“电子绕原子核的运动与行星绕太阳运转的方式相似”，表明大多被试认同原子的行星运动模型。有 34% 的被试不同意该陈述，其中有学生认为电子在轨道上运行，不过不固定。如中华中学曹骏同学认为：“卢瑟福的原子行星模型发展成为玻尔理论，随着发展玻尔理论对它做了修正，与行星运行不同的是电子运动没有固定的轨道，而行星运行具有固定的轨道。”

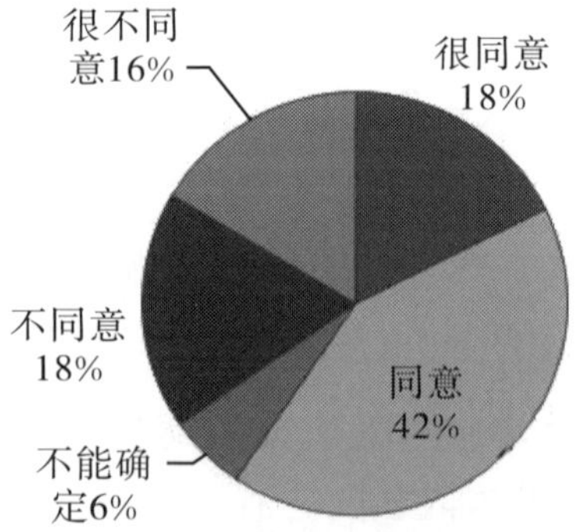

图 4-11 第 1 题圆饼图

从图 4-12 可见，仅有 17% 的被试同意“原子的能量可以为任何值”

的说法，有 64% 的被试持否定态度，回答的情况从表面上看令人满意，但通过访谈发现其中存在一定的问题。在接受访谈的学生中有 5 人不同意该陈述，只有 1 人提及原子能量是不连续的，34 中曹垚同学认为“一个确定的原子它的能量不可以改变”，其余 3 位学生则聚焦于“任何值”上，如 34 中娄馨玥同学认为“在一定范围内，原子能量应该是可以连续的”，中华中学高二 4 班曹骏同学谈及“原子达到一定的速度后就不能再加速了，就像爱因斯坦的理论，任何物体的速度不可能超过光速，能量的最大值是 mc^2”，中华中学周滢同学认为“原子是有能量的，不可能为零”。以上分析表明大多被试实际上对原子能量的量子化特性认识不清。

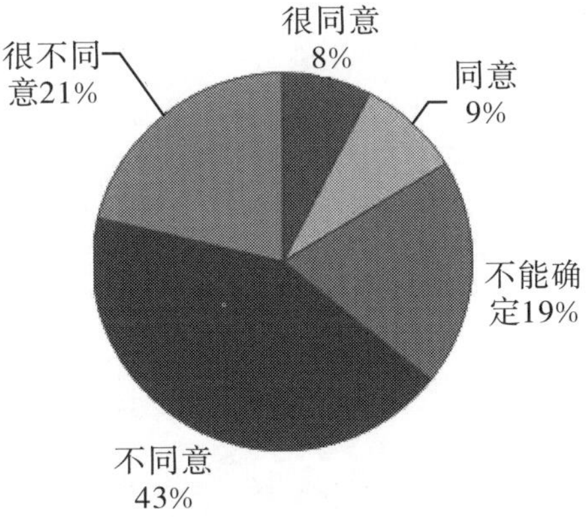

图 4-12　第 2 题圆饼图

从图 4-13 可见，有 64% 的被试认同“原子核对电子的库仑力提供了电子做圆周运动的向心力，可使原子保持稳定”的说法，不同意的比例为 21.2%，表明大多学生习惯于用牛顿力学处理原子问题。

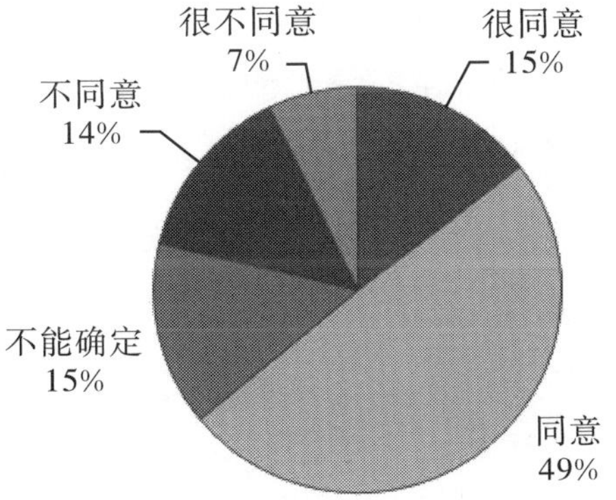

图 4-13　第 3 题圆饼图

从图 4-14 可见，有 57% 的被试认同“原子中电子的运动没有确定的轨道”。中华中学周滢同学说道：“到目前为止，没有学过电子有特定的轨道。电子运动是在一定的范围内，围绕原子核运动有一个最大的限度。运动的层是一个个的球面。”36% 的被试不同意该陈述。中华中学刘沐辰同学认为“电子在一定层面上运动，应该有确定的轨道”。34 中曹垚同学认为“电子有确定的轨道，但现在还没有办法测定出来”。中华中学王军同学认为“电子运动很乱，但有条理，在确定的轨道上乱跑”。34 中王南南同学认为“电子有固定的轨道，每个电子具有每个电子的能量，按它具有的能量决定它的运动范围，不能说不确定”。

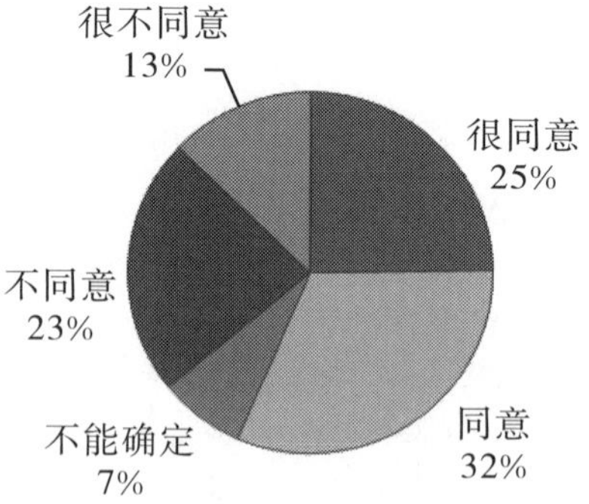

图 4-14 第 14 题圆饼图

在访谈的过程中，笔者注意到物化组合和物生地组合被试对原子，特别是对电子绕核运动的认识有一定差异，故对两组学生的关于原子的平均分进行独立样本检验，其问卷回答的统计结果如表 4-11 所示，由表 4-12 可得 Levene 方差检验结果：F=0.989，P=0.322 >0.05，说明样本所在各总体的方差齐性。双侧 t 检验结果：t（168）=4.478，P=0.000 <0.001，表明两种组合的学生对原子的认识上存在显著性差异，物化组合的被试显著优于物生地组合的被试。这与物化组合的学生学习《化学选修 3 物质结构与性质》有关，该模块对电子云、电子在原子核外出现的概率进行了探讨[1]。

[1] 人民教育出版社，课程教材研究所，化学课程教材研究开发中心. 普通高中课程标准实验教科书 化学选修3 物质结构与性质［M］. 北京：人民教育出版社，2007：9-11.

表4-11　物化组合和物生地组合关于原子主题描述性统计结果

组合	*N*	Mean	Std. Deviation	Std. Error Mean
物化	108	12.90	2.900	0.279
物生地	62	10.90	2.603	0.331

表4-12　物化组合和物生地组合关于原子主题的独立样本检验

	Levene' s Test for Equality of Variances		*t*–test for Equality of Means						
	F	Sig.	*t*	*df*	Sig.（2–tailed）	Mean Difference	Std. Error Difference	95% Confidence Interval of the Difference	
								Lower	Upper
Equal variances assumed	0.989	0.322	4.478	168	0.000***	1.99	0.445	1.115	2.874
Equal variances not assumed			4.611	138.730	0.000	1.99	0.433	1.139	2.850

注：$^{*}P<0.05$，$^{**}P<0.01$，$^{***}P<0.001$。

四、关于光主题的分析

在开放性的测试题中，要求学生列举光的主要性质，其回答的情况如表4-13和图4-15所示，64.71%的被试提及光的波动性，分别有24.71%和8.24%提及光的波粒二象性和粒子性。

表4-13　关于光的性质认识的情况

性质	波动性	波粒二象性	光速	能量	沿直线传播	粒子性
人数	110	42	30	26	25	14
百分比 /%	64.71	24.71	17.65	15.29	14.71	8.24

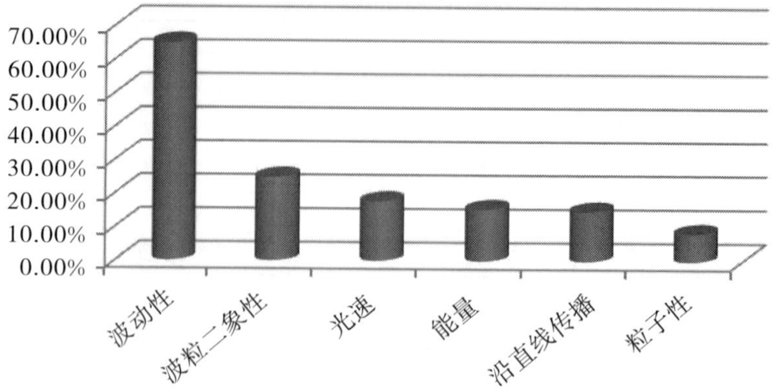

图 4-15　关于光的性质认识的柱状图

与光主题相关的选择题有 4 道，其中第 6、7 题为正面陈述，第 4、10 题为负面陈述。

运用 SPSS 中的描述性统计功能，得到 4 题的总平均分为 13.55 分（满分为 20 分），最低分为 5 分，最高分为 19 分，标准差为 2.53。

从图 4-16 可见，有 35% 的被试认同“光总是表现为一种电磁波”。34 中王南南同学的说法具有一定的代表性：“光就是电磁波的一种，具有波的普遍特性。”49% 的被试不认同该陈述。中华中学刘沐辰同学认为“光也是一种粒子，不过光有电磁波的性质”。中华中学曹骏同学指出“光既是一种微粒又是一种波，两者都有，题目只说了一个方面”。中华中学周滢同学预习了相关内容，“现在学习到的是光是一种电磁波，以后会学习量子力学，就会学到光也是一种粒子”。有被试选择了“不能确定”，如 34 中曹垚同学，他指出：“光有时表现为很强的粒子性，有时表现为很强的波动性。所以我不太确定。”

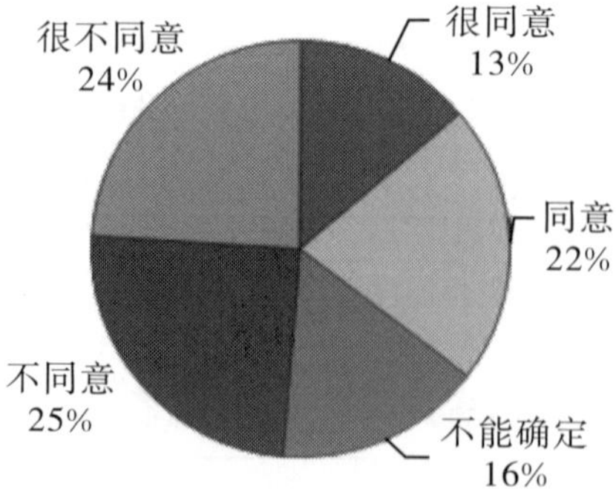

图 4-16　第 4 题圆饼图

从图 4-17 可见，高达 81% 的被试认同“光子是一种‘能量粒子’”，不认同该陈述的占 8%。在接受访谈的学生中有 1 人表示不清楚光子的概念，其余 8 人均同意该陈述，仅有中华中学的王军同学提及光的粒子性：“光射到人眼里，人眼会刺痛，所以光具有能量。光子是光的很小的微元，所以光子具有能量。”其他 7 位同学只提到了“光具有能量”，表明其对光的量子特性并不清楚。

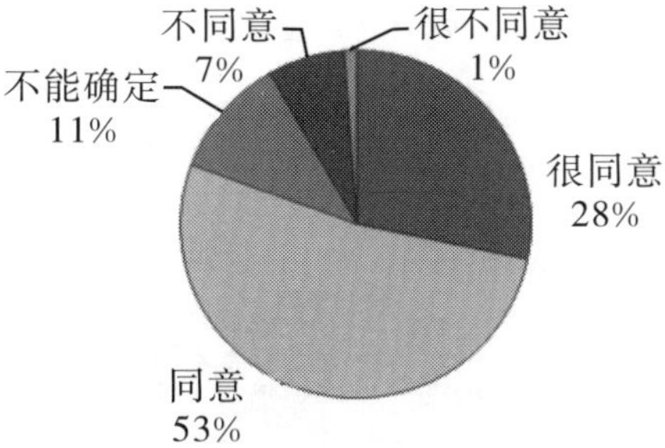

图 4-17　第 6 题圆饼图

从图 4-18 可见，有 49% 的被试认同“人类关于光的本性的认识取决于所做的特定实验”，不认同的占 35%。在访谈中，学生们表达了科学哲学方面的观点，中华中学周滢同学认为：“人类现在并不完全了解光的性质，人类从光的实验了解光，这些认识有对有错，但都是透过实验才能得到的。”中华中学王军同学说道：“事实决定理论，只有做了实验才能知道本质，如果不做实验，只是随意空想很难得到正确答案。”有多位学生不同意该陈述，如中华中学曹骏同学认为“实验只是认识的一种途径”。34 中曹垚同学说道：“因为光的本性是确定不变的，目前人类的认知水平还没达到一定的高度，所以在中间过程中人们可能会因为某些特定的实验对光的本性产生一些正确的认识，也可能产生错误的见解。”

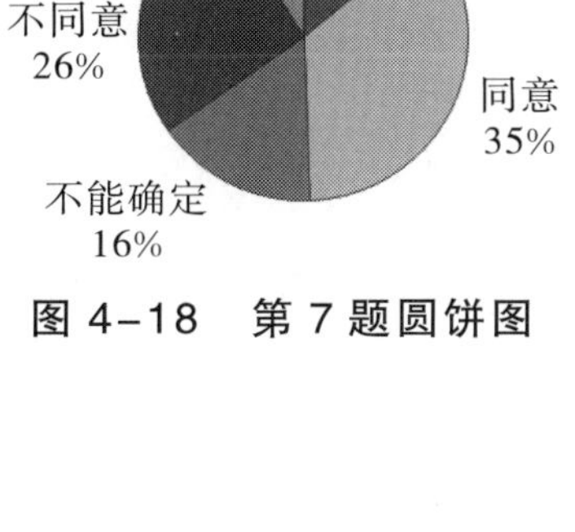

图 4-18　第 7 题圆饼图

从图 4-19 可见，有 36% 的被试认同“一束光的能量由光的强度决定”，不同意的占 46%。在接受访谈的学生中，有 1 人同意，4 人不同意，4 人表示不清楚。中华中学曹骏同学认为：“一束光的能量与光的粒子数有关，粒子数与质量确定后，光强度越强，能量越大。”中华中学王晶同学认为：“光的能量不仅取决于光的强度，还应该取决于光照面积、时间、密度等。”中华中学周滢同学表示：“对光的强度不太理解，应该跟介质有关，还应该跟波长和频率有关。”以上叙述表明：有相当部分的学生不了解光强的概念，不同意该陈述的被试的认识实际上与量子理论的认识相距甚远。

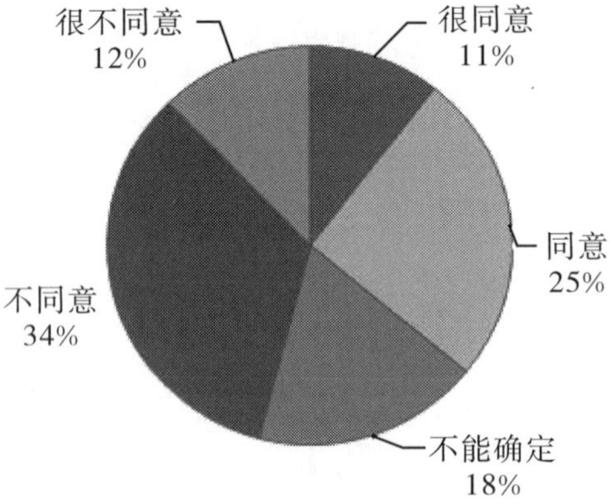

图 4-19 第 10 题圆饼图

五、关于电子主题的分析

在开放性的测试题中，要求学生列举电子的主要性质，其回答的情况如表 4-14 和图 4-20 所示，比例较高的均为电子的粒子性质，有 27.64% 的被试提及电子的轨道，而认为电子具有波动性、波粒二象性的仅占 2.94%、0.59%。

表4-14 关于电子的性质认识的情况

性质	带电	质量	轨道	高速运动	体积	能量	自由移动	波动性	粒子性	波粒二象性
人数	136	49	47	43	22	8	8	5	1	1
百分比/%	80.00	28.82	27.64	25.23	12.94	4.71	4.71	2.94	0.59	0.59

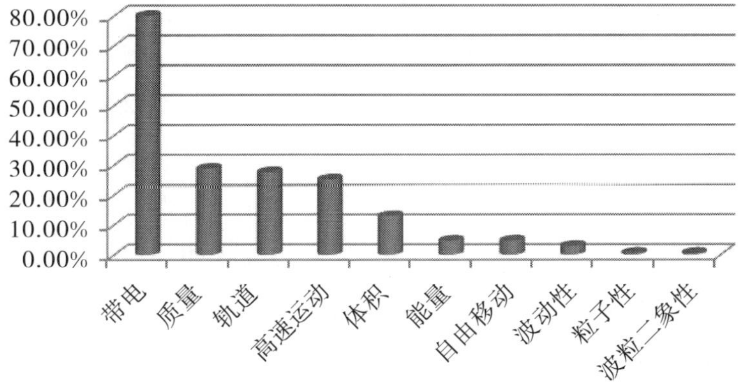

图 4-20 关于电子性质认识的柱状图

与电子主题相关的选择题有 4 道，其中第 9 题为正面陈述，第 5、11、12 题为负面陈述。

运用 SPSS 中的描述性统计功能，得到 4 题的平均分为 11.79 分（满分为 20 分），最低分为 7 分，最高分为 19 分，标准差为 2.36。

从图 4-21 可见，有 37% 的被试认同“当电子穿过一个狭缝后，将会继续沿直线运动（忽略电子所受重力）”，不同意的占 30%，不能确定的占 33%。在接受访谈的学生中，有 3 人同意，6 人不同意。在持认同态度的学生中，中华中学王军同学的观点具有代表性：“电子很小，穿过狭缝，不受什么干扰。所以继续沿直线运动，就像一颗子弹穿过一个洞的运动。”表示不同意的学生无一例外地指出了电子具有波的特性，如中华中学曹骏同学指出：“光既是微粒又是波，穿过狭缝会发生衍射、干涉。电子是一种粒子也有可能发生衍射。”说明他们对电子的波动性有正确的认识。

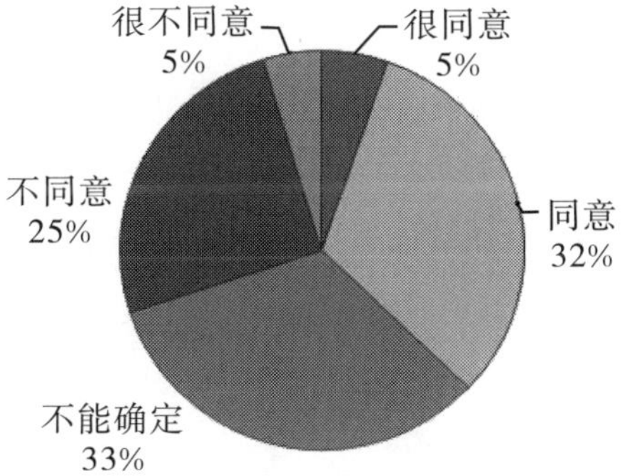

图 4-21 第 5 题圆饼图

第 9 题的陈述为：“如图（）是利用扫描电子显微镜得到的血红细胞和白细胞的三维图像，这说明电子像光一样也具有波动性。”从图 4-22 可见，有 53% 的被试认同该陈述，不同意的仅为 20%，不能确定的占 27%。在接受访谈的学生中，有 5 人同意，4 人不能确定。持认同态度的学生都根据图中呈现的现象，认为电子也有波动性，如中华中学王晶同学说道：“能够拍摄到白细胞的三维图，就说明电子在白细胞表面发生了像光具有的干涉、衍射、折射等现象，由于这些特性，说明电子跟光一样具有波动性。”中华中学周滢同学还建议：“题目应该画个对比的图形，画出光检测的三维图形，做出对比，如果相似就说明它们的性质相同，就说电子具有波动性。”中华中学刘沐辰同学说：“不能确定，但觉得应该不成问题，因为光扫描所成图像和电子扫描所成图像差不多。”以上叙述表明：尽管学生在调研前未正式接触电子的波动性概念，但他们中的大多数能根据实验现象，自主建构正确的概念。

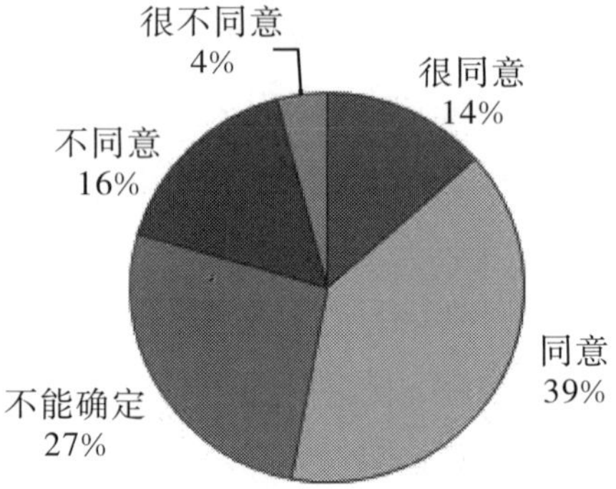

图 4-22　第 9 题圆饼图

从图 4-23 可见，有 52% 的被试认同“原则上可以通过实验，同时精确测定电子的位置和速度”，不同意的占 35%，不能确定的占 13%。在接受访谈的学生中，有 3 人同意，2 人不能确定，4 人不同意。不同意的学生的理由集中在电子速度很快或受实验技术水平的限制，如中华中学王军同学认为：“电子运动很快，就算现在的科学很发达，不见得能测出它的位置和速度。”34 中王南南同学说道：“现在的实验没有达到这样的水平。”可见这些被试对不确定关系没有认识。

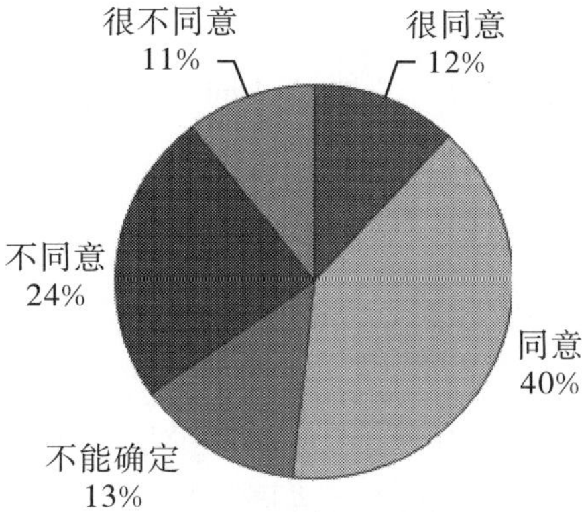

图 4-23　第 11 题圆饼图

从图 4-24 可见，有 59% 的被试认同“电子是带负电的、很小的、球状粒子”，不同意的占 25%，不能确定的占 16%。在接受访谈的学生中，有 6 人同意，2 人不同意，1 人不能确定。认同该陈述的学生大多说明是老师讲的，如 34 中曹垚同学表示“很同意，在我的认知中电子就是这样的，有老师灌输的也有我自己构建的”。表示不同意和不能确定的同学对电子是球状的观点提出了质疑。以上叙述表明大部分学生认同电子有一个“视觉”图像。

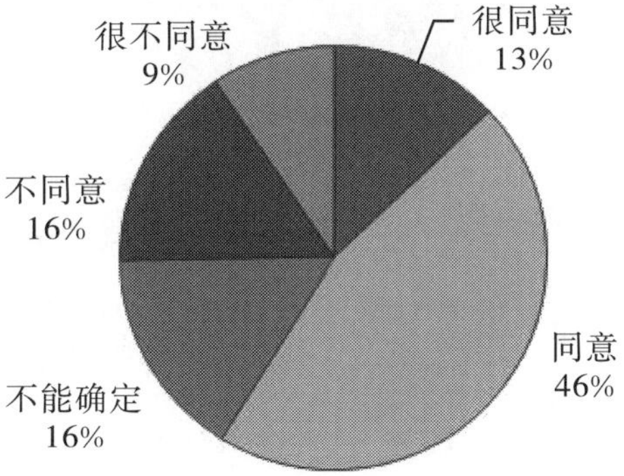

图 4-24　第 12 题圆饼图

六、关于自然观主题的分析

与自然观相关的选择题有第 3、8、11、13 题。运用 SPSS 中的描述性统计功能，得到 4 题的平均分为 11.78 分（满分为 20 分），最低分为 4 分，最高分为 20 分，标准差为 2.88。

第 3 和 11 题在前面已做分析，以下是第 8 和 13 题的统计、分析结果。

从图 4-25 可见，有 21% 的被试认同“在一个容器中有几个气体分子，如果已知它们在某一时刻的位置和速度以及受力情况，我们就可利用牛顿定律精确地预测它们以后的运动行为”，不同意的占 58%，不能确定的占 21%。在接受访谈的学生中，有 3 人同意，6 人不同意。在表示不认同的学生中有 4 人指出“牛顿定律只适用于宏观世界，微观世界已经超出了它的适用范围”。34 中常谦云同学认为“世界上没有太绝对的事情，应该可以测，但很难精确”，34 中曹垚同学指出“因为就目前的科学水平，还不能精确测出来，牛顿定律对这种情况还是成立的”，后两位同学实际上认为牛顿定律可用来处理气体分子问题。

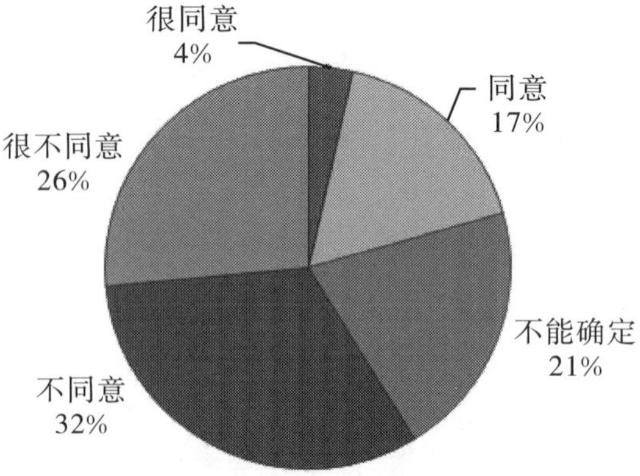

图 4-25　第 8 题圆饼图

第 13 题的陈述为：“我们知道原子由原子核和核外电子组成，原子核又由质子和中子组成。如果对原子进行分解，通过确定其组成部分（质子、中子、电子）的性质，就可确定原子的性质。”从图 4-26 可见，认同该陈述的占 49%，不同意的占 37%，不能确定的占 14%。在接受访谈的学生中，有 4 人同意，5 人不同意。表示不认同的学生主要指出“每个部分的性质加在一起并不能代表整体的性质”。34 中曹垚同学“受到哲学上的影响”，认为“整体功能可以大于部分功能之和”。中华中学周滢同学把该问题“与生物学里的氨基酸和蛋白质相类比，氨基酸没有活性，但蛋白质是有活性的，说明各个部分的性质并不能代表整体的性质”。

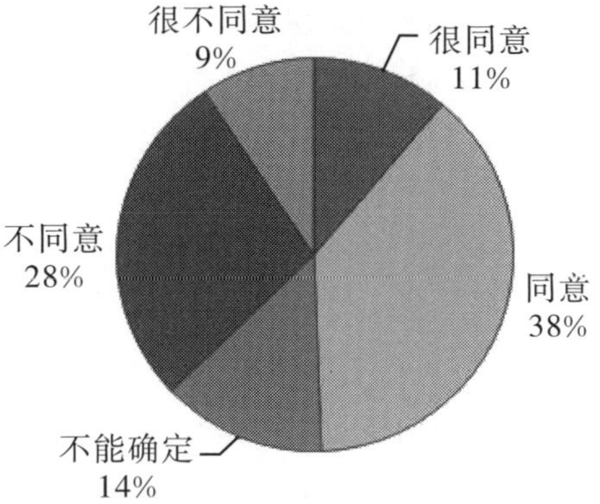

图 4-26　第 13 题圆饼图

七、小结与讨论

通过对学生的问卷调查和访谈，结合对我国课程标准和有关教科书的分析，总结如下：

（1）在现行的高中物理课程中，量子理论内容主要出现在物理必修 2 和选修 3-5 中，《普通高中物理课程标准（实验）》在物理必修 2 模块中对了解量子论提出了初步的要求，不同版本的教科书对此进行了不同的处理，如人教版指出：微观粒子不仅具有粒子性，同时还具有波动性，其运动规律在很多情况下不能用经典力学来说明，量子力学能够正确描述微观粒子运动的规律性[1]，以两小段篇幅予以呈现。沪科版则以“微观世界与量子论”为题，用 1 节选学内容予以呈现，介绍了光电效应、连续光谱与线光谱、实物粒子与波、量子理论的应用，并配了 3 道习题[2]，大多学校按人教版的方式处理这部分内容。

（2）学生在进入物理选修 3-5 的学习前，通过多种渠道对原子、光、电子、量子等已有一定的了解，如在《全日制义务教育物理课程标准（实验稿）》中关于“物质”主题中指出：“知道原子是由原子核和电子组成的，了解原子的核式模型。了解人类探索微观世界的历程，关注人类探索微

[1] 人民教育出版社，课程教材研究所，物理课程教材研究开发中心. 普通高中课程标准实验教科书　物理必修2［M］. 北京：人民教育出版社，2007：81.

[2] 束炳如，何润伟. 普通高中课程标准实验教科书　物理共同必修2［M］. 上海：上海科技教育出版社，2007：122-126.

观世界的新进展。"[1]如江苏科技版物理八年级下册中简要介绍了汤姆孙发现电子和卢瑟福提出原子核式结构模型的历史，用图 4-27 表征原子的形象。[2]

图 4-27　原子的核式结构模型图

在《普通高中化学课程标准(实验)》中关于"原子结构与元素的性质"指出："从科学家探索物质构成奥秘的史实中体会科学探究的过程和方法，增强学习化学的兴趣"，"进一步形成有关物质结构的基本观念，初步认识物质的结构与性质之间的关系"[3]。人教版化学选修 3 第一章"原子结构与性质"的章首用图片展示了古希腊原子概念—道尔顿模型—汤姆孙模型—卢瑟福模型—玻尔模型—电子云模型的历史发展，第一节"原子结构"以叙述的方式介绍了原子概念的诞生、能层与能级、构造原理、能量最低原理、基态与激发态、光谱、电子云与原子轨道，关于原子结构模型的介绍则集中在玻尔模型和电子云模型上，并用概率统计的观念对核外电子的分布予以说明[4],但对原子结构模型发展变化的依据未做说明，其中把玻尔模型说成是行星模型、并"被现代量子力学理论彻底否定了"[5]，这种说法值得商榷。

从问卷调查的结果看，选择物化组合的学生对原子的认知显著好于选择物生地组合的学生，他们更认同电子云的原子结构模型和核外电子分布的概率性描述，表明高中生对原子结构和统计性观念有较高的接受

[1] 中华人民共和国教育部. 全日制义务教育物理课程标准（实验稿）[S]. 北京：北京师范大学出版社，2011：12.

[2] 刘炳昇，李容. 义务教育课程标准实验教科书 物理八年级下册 [M]. 南京：江苏科学技术出版社，2007：30-31.

[3] 中华人民共和国教育部. 普通高中化学课程标准（实验）[S]. 北京：人民教育出版社，2003.

[4] 人民教育出版社，课程教材研究所，化学课程教材研究开发中心. 普通高中课程标准实验教科书　化学选修3　物质结构与性质 [M]. 北京：人民教育出版社，2007：3-11.

[5] 同 [4].

度，同时学生不同的学习背景对高中物理中量子理论部分的设计与教学提出了新的要求。

（3）在《普通高中数学课程标准（实验）》中涉及概率主题有共同必修3和选修2–3模块，数学必修3的要求有："在具体情境中，了解随机事件发生的不确定性和频率的稳定性"，"会用列举法计算一些随机事件所含的基本事件数及事件发生的概率"。数学选修2–3的要求有："在具体情境中，了解条件概率和两个事件相互独立的概念，理解 n 次独立重复试验的模型及二项分布，并能解决一些简单的实际问题。"[1]苏教版数学选修2–3第二章"原概率"用两节篇幅对随机变量及其概率分布、概率事件的独立性进行了介绍[2]。高中生通过数学课程的学习，对概率与统计的概念和原理有一定的基础，为高中物理中量子理论部分的学习打下良好的基础。问卷调查的结果表明了这一点，绝大多数被试对硬币抛掷中正面朝上和反面朝上的事件的独立性及其概率有正确的认识。

（4）前已述及，物理学家对微观世界的认识，经历了经典—半经典半量子—量子力学转变的过程。问卷调查表明：高中生在学习量子理论课程内容之前，所持关于原子、电子、光等的观念与历史上一些物理学家的观念存在着相似之处，即学生知识的心理发生与知识在科学史中的发展遵循相似的机制[3]。如大多数学生更关注光的波动性、电子的带电和粒子的性质，习惯于用牛顿力学处理原子、电子的运动问题，学生的"电子运动很乱，但有条理，在确定的轨道上乱跑"的说法实际上是经典物理学的轨道和电子云概念的混合。教育重演论（Recapitulation theory of education）为高中物理中量子理论的课程研究提供了富有启发性的思路，其基本原理是：第一，一个人的教育发展是一个过程。进入高一级的教育阶段一定是以通过了低一级的教育阶段为前提，阶段不可跳跃或颠倒。第二，现代学生的学习过程是对人类文化意义上的重演，即现代人

[1] 中华人民共和国教育部. 普通高中数学课程标准（实验）[S]. 北京：人民教育出版社，2003.

[2] 单墫. 普通高中课程标准实验教科书 数学选修2–3 [M]. 南京：江苏教育出版社，2008：45–51，53–55.

[3] 皮亚杰，加西亚. 心理发生和科学史 [M]. 姜志辉，译. 上海：华东师范大学出版社，2005：42.

的认知发展是对其祖先认知水平长期演化过程的浓缩，恰似生物学上胎儿在母体内的发育过程重演祖先的进化过程（张红霞、聂克·福斯克特，1998）[1]。在科学发展的历程中，科学概念和观念转变的关键点、突破点往往是学生学习过程中的重点和难点，因此在教科书的编制和教学中，需深入分析科学史上重要概念和理论形成、发展的特征，考查学生学习的前认知状况，据此有针对性地创设情境，使学生体验、重演物理学家的探究过程，初步理解关于微观世界的概念和理论。

[1] 张红霞，福斯克特. 教育重演论与中国教育改革 [J]. 教育研究，1998（2）：60-63.

第五章 我国高中物理中量子理论的课程发展沿革

我国中学自晚清时期开设物理课程，量子理论则在中华民国时期进入高中物理课程，根据我国教育的历史发展特点，把其发展划分为5个阶段：晚清时期、中华民国时期、中华人民共和国成立后至“文化大革命”前、“文化大革命”期间、“文化大革命”后至21世纪初，本研究主要分析不同时期颁布的高中物理课程文件和有代表性的教科书，以纵向把握我国高中物理中量子理论的课程发展轨迹。

第一节　晚清时期

随着“西学东渐”和新式学校的开办，物理学逐步渗入中国的学校教育。物理作为法定的中学课程始于清光绪二十八年（1902 年），《钦定学堂章程》规定中学堂第一、二学年开设物理课。光绪二十九年（1903 年，农历癸卯年）公布《钦定学堂章程》，称为“癸卯学制”，是第一个法定的并在全国施行的学制，规定中学堂第 4 年开设物理（骆炳贤，2001）[1]。在该章程中规定了物理学科的教育目的、内容、顺序及教法：“讲理化之义，在使知物质自然之形象并其运用变化之法则，及与人生之关系，以备他日讲求农、工、商实业及理财之源。”“其物理当先讲物理总纲，次及力学、音学、热学、光学、电磁气。”“凡教理化者，在本诸实验，得真理之知识，使适用于日用生计及实业之用。”[2] 从中可窥见当时的物理课程关注物理学的应用及与学生人生发展的关系，强调物理课程的实用性。

图 5–1　晚清时期的中学物理教科书

[1] 骆炳贤. 中国物理学史大系　物理教育史［M］. 长沙：湖南教育出版社，2001：80，98.

[2] 课程教材研究所. 20世纪中国中小学课程标准·教学大纲汇编　物理卷［M］. 北京：人民教育出版社，2001：1.

我国在这一时期的物理教科书大多数是直接翻译或编译日本、美国等的教科书，也有一部分为国人所编著。由于《钦定学堂章程》对物理教学内容的规定比较粗略，因此在物理教科书的编写和使用上，人们有较大的自由。1900 年普朗克才提出量子假说，量子理论内容不可能在这些教科书中出现，但与之相关的光谱分析、辐射、阴极射线等内容已有涉及。如光绪三十三年（1907 年）在上海等地发售的后藤牧太著《物理学课本》中“第四编　光”有以下教学内容：分光器、斯倍克特尔[1]之种类、辉线变为暗线、辐射线、辐射之强、光度计、透过及吸收、辐射线之发射与吸收之关系。“第七编　动电气”中“真空管”一段介绍了克鲁克斯管和阴极射线，“X 放散线”一段则介绍了当时物理学的新成就——X 射线[2]，而此时距 X 射线发现的 1895 年仅 12 年，表明当时中学物理教科书注意对物理学新发现的及时反映（如图 5-1）。

[1] 斯倍克特尔为spectrum（光谱）的音译。

[2] 后藤牧太. 物理学课本［M］. 东京：东亚公司，1907：101-107，159-161.

第二节 中华民国时期

1911 年爆发的辛亥革命推翻了几千年的封建帝制，建立了中华民国，我国的物理教育也进入新的发展时期。在中华民国时期我国正式颁布过两次学制，分别是 1912 年、1913 年的壬子癸丑学制和 1922 年的壬戌学制，1912 年颁布的《中学校令施行规则》规定了开设物理课程（骆炳贤，2001）[1]，1923 年颁布了《高级中学第二组必修的物理学课程纲要》，1929 年国民政府教育部对此稍加修改，颁布了《高级中学普通科物理暂行课程标准》，并于 1932 年正式颁布《高级中学物理课程标准》，历经 1936 年、1941 年和 1948 年的三次修订，高中物理课程内容略有增删，但无大的变动。这一时期我国的物理教育受西方国家的影响较大，壬戌学制基本上仿照美国，随着美国教育家杜威等来华讲学，实用主义教育理论对我国教育产生深远影响。

一、中华民国时期高中物理课程标准（纲要）中量子理论的内容

中华民国时期历次颁布的高中物理课程纲要或课程标准规定了物理课程的目标、内容和教法等，在课程目标上都提出：（1）使学生明了物理学中简单原理，并能应用以解决日常问题及说明常见现象；（2）训练学生运用官能及手技，以培养其观察与实验之才能；（3）使学生略知物理学与其他自然科学及应用科学之关系[2]。上述教学目标与晚清时期强调实用性有明显差别，提出使学生明了物理学中简单原理，培养学生的能力，关注物理学与其他学科的关系。1948 年的课程标准还提出要培养学生的科学精神[3]。

[1] 骆炳贤. 中国物理学史大系 物理教育史 [M]. 长沙：湖南教育出版社，2001：126，141.

[2] 课程教材研究所. 20世纪中国中小学课程标准·教学大纲汇编 物理卷 [M]. 北京：人民教育出版社，2001：32.

[3] 同 [2] 65.

如表 5-1，在与量子理论有关的课程内容上，中华民国时期总体呈现知识点增加的趋势，1923 年的课程纲要仅涉及 X 射线、阴极光（射）线，1929 年的课程标准增加了电子学说，早期量子论则于 1932 年进入物理课程中，如物质构造大意等，1932 年增加了光电管内容，但 1948 年的课程标准又删去了“物质构造大意”。

表5-1　中华民国时期高中物理课程标准（纲要）中量子理论的知识内容[1]

年份	1923 课程纲要	1929 课程标准	1932 课程标准	1936 课程标准	1941 课程标准	1948 课程标准
知识点总数	109	41	80	83	73	60
与量子理论相关的知识点数	2	2	3	4	4	2
相关知识所占比例 / %	1.83	4.88	3.75	4.81	5.48	3.33
与量子理论相关的知识点	X 光 阴极光线	阴极光线和 X 光线 质射电象[2]和电子学说	光谱及物体的颜色 阴极射线及电子、X 射线 物质构造大意	分光镜、光谱、物体之颜色 真空管中放电、阴极射线及电子、X 射线 光电管 物质构造大意	分光镜、光谱、物体之颜色 真空放电、阴极射线及电子、X 射线 光电管、电视及有声电影 物质构造大意	分光镜、光谱、物体之颜色 真空放电、阴极射线及电子、X 射线、光电管

二、中华民国时期高中物理教科书中量子理论的内容

1. 中华民国初期的高中物理教科书

在实施壬子癸丑学制（1912 年、1913 年）前后正值中华民国初建时期，百废待兴，南京临时政府还来不及对中学教科书做全面的考虑，只要求“凡各种教科书务必合乎共和国宗旨，禁用清学部颁行的教科书”[3]，此时高

[1] 课程教材研究所. 20世纪中国中小学课程标准·教学大纲汇编　物理卷［M］. 北京：人民教育出版社，2001：8-11，24-27，32-37，41-45，49-53，65-69.
[2] 说明：原文如此，意为放射性现象。
[3] 骆炳贤. 中国物理学史大系　物理教育史［M］. 长沙：湖南教育出版社，2001：159.

中物理教科书的编写相当混乱，有国人自编的，如 1918 年陈榥所编《实用教科书物理学》、1918 年吴传绂所编《新制物理学教本》、1922 年王季烈所编《共和国教科书物理学》等；有从日、美等国教科书翻译过来的，如 1915 年黄际遇所编的《中华中学物理学教科书》（以日本中村清二等的教科书为蓝本），1917 年日本本多光太郎和田中三四郎著、王季点翻译的《新式物理学教科书》，1921 年屠坤华编译的《汉译密尔根盖尔物理学》等（如图 5-2 所示），教会学校则直接采用外文教科书。

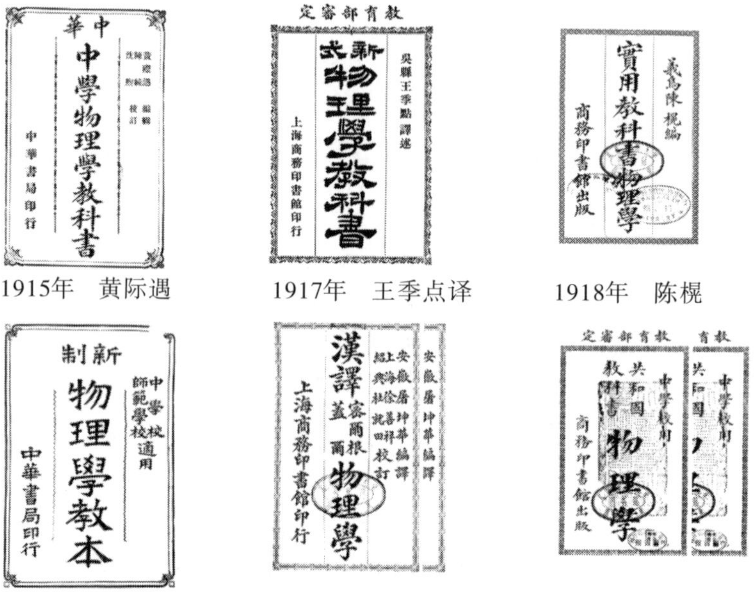

1915年　黄际遇　　1917年　王季点译　　1918年　陈榥

1918年　吴传绂　　1921年　屠坤华编译　　1922年　王季烈

图 5-2　中华民国初期的高中物理教科书

中华民国初期政府层面还没有制定具体的课程标准，故对高中物理的课程内容的深广度没有做出规定，通常各教科书的编译者在“编辑大意”中，会对使用对象、主要内容及特点等加以说明，如王季烈（1922）在“编辑大意”中写道：“本书所记事项，须用数学说明者，竭力避去。必不得已而涉及数学，亦以简单之代数，浅近之平面几何为止”；“本书编次，略依普通物理学之次序”；“本书所记实验共百余条，皆取其足以证明学理，而又无须繁重之器具者，以便学校易于设备。且令生徒可藉用日用之器具，自行简单之试验，以得确实之知识。凡教员诸君，遇实验事项，苟能以日常用品行之者，即不必购特别之器械”;“本书与拙著中学化学互相衔接”[1]。其中倡导运用日常用品进行物理实验、强调学科间的衔接值得称道。

表5-2 民国初期高中物理教科书中量子理论的知识内容

教科书名	中华中学物理学教科书	新式物理学教科书	实用教科书物理学	新制物理学教本	汉译密尔根盖尔物理学	共和国教科书物理学
编译者	黄际遇	（日）本多光太郎、田中三四郎著，王季点译	陈榥	吴传绂	（美）密尔根、盖尔著，屠坤华译	王季烈
出版社	中华书局	商务印书馆	商务印书馆	中华书局	商务印书馆	商务印书馆
出版年份	1915	1917	1918	1918	1921	1922
与量子理论相关的知识内容	第五章 放电 第一节 电气火花真空管 第二节 阴极线 第三节 X线	第七编 电气学 第七章 感应电流 盖司拉管之实验 X线之实验	第八编下 动电气学 第七章 放电 火花放电 盖司来氏管 阴极线 X线	第七编 电学 第十章 气体之电离及电波 含：盖司来尔管，阴极线，X线，电子学说	二十二章 无形辐射 阴极及耶根光线 含：阴极光线，阴极光线之性，阴极光线微点体积及其速度，物质组织之新理论，爱克司放射线，爱克司放射线之性，爱克司放射线可令气体传导，爱克司放射线之照相	第八篇 电流学 第四章 放射论 真空放电 阴极线 乐琴线（X线） 物质原子之构造

表5-2列出了中华民国初期高中物理教科书中量子理论的知识内容，不同教科书内容的深广度差异较大。这期间的教科书大多延续了晚清时期的做法，主要述及阴极射线和X射线，阴极射线部分说明了有关实验

[1] 王季烈. 共和国教科书 物理学[M]. 上海：商务印书馆，1921：iii-iv.

现象及其性质，X 射线部分则在说明有关实验现象、性质的基础上，展示它在医学中的应用。

1918 年起有教科书增加了电子及原子结构的内容，如吴传绂（1918）在其《新制物理学教本》中阐述道："阴极射线系带有阴电气之微粒子发出于阴极者也。此微粒子曰阴电子。其质量约当轻素二千分之一。""凡物质之原子概由阳粒子与阴电子所成，是曰电子说。"[1] 如图 5-3 所示，在 1921 年出版的《汉译密尔根盖尔物理学》中指出电子的"质量约为轻气原子之$\frac{1}{2000}$。而此微点速度掷投管内每秒达 60,000 哩(即光速度三分之一)"。在"物质组织之新理论"一段中介绍了原子核式结构模型：电子"均系各等金类以及各种物质构造之成分"，"谓正感电子，实为原子之核。而负感电子，则绕此心疾转耳。据此理想原子殆如一种极小之太阳系。其电子各元与原子之比不过如地球与其轨道直径之比。电子颤动即生光亮与热波"[2]。此书为诺贝尔物理学奖获得者、美国实验物理学家密立根（密尔根）等为芝加哥大学预科生所编，发行不久即为我国学者于 1913 年开始翻译用于中学教学，在其 1921 年修订版序言中说道："近世电子之说出，而原子光电诸学理为之一变，故本书末卷于电子之诸新发明记载独详。"[3] 密立根奋战在物理学研究最前沿，在教科书中及时、准确反映物理学关于电子和原子理论的新成果，此时距卢瑟福 1911 年提出原子核式结构模型仅仅 10 年，在教育史上实属罕见。王季烈（1922）在《共和国教科书物理学》也有类似阐述，不过对原子核式结构模型的

428 密爾根及蓋爾物理學

體。其質量約爲輕氣原子之$\frac{1}{2000}$。而此微點速度。擲投管內。每移達60,000哩(卽光速度三分之一)。其結算之法。乃以光線因某強磁力所生之偏斜。與某體積電感所生之偏斜。比較而得之。

603 物質組織之新理論.

按前試驗。可知陰極光線之微點質量。不論球內所用氣質之性如何。及陰極所用金類之性如何。物理專家據理推定。凡此微點均係各等金類以及各種物質構造之成分。有此發明鼓勵。而近世物理名家研究電子理論。因之大有進步。按諸湯姆生所定之理論。謂此陰極微點。實爲原子微點之本。化學家公認之七十種原質。皆由此組成之。其互異之點。祇在所含微點數有多少耳。例如輕之原子。含有電子2,000。養之原子。含有電子32,000。汞之原子含有電子400,000。種種不同。惟原子所處地位爲中立。其所含正負之電。自當等分。今既未有實據。證明正感電子可以離分子而獨立。則惟有持湯姆生氏之理想。謂正感電子。實爲原子之核。而負感電子。則繞此心疾轉耳。據此理想。原子殆如一種極小之太陽系。其電子各元。與原子直徑之比。不過如地球與其軌道直徑之比。電子顫動。卽生光亮與熱波。金類之有電流。亦由電子離開原子經行導體。體之負感。因其具有過額電子。體之正感。因其具有缺額電子(見三百三十節)。此等假說。自有實理包含其間

图 5-3 《汉译密尔根盖尔物理学》有关电子及原子结构的内容

[1] 吴传绂. 新制物理学教本 [M]. 上海：中华书局，1918：164-165.
[2] 密尔根，盖尔. 汉译密尔根盖尔物理学 [M]. 屠坤华，译. 上海：商务印书馆，1921：428.
[3] 同 [2] 3.

说明略显简单，其中写道："物质原子之构造，为一带阳电之微粒居于中，如果实之核，名曰阳核（Nucleus），其周围则为若干带阴电之电子。"[1] 笔者注意到前述后两本书中，针对当时物理术语翻译不统一、比较混乱的状况，主要术语均用英文予以标注，在《汉译密尔根盖尔物理学》中各级标题均以中英双语呈现，在物理教学与国际接轨方面可谓先驱。

2. 壬戌学制后的高中物理教科书

1922 年我国实施壬戌学制，民国政府在《课程纲要》或《课程标准》中规定了学校的课程内容，高中物理教科书的编写逐步走上正轨，又有新的教科书问世，出版单位除上海的商务印书馆和中华书局外，还有南京、北平等地的多家书局（社），也有编者自行刊发的教科书，如 1931 年中山大学卢熙仲等所编的《高中物理学》。国人所编教科书都声明按课程标准编写，课程内容的深广度有所提高，教科书的容量也显著增加。如周昌寿（1934）编的《复兴高级中学教科书物理学》、倪尚达（1933）编的《高中物理学》、仲光然（1934）编的《高中物理学》、寿望斗（1935）编的《高中新物理学》、张开圻（1946）编的《新中国教科书高级中学物理学》等都分成为上、下两册，夏佩白（1932）所编单册的高中用《普通物理学》的页码多达 678 页。这一时期还更多地引进了国外教科书，如 1924 年周昌寿、高铭重新翻译的《密尔根盖尔实用物理学》、1935 年陈岳生译的《最新实用物理学》（Black，Davis 著）、1936 年佟韶华译的《汉译达夫物理学》等，体现了当时中外物理教学交流的密切。

表5-3　壬戌学制后高中物理教科书中量子理论的知识内容

教科书名	新中学教科书物理学[2]	新时代高中教科书　物理学[3]	文化高中教本　高中物理[4]	高中物理[5]	最新实用物理学[6]
编译者	钟衡臧	周昌寿	沈星五	教育总署编审会	（美）Black，Davis 著，陈岳生译

[1] 王季烈. 共和国教科书　物理学［M］. 上海：商务印书馆，1921：178.
[2] 钟衡臧. 新中学教科书　物理学［M］. 上海：中华书局，1925：109.
[3] 周昌寿. 新时代高中教科书　物理学［M］. 上海：商务印书馆，1931：539-543，547-549，551-554.
[4] 沈星五. 文化高中教本　高中物理［M］. 北平：文化学社，1934：570-580，590-614.
[5] 教育总署编审会. 高中物理［M］. 北平：教育总署编审会，1941：556-561.
[6] BLACK，DAVIS. 最新实用物理学［M］. 陈岳生，译. 上海：商务印书馆，1935：712-721.

续表

教科书名	新中学教科书物理学	新时代高中教科书　物理学	文化高中教本　高中物理	高中物理	最新实用物理学
出版社	中华书局	商务印书馆	文化学社	教育总署编审会	商务印书馆
出版年份	1925	1931	1934	1941	1935
与量子理论相关的知识内容	第七章　电学 第四节　电磁波及电极线 电极线效用含：阴极线，X线	第六篇　电磁学 第十一章　真空放电 阴极线 电子 X线 离子之电荷 第十三章　原子之构造 原子之构造 阳核 阳核及电子之作用 阳核之电荷及质量 量子论 光电效应 传真电报 远视 有声影片 荧光及磷光 结晶体之X线研究 示性X线 波耳之原子模型 景线系 原子内电子之排列 X线景 电子轨道之概观及各元素原子之构造	第二十二章　视觉外之辐射 气体之传电 （阴极射线、X射线） 近代物质构造大意 电子 附录二 有声电影 附录三 电视	第十二章　真空放电与放射性 真空管内之放电 X线 第十四章　量子论与原子之构造 自然之不连续 量子说 光电效应 原子之构造	第三十一章　阴极线与X线 放射性 阴极线 X线

表5-3列出了实施壬戌学制后不同年代有代表性的高中物理教科书中量子理论的知识内容，在这一时期我国学者的教科书均按教育部颁布的课程纲要或课程标准进行编撰。1925年钟衡臧的《新中学教科书　物理学》“遵新学制教程编辑”，用1页的篇幅简略提及阴极线、X线及其性质，内容较少。20世纪30年代起高中物理课程标准中陆续增加了光电管、物质构造大意的内容，此时期的高中物理教科书在课程内容现代化方面表现突出，有的教科书还自行增加了普朗克的量子说、爱因斯坦的光子说、玻尔的原子理论和最新技术发明，如周昌寿（1931）的《新时代高中教科书　物理学》、沈星五（1934）的《文化高中教本　高中物理》、教育总署编审会（1941）的《高中物理》。周昌寿（1931）在书中编辑大意中说道：“物理学于晚近三十年来之进步最速，且极重要。理论方面，如放射性、原子构造、相对性原理及量子论等；应用方面，如无线电、传真电报、远视及有声电影等，均其荦荦大者。此类问题，如欲涉及详细，诚非专书不办，然若言其原理，则高中程度之学生，似亦应得知其概略。否则现势尚不明了，安能在此新领域中求得发展其天才之机会哉！”[1]但也有编者有不同看法，如仲光然（1934）指出：“太高深的如相对性原理、量子论等究不容易了解，留待进大学时学习较为适当。”[2]

我国学者在编写高中物理教科书的过程中，对国外教科书进行了深入研究，洞悉其特点，如沈星五（1934）总结道：“西文原书各具特点，譬如 *A High School Course of Physics-Gorton* 之叙述明晰，章法清楚；*Elements of Physics–Millikan, Gale and Pyle* 之主旨切当，内容丰富；及 *New Practical Physics–Black and Davis* 之合于实用，材料新颖”，但“各国学制不同，西文原书之质量均就其本国学程规定之程度以编著，未必合于吾国之需要，故编者教授此学科时，每感上下不相衔接之弊”，并提出“中学中文物理学教本之编著，实极切要”。[3]

以下对有代表性的周昌寿（1931）所编的《新时代高中教科书　物理学》做具体的分析，该书根据1929年的课程标准进行编写，其中量子理论部分有以下特点：

[1] 周昌寿. 新时代高中教科书　物理学[M]. 上海：商务印书馆，1931：1-2.
[2] 仲光然. 高中物理学[M]. 上海：中华书局，1934：1.
[3] 沈星五. 文化高中教本　高中物理[M]. 北平：文化学社，1934：1-2.

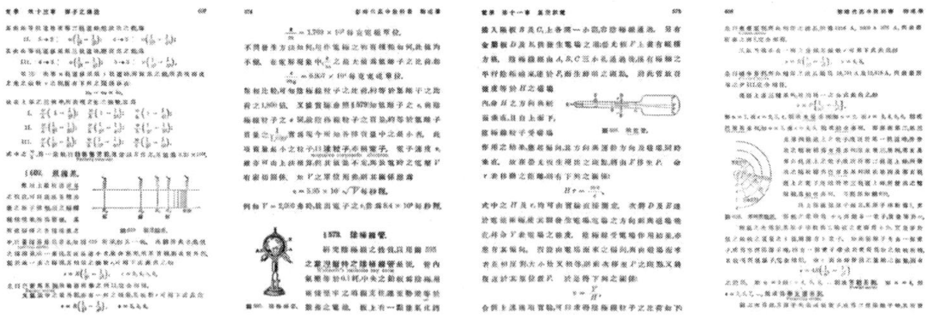

图 5-4 《新时代高中教科书　物理学》有关电子和玻尔理论的内容

（1）课程内容丰富，体现了时代性。该书中有关量子理论共两章，篇幅达 29 页之多，在我国中学教科书中甚为罕见，编者坦言内容“或嫌略深，但为培养高中学生之实力，俾能与大学啣连起见，确非如此不可”[1]。1929 年颁布的课程标准中规定的内容有：阴极光线、X 光线、电子学说。该书中对上述内容的阐述较为详细，关于阴极射线用了“阴极线”的名称，比课程标准所用“阴极光线”更为准确，“阴极线”部分介绍了其直进、机械效应、磁效应和阴极射线间的互斥，以及典型的阴极线管。“电子”部分则从动力学角度进行讨论，给出了电子的比荷、质量和速度的数值（如图 5-4）。“X 线”部分讨论了产生 X 线的装置、特性和电磁波本质。在 1929 年课程标准规定的内容之外，增加了“第十三章　原子之构造”，其中的“原子之构造”及相关部分讨论了卢瑟福的 α 散射实验及其核式结构模型、“阳核之电荷及质量”；“量子论”等部分介绍普朗克能量子假说的实验基础及其内容，并用量子论解释“荧光及磷光”“劳厄斑”等；“光电效应”部分介绍了爱因斯坦的光子说及其应用，如光电池、传真电报、“远视”及有声电影等；“波耳之原子模型”部分内容翔实，介绍了玻尔理论的 3 个基本假设，用此理论解释氢光谱的各个线系（如图 5-4），介绍了“原子内电子之排列”，用以解释 X 射线的产生机制，并阐述了“电子轨道之概观及各元素原子之构造”，在高中物理教科书中反映了最新理论成果，此时距 1913 年玻尔提出其原子理论仅为 18 年。

（2）体现了以实验为基础的物理学科特点，用图文配合的方式，

[1] 周昌寿. 新时代高中教科书　物理学［M］. 上海：商务印书馆，1931：1.

详细介绍了相关实验的器材、操作、现象及其原理。同时还关注物理学与技术、社会的关系，如有关光电效应的应用，详细介绍了传真电报、远视（用传真的方法传送连续的图片）和有声电影。

（3）课程内容体现了选择性，前已述及，该书以一章的篇幅介绍了课程标准没有规定的“原子之构造”“量子论”等（部分以小字号排版），指出“如遇特殊情形，不能全书教完时，可略去六号字排成之一部分，留作学生自修时之补充读物，亦无妨碍”[1]。

三、小结[2]

综观中华民国时期高中物理教科书建设历程，可以看到，随着近代物理学的发展，教科书中量子理论的内容逐步增加，在这个过程中翻译出版的国外教科书起了很大的推动作用，这也与我国科学教科书在近代的发展趋势一致。

这个时期教科书中量子理论部分最突出的特点在于内容选取紧贴物理学的最新发展。20世纪前期是物理学蓬勃发展的时期，1900年普朗克提出量子假说，标志量子理论的诞生，1925年海森伯的矩阵力学和1926年薛定谔的波动力学则宣告量子力学的建立，这些最新成果很快就在世界上发达国家的高中物理教科书中得到反映，由于当时中外教育交流密切，我国高中物理教科书也及时跟上了世界潮流。20世纪初的高中物理教科书中相关内容主要为阴极射线和X射线的实验现象，1918年起涉及电子和原子结构的简要介绍。1922年实施壬戌学制后，1923年到1941年量子理论的知识点呈增加趋势，1941年课程标准涉及的知识点最多，包括阴极射线、X射线、光电效应、物质构造等。这一时期高中物理教科书在满足课程纲要或标准要求的基础上，对量子理论内容进行选择，反映物理学发展的新成果。

这个时期的教科书编写工作大多为个人承担，许多编者是大学教授或研究员，且有海外留学经历。严济慈先生当时任北平研究院物理研究

[1] 周昌寿. 新时代高中教科书　物理学 [M]. 上海：商务印书馆，1931：2.
[2] 仲扣庄，郭玉英，彭征. 20世纪前期高中物理教科书中近代物理内容介绍与评析 [J]. 课程·教材·教法，2014，32（5）：98-104.

所所长，在法国巴黎大学获博士学位，曾在居里夫人的实验室里工作；倪尚达先生为中央大学教授，获哈佛大学的博士学位；周昌寿先生是商务印书馆编译所编辑，兼任大夏大学教授，毕业于日本东京帝国大学物理系。他们在国外学习、研究物理学，洞悉当时物理学的发展状况，借鉴了美、日等国教科书建设的经验，精心选择量子理论内容进入高中物理教科书。

伴随着最新的学术成果进入中国，这一时期的教科书中存在物理术语翻译不统一、使用比较混乱、白话与文言文混杂的状况。针对这种状况，在《汉译密尔根盖尔物理学》等教科书中各级标题以中英双语呈现，主要术语也均用英文予以标注，在物理教学与国际接轨方面可谓先驱。

第三节　中华人民共和国成立后至“文化大革命”前

中华人民共和国的成立从根本上改变了我国教育的性质，初期物理教育从学习西方转向效法苏联，发生了方向性的变化（郭玉英，2006）[1]，1958年开始逐步探索自己的教育之路，这一期间我国物理教育理论基本上承袭了苏联教育家凯洛夫的教育理论。

一、“文化大革命”前高中物理课程文件中量子理论的内容

“文化大革命”前我国物理课程发展经历了两个阶段：学习苏联（1949—1957年）和走自己的路（1958—1965年）阶段（董振邦，1993）[2]，表5-4列出了“文化大革命”前高中物理课程文件中量子理论的知识内容，图5-5则展示了量子理论部分的知识点及其所占比例的变动情况，在1952年的教学大纲中知识点最多，所占比例也最高。

表5-4　“文化大革命”前高中物理课程文件中量子理论的知识内容[3]

年份	1950 精简纲要	1952 课程标准	1952 教学大纲	1956 教学大纲	1963 教学大纲
知识点总数	270	190	239	218	214
与量子理论相关的知识点数	7	9	18	13	12
与量子理论相关的知识点所占比例/%	2.59	4.73	7.53	5.96	5.60
与量子理论相关的知识点	分光镜（光谱仪） 光谱、光谱的分析 日光谱 阴极射线 X射线	光的本质的历史观点 分光镜 日光谱 光谱的种类及其应用	X射线 发射光谱 吸收光谱 光谱分析 分光镜 辐射的概念	发射光谱 吸收光谱 分光镜 光谱分析 光谱分析在技术和科学中的应用	光谱 分光镜 发射光谱和吸收光谱 光谱分析的原理与应用 伦琴射线

[1] 郭玉英. 物理比较教育［M］. 南宁：广西教育出版社，2006：10.

[2] 董振邦. 四十多年来我国中学物理教材的演变［M］//课程教材研究所. 课程教材研究十年. 北京：人民教育出版社，1993：279.

[3] 课程教材研究所. 20世纪中国中小学课程标准·教学大纲汇编　物理卷［M］. 北京：人民教育出版社，2001：84-110，124-143，155-164，193-205，227-240.

续表

年份	1950 精简纲要	1952 课程标准	1952 教学大纲	1956 教学大纲	1963 教学大纲
与量子理论相关的知识点	光电现象 原子的构造	低压气体中的放电现象 阴极射线和阳射线 X 射线 光电效应 原子模型	辐射与温度的关系 辐射的传播 辐射的吸收 光的学说的历史发展 光电效应 光的压强 光子的初步知识 光能与其他能的转变 原子结构：核外电子与原子核 核外电子的分析 原子的能级 原子吸收能和放射能的过程	伦琴射线 光的发射 光的吸收 光的压强 光电效应 光子的初步知识 原子的结构：核外电子和原子核 原子对能量的吸收和放射	光电效应 光的粒子性 光电管 光电管的应用 光的二象性 原子的核式结构 原子对能量的吸收和发射
与量子理论相关的实验				分光镜（演示） 光电效应（演示）	分光镜（演示） 伦琴射线管的构造和伦琴射线的性质（演示） 光电效应（演示） 光电管的作用（演示） 光电继电器（演示） 观察钠光谱（学生选做实验）

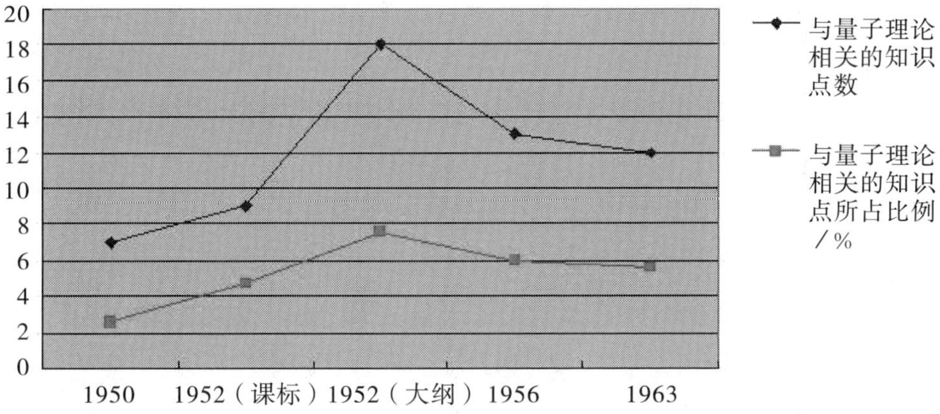

图 5-5　"文化大革命"前高中物理课程文件中量子理论部分的知识点及其所占比例

1. 学习苏联阶段

在学习苏联阶段，中央人民政府教育部于 1950 年颁布《高中物理精简纲要（草案）》，在"原则"部分，文件指出"高级教材的选择偏重在实验和观察，略加计算，而教法偏重在灌输和演绎"；在内容上总体要求精简，但在课程现代化方面则不遗余力，"近世物理学拓展很广，已有的发见（现）和收获不容忽视。篇末增加最近物理学的基本新知识，才合于简而务精的原则"，并注意到了与化学、大学普通物理学的衔接，"大学课程所必需的先修知识，必须在高级课程尽可能供应"，"有关化学的部分，除非关系本课程最深重而无可推卸的"、"让渡给化学课程"[1]。有关量子理论的课程内容与 20 世纪三四十年代中华民国课程标准中的规定相近，主要有：光谱、阴极射线、X 射线、光电现象和原子的构造等。在"细则"中，每一知识点后均列出了具体的要求，如在"原子的构造"中要介绍："卢德（瑟）福提出核型原子的根据。波尔应用量子解释原子的核外造象并解释光谱线的辐射是电子在能阶间迁越的结果。从 X 射线谱和光谱的分析决定了原子核外电子的部署。"[2]

1952 年颁布了中华人民共和国第一部《中学物理科课程标准（草案）》，它是以苏联的物理教学大纲和东北地区的中学物理课程标准纲要

[1] 课程教材研究所. 20世纪中国中小学课程标准·教学大纲汇编　物理卷[M]. 北京：人民教育出版社，2001：84.

[2] 同[1] 106.

为参考而制定的，首先提出“培养学生辩证唯物的观点”，对物理实验及其设备提出了明确的要求，并在“附注”中给出了物理实验室布置图例。有关量子理论的课程内容在上述课程精简纲要的基础上增加了“光的本质的历史观点”（如表 5-4），主要目的在于阐述“由二象性的对立到统一”[1]，体现辩证唯物主义观点。由于这一课程标准没有体现全面学习苏联的教育方针，不久即被终止。教育部于同年 12 月以苏联物理教学大纲为蓝本，颁布我国首部《中学物理教学大纲》。该大纲规定的任务中强调“系统和巩固的物理学的基本知识”、物理实验和理论联系实际，还规定要“奠定辩证唯物主义世界观的基础”、培养“爱国主义和国际主义思想”等，政治色彩较浓。如表 5-4 所示，相比同年颁布的课程标准，该大纲规定的有关量子理论的内容大幅增加，在辐射、光子说和原子结构等主题中增列了 9 个知识点。由于 1952 年的教学大纲规定的课程内容较多，为了减轻学生负担，1954 年和 1955 年我国两次对此进行精简，如 1954 年在精简指示中删去了“光能与其他能的转变”。

1956 年教育部颁布《中学物理教学大纲（修订草案）》，它以苏联贯彻综合技术教育的新物理教学大纲为蓝本，结合我国实际制定。在大纲的总说明中，围绕“以社会主义教育学生，培养他们成为社会主义社会全面发展的成员”这一中学教育的总任务，从学习物理学的基本知识、形成辩证唯物主义世界观的基础和发展科学的思维、实施劳动技术教育和爱国主义教育方面，对物理教学提出要求[2]。相比 1952 年的教学大纲，有关量子理论的知识点减少了 5 个，删去了有关辐射和光能与其他能的转变的内容。在高中大纲的说明，还对一些重要的教学内容进行了详细说明，如“在讲解列别捷夫关于光的压强的实验的时候，必须指出这个实验是在科学发展中确定光的物质性的经典实验”[3]，此说明强调苏联物理学家的贡献，带有明显的学习苏联的时代特征。该大纲还首次就量子理论部分的实验做出规定，要求做分光镜和光电效应的演示实验（如

[1] 课程教材研究所. 20世纪中国中小学课程标准·教学大纲汇编　物理卷［M］. 北京：人民教育出版社，2001：134.
[2] 同［1］171-172.
[3] 同［1］183.

表 5-4）。

2.“走自己的路”阶段

从 1958 年到 1965 年是我国中学课程发展的第二个阶段，1958 年在“大跃进”的政治形势下，开展了“教育大革命”，“浮夸风”也波及教育领域，造成诸多困难。1961 年针对当时出现的问题，教育部组织力量起草《全日制中学物理教学大纲（草案）》，于 1963 年颁布。该大纲及其相应教科书的准备工作是从研究中华人民共和国成立前和苏、美、英、日、德的教科书开始的，总结、借鉴了中华人民共和国成立以来的工作经验，尝试根据我国的国情，走自己的路。大纲首次运用了教学目的和要求的说法，在关注物理基础知识的学习和辩证唯物主义的培养的同时，开始认真注意能力的培养，提出要培养学生的实验技能和物理计算能力、应用所学的知识来解决实际问题的能力，物理教学的重点是“双基”。在教学内容上，大纲提出要全面讲授物理学的基础知识，要适当地介绍最重要的现代科学技术成就，这也是中华人民共和国成立以来的首次，有关量子理论的知识点与 1956 年大纲的规定相当（如表 5-4），实验项目有显著增加，演示实验的项目有：分光镜、伦琴射线管的构造和伦琴射线的性质、光电效应、光电管的作用、光电继电器，还增加了 1 个学生选做实验：观察钠光谱[1]。

二、“文化大革命”前高中物理教科书中量子理论的内容

“文化大革命”前人民教育出版社根据教育部颁布的课程标准或教学大纲，分别于 1950 年、1952 年、1956 年、1960 年和 1962 年组织编写了 5 套高中物理教科书，其中第 5 套高中物理教科书因政治等原因没有印发（殷传宗、查有梁、廖伯琴，1996）[2]。1958 年“大跃进”期间，针对当时舆论提出的教科书脱离政治、生产和中国实际的问题，许多省（市）提出要删掉初、高中教科书中重复的内容，用生产实际替代理论知识，补充现代物理知识或深难内容（郭玉英，2006）[3]。中央也鼓励各地根据

[1] 课程教材研究所. 20世纪中国中小学课程标准・教学大纲汇编　物理卷［M］. 北京：人民教育出版社，2001：209，239-240.

[2] 殷传宗，查有梁，廖伯琴. 物理教育学研究［M］. 成都：四川科学技术出版社，1996：232-240.

[3] 郭玉英. 物理比较教育［M］. 南宁：广西教育出版社，2006：15.

实际修订和自编教科书，多个省市、师范院校甚至县采用群众运动方式突击编写缩短年限、提高程度的教科书，摆脱了苏联模式，走上了自力更生编写教科书的道路，但改革没有建立在深入研究的基础上，存在程度偏高、内容偏深等问题。

表5-5 “文化大革命”前高中物理教科书中量子理论的知识内容

教科书名	高级中学课本 物理学 第四册（试用本）[1]	十年制学校高中课本（试用本）物理学 第二册[2]
编者	浙江省中小学教材编辑委员会	人民教育出版社
出版社	浙江人民出版社	人民教育出版社
出版年份	1959	1964
与量子理论相关的知识内容	第五编 光学 第四章 光的本性 分光镜 光谱 光谱分析及其应用 实验四 使用分光镜观察光谱 伦琴射线的产生及其应用 光的发射和吸收 光电效应 光电管及其应用 光子 电子显微镜 光的学说的现况 第六编 原子物理学 第一章 原子结构 原子复杂结构的发现 原子的核式结构 氢原子的核外电子 其他原子的核外电子	第四编 光学 第八章 光的本性 光谱 分光镜 可见光谱 光谱分析 伦琴射线 光电效应 光的粒子性 光电管和它的应用 光子的发射和吸收 光的二象性 实验九 钠光谱*（选做）

表5-5列出了“文化大革命”前有代表性的高中物理教科书中量子理论的内容。1959年浙江省编的高中物理教科书具深深的时代烙印，其特点总结如下：

（1）为响应当时“多快好省”“超英赶美”的号召，提高了教学的广度和深度。该书覆盖范围较广，书中关于量子理论的内容共有14节，涉及光谱及其分析、伦琴射线、光的波粒二象性、电子的波动性和原子结构。教学要求显著提高，如在光的波粒二象性处理上，对光电效应的实验过程、

[1] 浙江省中小学教材编辑委员会．高级中学课本 物理学 第四册(试用本)［M］．杭州：浙江人民出版社，1959：145-170.

[2] 人民教育出版社．十年制学校高中课本（试用本）物理学 第二册［M］．北京：人民教育出版社，1964：195-220.

结果及其解释、应用等都提出了要求，特别是要求用爱因斯坦光电方程解释光电效应。

（2）充实了“高精尖”内容，如光电管的应用中详细介绍了自动计数装置、有声电影、传真和电视（如图 5-6），还用 4 页的篇幅介绍了 1931 年才问世的电子显微镜的原理及其应用。

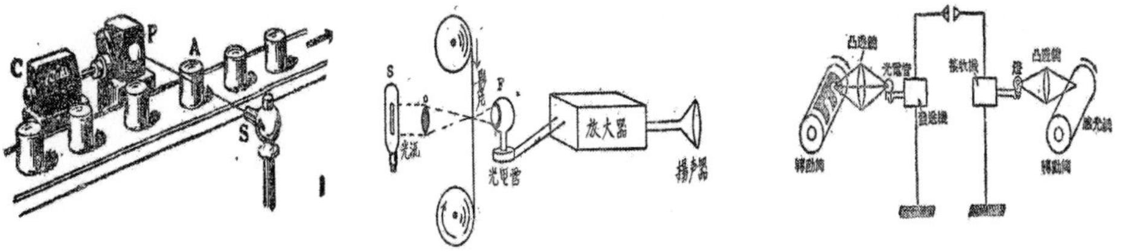

图 5-6　光电管的应用

（3）该书强调宣传我国和苏联社会主义建设的成就，如介绍了电影、传真和电视等的原理后，都要逐段说明我国和苏联的相关发展情况。突出介绍我国和苏联科学家的贡献，如我国物理学家叶企孙 1921 年对普朗克常量的测定、俄国物理学家斯托列托夫对光电效应的实验研究等。

1960 年人民教育出版社组织编写了“不提高程度、不改变体系、只缩短年限”的《十年制学校高中课本（试用本）物理学》，其中的第二册于 1964 年出版，它的编写为之后编写高中物理教科书积累了经验，打下良好的基础[1]，其特点总结如下：

（1）该书的主要变化是删去了一些初、高中重复和次要的内容，简化了以前教科书中烦琐的叙述，对原子结构和物质的波动性的处理非常简单，分别在“光子的发射和吸收”和“光的二象性”中一带而过，原子结构从回顾初中化学中的原子核式结构开始，没有明确提及玻尔理论，用隐性的方式提及轨道和能

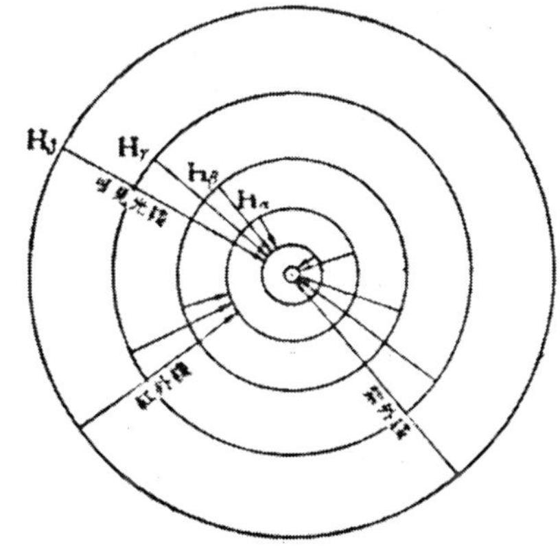

图 5-7　氢光谱的产生

[1] 殷传宗，查有梁，廖伯琴. 物理教育学研究［M］. 成都：四川科学技术出版社，1996：239.

量量子化，用电子在不同轨道的跃迁解释氢光谱产生的过程，更多地强调了轨道的概念（如图 5-7）。

（2）用回溯历史的方式，详细讨论人类对光的本性的认识，并用“历史资料”栏目对此进行总结，指出：“关于光的本性的理论，现在仍在发展中，更新的、更完善的理论尚有待人们根据新的实验事实来创立”[1]，展示物理学理论的暂定性和发展性，渗透了科学本质观的教育内容，这是此前高中物理教科书中没有涉及的领域。

[1] 人民教育出版社. 十年制学校高中课本（试用本）物理学 第二册［M］. 北京：人民教育出版社，1964：220.

第四节　“文化大革命”期间

1966年“文化大革命”开始，教育工作处于停顿状态，中华人民共和国成立以来编写的教科书被否定。1968年起各地陆续组建中小学教材编写组，自编第一轮教科书，多数地方把物理、化学合并纳入“工农业基础知识”之中，如在1972年上海市出版的《工农业基础知识　光和原子能部分》中，量子理论内容编排在“第八章　光的本质”和“第九章　原子结构”中[1]，少数保留物理名称的教科书也大量删减物理知识，增加大量的生产内容。1972年提出了提高教育质量的问题，各地编写第二轮教科书，不少省市恢复了物理课，加强了物理基础知识。表5-6列出了江苏省自编教科书中有关量子理论的内容，其知识点与“文化大革命”前的教科书相似，在介绍新科技方面还有所加强，如在光电效应的应用部分，除了介绍有声电影、自动计数和传真，还介绍了光电二极管、光电池等新技术，在用原子理论解释氢光谱后，用一节内容介绍了激光的性质和应用、激光的产生、激光器的结构。在该书中多处出现领袖语录，带有在教科书中脱离物理讲哲学的时代特征。这批教科书出版不久，即被批为“复辟”“回潮”的产物，各地又赶编了第三轮教科书，“三机一泵”成为其主体，物理基础知识削弱。

表5-6　“文化大革命”期间高中物理教科书中量子理论的知识内容

教科书名	江苏省中学试用课本　物理　高中第四册[1]
编者	江苏省中学教材编写组
编写年份	1973
与量子理论相关的知识内容	第五章　光的本性 光的色散 光谱　红外线　紫外线 X射线　光电效应　光电效应的应用 光的发射和吸收　激光　光的本性

[1] 骆炳贤. 中国物理学史大系　物理教育史[M]. 长沙：湖南教育出版社，2001：277.
[2] 江苏省中学教材编写组. 江苏省中学试用课本　物理　高中第四册[M]. 南京：江苏人民出版社，1973：102-132.

第五节 “文化大革命”后

1976 年“文化大革命”结束，我国相继走上拨乱反正和改革开放之路，教育也进入全面恢复和发展时期。

一、“文化大革命”后高中物理教学大纲中量子理论的内容

“文化大革命”结束后，在新世纪课程标准颁布前，我国物理课程发展经历了两个阶段：拨乱反正和素质教育阶段。在这一时期，根据时代的要求，教育部（国家教委）颁布了多个版本的高中物理教学大纲，表 5-7 列出了“文化大革命”后高中物理教学大纲中量子理论的知识内容，图 5-8 则展示了量子理论部分的知识点及其所占比例的变动情况，在 1978 年的教学大纲中有关知识点及其所占比例为历史之最，达 8.6%，此后经多次删减，到 1990 年后所占比例稳定在 6% 左右。

表5-7 “文化大革命”后高中物理教学大纲中量子理论的知识内容

年份	1978[1]	1986[2]	1990[3]	1996[4]（必修和限选）	2000[5]（必修加选修）
知识点总数	279	264	202	258	234
与量子力学相关的知识点数	24	13	12	16	15
与量子力学相关的知识点所占比例 /%	8.60	4.92	5.94	6.20	6.41

[1] 中华人民共和国教育部．全日制十年制学校中学物理教学大纲（试行草案）[S]．北京：人民教育出版社，1978.

[2] 中华人民共和国国家教育委员会．全日制中学物理教学大纲 [S]．北京：人民教育出版社，1986.

[3] 中华人民共和国国家教育委员会．全日制中学物理教学大纲（修订本）[S]．北京：人民教育出版社，1990.

[4] 中华人民共和国国家教育委员会．全日制普通高级中学物理教学大纲（供试验用）[S]．北京：人民教育出版社，1996.

[5] 中华人民共和国教育部．全日制普通高级中学物理教学大纲（试验修订版）[S]．北京：人民教育出版社，2000.

续表

年份	1978	1986	1990	1996（必修和限选）	2000（必修加选修）
与量子力学相关的知识点	X 射线 光电效应 光子 光电管及其应用 光电池 光的波粒二象性 *人类对光的本性的认识过程 电子的衍射 电子的波动性 物质波的初步概念 α 粒子散射实验 原子的核式结构 氢原子光谱 原子对能量的吸收和发射 原子的能级 基态和激发态 能级的跃迁 吸收光谱和发射光谱 光谱分析 自发辐射和受激辐射 亚稳态和粒子数反转 激光的产生 激光的特性 激光器及其应用	光的学说的历史发展 光谱和光谱分析 X 射线 光电效应 *爱因斯坦的光电效应方程 光子 光电管及其应用 光的波粒二象性 α 粒子散射实验 原子的核式结构 玻尔模型及其局限性 *能级概念 *用玻尔模型解释氢光谱	光的学说的历史发展 光谱和光谱分析 X 射线 光电效应 *爱因斯坦的光电效应方程 光子 光电管及其应用 光的波粒二象性 α 粒子散射实验 原子的核式结构 玻尔模型，能级概念 *用玻尔模型解释氢光谱 *玻尔模型的局限性	光的本性学说的发展简史（A） X 射线（A） 光谱和光谱分析（A） 光电效应及其应用（B） 光子（B） 爱因斯坦的光电效应方程（B） 光的波粒二象性（A） α 粒子散射实验（A） 原子的核式结构（B） 玻尔模型（B） 光子的发射和吸收（B） 玻尔模型的局限性（A） 物质波（A） 原子的受激辐射（A） 激光及其应用（A） *量子论	激光的特性及其应用（A） X 射线（A） 光谱和光谱分析（A） 光电效应（A） 光子（A） 爱因斯坦的光电效应方程（B） 光的波粒二象性（A） 物质波（A） 光的本性学说的发展简史 α 粒子散射实验（A） 原子的核式结构（A） 玻尔模型和氢原子的能级结构（B） 氢原子中的电子云（A） 光子的发射和吸收（A） *不确定性关系

续表

年份	1978	1986	1990	1996（必修和限选）	2000（必修加选修）
与量子力学相关的实验	X射线管(演示) 光电效应（演示） 光电管的应用（演示） 用分光镜观察吸收光谱和发射光谱（演示） 激光器（演示）	X射线管（演示） 光电效应（演示）	用分光镜观察吸收光谱和发射光谱(演示) X射线管（演示） 光电效应（演示）	X射线管（演示） 用分光镜观察明线光谱和吸收光谱（演示） 光电效应（演示） 激光（演示）	激光（演示） X射线管(演示) 用分光镜观察连续光谱和线状谱（演示） 光电效应（演示）

注：表中带*号的内容为选学。在1996年和2000年的教学大纲中，教学要求分两个层次。A层次：知道所列知识的内容，在有关问题中能够识别和直接使用它们。B层次：在A层次的基础上，理解所列知识的含义，能用来分析、解决物理问题。

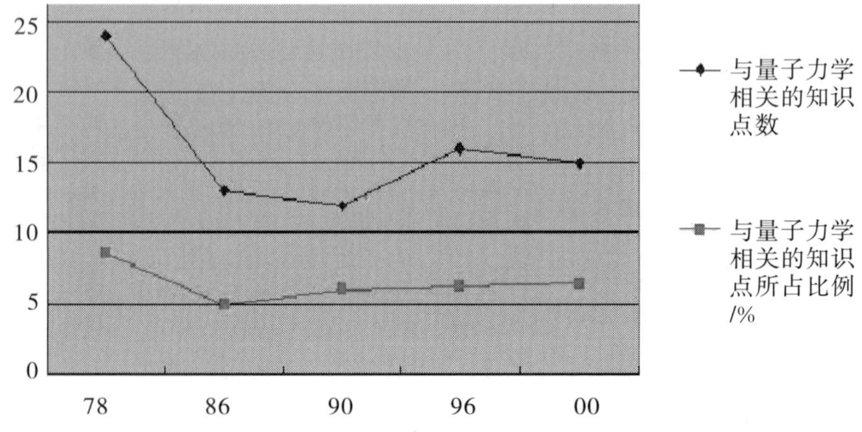

图5-8 “文化大革命”后高中物理教学大纲中量子理论部分的知识点及其所占比例

1. 拨乱反正阶段

1978年教育部颁布了《全日制十年制学校中学物理教学大纲（试行草案）》，国家提出了在20世纪内实现四个现代化的宏伟目标，教育界把现代科学技术的学习放到了前所未有的高度，大纲规定物理教学的目的是：“使学生比较系统地掌握进一步学习现代科学技术需要的物理基础知识，了解这些知识的实际应用；培养学生的实验技能、思维能力和运用数学解决物理问题的能力；培养学生的辩证唯物主义观点。”[1]该大纲突出强调“双基”，纠正了“文化大革命”期间流行的“读书无用论”观念，对拨乱反正、提高教学质量具有积极的时代意义，也奠定了此后我国中学物理教育的基础。大纲把“物理教学要适应四个现代化的需要”列为物理教学的基本原则的首条，提出“要重视物理基础知识在现代科学技术中的应用，适当介绍现代科学技术的重要成果”，如激光等，“教材中要反映近代物理学的一些重要观点”，如统计概念、波粒二象性、物质的层次结构等，“使学生对近代物理及其发展趋向有初步的了解”[2]，在物理课程的现代化方面达到了前所未有的高度，特别是统计概念为我国课程文件首次提及。

如表 5–7 所示，在量子理论部分，1978 年的大纲规定的教学内容在我国历史上最为丰富，体现了加强现代科学技术的要求，涉及的知识点多达 24 个，覆盖了光和粒子的二象性、原子结构的内容，对玻尔理论的要求尤为详尽，规定了 6 个知识点，有关激光的部分则规定了 5 个知识点，要求全面介绍爱因斯坦的受激辐射理论，激光的产生、特性及其应用。大纲还规定了 6 个演示实验：X 射线管、光电效应、光电管的应用、用分光镜观察吸收光谱和发射光谱等，体现了该大纲对实验的重视。

由于当时教学资源短缺、学制短和教学要求过高等原因，中学师生难以适应，有鉴于此，教育部于 1980 年对大纲进行了修订，删去了部分内容，有关量子理论部分的变化是：把主题“光的本性和物质波”改回为“光的本性”，删去了光电池、电子的衍射、电子的波动性，弱化了粒子波粒二象性的要求，而人类对光的本性的认识过程从选讲内容变为必讲内容，又回到了 1952 年教学大纲的做法；在“原子结构”主题中，有关玻尔理论的知识点由 8 个缩并为 3 个，有关激光的知识点由 5 个缩并为两个——原子的受激辐射和激光，并且原子的受激辐射被定为选讲内容。1983 年

[1] 课程教材研究所. 20世纪中国中小学课程标准·教学大纲汇编　物理卷[M]. 北京：人民教育出版社，2001：241.

[2] 中华人民共和国教育部. 全日制十年制学校中学物理教学大纲（试行草案）[S]. 北京：人民教育出版社，1978.

教育部颁布《关于颁发高中数学、物理、化学三科两种要求的教学纲要的通知》，首次决定根据学生基础和学校条件实行两种教学要求：基本要求和较高要求。基本要求中有关量子理论的知识点有：光的学说的历史发展、光谱和光谱分析、X 射线及其应用、光电效应、爱因斯坦的光电效应方程、光子、光电管及其应用、光的波粒二象性、α 粒子散射实验、原子的核式结构、玻尔模型、用玻尔模型解释氢光谱、玻尔模型的局限性。较高要求则在此基础上增加了阴极射线、普朗克常量、物质波的初步概念（选讲）、原子的受激辐射和激光（选讲）[1]。

2. 素质教育阶段

1986 年我国的基础教育步入了素质教育阶段，要求全面提高国民素质。1986 年国家教委颁布了《全日制中学物理教学大纲》，在其引言中明确指出："普通中学的任务，是为提高全民族的素质，培养有理想、有道德、有文化、有纪律的社会主义公民，并为培养现代化建设需要的各级各类人才奠定基础。"[2] 鉴于当时学制、课时等变化，该大纲本着适当降低难度、减轻学生负担的原则，在物理教学的目的中，用"分析和解决实际问题的能力"代替 1978 年大纲中的"运用数学解决问题的能力"，以纠正用过多、过难的计算题加重学生负担的倾向；增加了"培养学生学习物理的兴趣""重视科学态度和科学方法的教育""鼓励独立思考和创造精神"的表述，体现了培养非智力因素、提升国民素质的要求。相对 1978 年的教学大纲中量子理论部分，在课程内容的广度和难度上降低了要求，删减了 11 个知识点，把"光电效应方程""能级概念""用玻尔模型解释氢光谱"改为选学内容（如表 5-7）。1990 年国家教委对大纲进行了修订，将高中物理课程分为必修课和选修课，以适应学生的不同发展需求。必修课安排在高中一、二年级，面向全体学生，选修课安排在高中三年级，针对理科学生。这是我国首次针对文、理科的学生实行不同的物理课程。采用这种方式，打破了物理课程中长期存在的"一刀切"

[1] 课程教材研究所. 20世纪中国中小学课程标准·教学大纲汇编　物理卷［M］. 北京：人民教育出版社，2001：289-290，303-304.

[2] 中华人民共和国国家教育委员会. 全日制中学物理教学大纲［S］. 北京：人民教育出版社，1986.

的局面。量子理论部分被编排在必修课中，除了把“玻尔模型的局限性”改为选学外，没有其他变化。

1996 年国家教委颁布了《全日制普通高级中学物理教学大纲（供试验用）》，首先在江西省、山西省和天津市展开试验，该大纲提供两种物理课，必修物理课面向全体学生，必修和限选物理课适合于理科基础较好的学生，在高一年级两者的教学内容和要求相同，我国物理课程改革又迈出了新的一步，把“二、一分段”改为“一、二分段”。大纲还首次把教学要求明确化，分为两个层次：A 层次为“知道”，B 层次为“理解”。针对不同选科倾向的学生，量子理论部分的教学内容和要求也第一次出现了不同，必修课的知识点有 8 个：光的本性学说的发展简史、光电效应及其应用、光子、光的波粒二象性、玻尔模型、光子的发射和吸收、物质波、激光及其应用，教学要求全部为 A 层次。如表 5-7 所示，量子理论的知识点多达 16 个，其中光电效应及其应用、光子、爱因斯坦的光电效应方程、原子的核式结构、玻尔模型、光子的发射和吸收的教学要求为 B 层次，还把量子论（选学）首次列入物理课程中。

在两省一市试验的基础上，教育部于 2000 年颁布了《全日制普通高级中学物理教学大纲（试验修订版）》，关于量子理论的教学内容，必修物理课（Ⅰ类物理课）、必修加选修物理课（Ⅱ类物理课）均增加了“人类对物质结构的认识”，加上中华人民共和国成立以来一直就有的“光的本性学说的发展简史”，表明其对科学史和科学本质教育的重视。在必修课中还增加了“氢原子中的电子云”，必修加选修物理课中则把“量子论”改为“不确定性关系”。2002 年又根据高考提前的实际对大纲进行了进一步修订。

二、“文化大革命”后高中物理教科书中量子理论的内容

“文化大革命”结束后，根据教育部（国家教委）颁布的高中物理教学大纲等文件，由人民教育出版社组织编写了多套高中物理教科书，其中主要有：依据 1978 年教学大纲编写的《全日制十年制学校高中课本（试用本）物理》；根据 1983 年《高中物理教学纲要（草案）》编写的《高级中学课本（试用）物理》（甲、乙种本），其中的甲种本在教学内容的

深、广度上保持原试用本的水平，乙种本则主要在内容深度上降低了要求；参照1986年教学大纲，在乙种本基础上进行调整、修改而成的《高级中学课本（试用）物理》；根据1990年教学大纲编写的供高一、高二年级使用的物理必修课本和供高三年级使用的物理选修课本；依照2000年教学大纲编写的《全日制普通高级中学教科书 物理》（必修、必修加选修）等。

表5-8 "文化大革命"后高中物理教科书中量子理论的知识内容

教科书名	全日制十年制学校高中课本（试用本）物理　下册[1]	高级中学课本　物理　下册[2]	全日制普通高级中学教科书（试验修订本·必修加选修）物理　第三册[3]
编者	中小学通用教材物理编写组	人民教育出版社物理室	人民教育出版社物理室
出版社	人民教育出版社	人民教育出版社	人民教育出版社
出版年份	1980	1987	2001
与量子理论相关的知识内容	第八章　光的本性 光电效应 光的波粒二象性 *物质波 第九章　原子结构 原子的核式结构的发现 光谱 氢光谱的规律 原子的定态和能级 *原子的受激辐射 激光	第九章　光的本性 光谱和光谱分析 光电效应（阅读材料：光纤通信） 光的波粒二象性（阅读材料：物质波） 第十章　原子和原子核 原子的核式结构的发现 玻尔的原子模型 *能级 玻尔理论的成功和局限（阅读材料：激光）	第二十一章　光的波动性 激光 第二十二章　量子论初步 光电效应　光子（阅读材料：热辐射和普朗克的量子说） 光的波粒二象性（阅读材料：康普顿效应） 玻尔的原子模型　能级 物质波（阅读材料：显微镜的分辨本领） 不确定关系（阅读材料：量子力学）

注：表中带*号的内容为选学。

[1] 中小学通用教材物理编写组. 全日制十年制学校高中课本（试用本）物理　下册[M]. 北京：人民教育出版社，1980：271-305.

[2] 人民教育出版社物理室. 高级中学课本　物理（下册）[M]. 北京：人民教育出版社，1987：305-330.

[3] 人民教育出版社物理室. 全日制普通高级中学教科书（试验修订本·必修加选修）物理　第三册[M]. 北京：人民教育出版社，2001：37-64.

以下对“文化大革命”后3本不同时期的有代表性的高中物理教科书中量子理论部分内容（如表5-8）进行分析。1980年出版的《全日制十年制学校高中课本（试用本）物理》是我国“文革”后的首套教科书，成为此后人民教育出版社所编教科书的基础，该教科书根据1978年的教学大纲进行编写，认真总结了中华人民共和国成立以来教科书建设的经验、教训，研究、参考了国外教科书的改革思路，如美国PSSC物理、HPP（Harvard Project Physics）等，力图夺回“文革”期间的损失，缩短与世界发达国家的差距，具有鲜明的时代特征。在其中的量子理论部分，体现了以下特点：

（1）强调“双基”是其重要特点。在基础知识方面，注重用现代科学知识充实高中物理的课程内容，反映近代物理学的理论成果及其观点，包括统计概念、波粒二象性、物质的层次结构等。在“光的波粒二象性”“物质波”“原子的定态和能级”3节中，首次引入统计的概念，指出“可以把光的波动性看作是表明大量光子运动规律的一种几（概）率波”“物质波乃是一种几（概）率波”“所谓玻尔理论中的电子轨道，只不过是电子云中电子出现几（概）率最大的地方”[1]，还对20世纪重要的科技成果——激光进行了介绍。在基本技能方面，注意了实验技能、运用数学解决物理问题的能力等的培养，尽管量子理论部分的实验对设备的要求高，但还是安排了光电效应、分光镜等演示实验，对光电效应、德布罗意公式、氢原子的能级等提出了简单计算的要求。

（2）与1964年出版的《十年制学校高中课本（试用本）物理学》相比，在玻尔理论的处理上弱化了轨道的概念，除了在介绍玻尔理论的假设提及电子的圆形轨道外，在解释氢光谱时主要运用能级的概念，教科书中的图也换成了如图5-9所示的氢原子能级图，在介绍激光的原理也使用了如图5-10所示的氦氖原子能级简图。

[1] 中小学通用教材物理编写组. 全日制十年制学校高中课本（试用本）物理 下册［M］. 北京：人民教育出版社，1980：279，283，300.

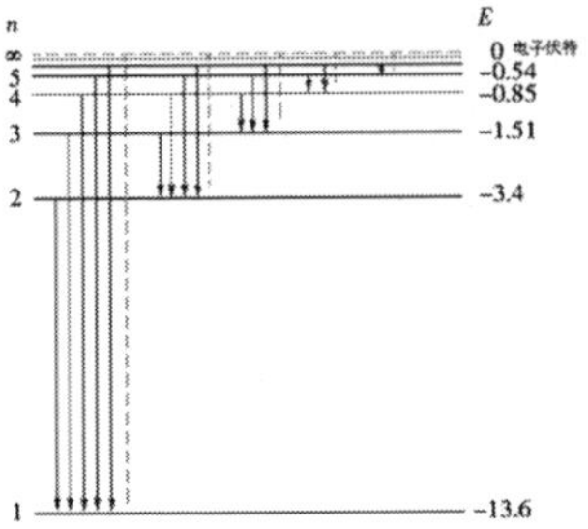

图 5-9 氢原子能级图

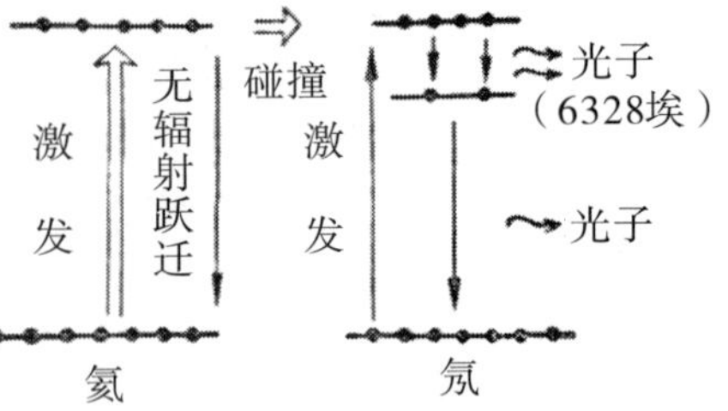

图 5-10 氦氖原子能级简图

（3）渗透了科学史和科学本质观的教育。按照量子理论发展的历史线索，关于波和粒子，分别介绍了光的电磁说、光子说、光的波粒二象性和物质波理论；关于原子结构，则按照发现新的实验事实到提出新的原子理论的脉络呈现教学内容，介绍从汤姆孙模型、卢瑟福模型、玻尔模型到电子云模型的历史发展。表明随着新实验事实对物理理论的考察，物理理论会发生改变，隐性渗透了科学本质观的教育。

（4）该教科书反映了 1978 年教学大纲的要求，编写质量较高。但它着眼于“使学生比较系统地掌握进一步学习现代科学技术需要的物理基础知识”，对物理的学科知识考虑得较多，而对我国高中的客观条件估计过高，物理理论方面的要求过于强调严谨，教学内容分量偏多、程度偏难，如对玻尔理论介绍过于详细，给出的公式多达 5 个，加上当时高中学制为两年，以致产生了难教难学的状况。

1987 年出版的《高级中学课本　物理》是根据 1986 年的教学大纲，在《高级中学课本　物理（乙种本）》的基础上进行了调整、修改，与 1980 年出版的《全日制十年制学校高中课本（试用本）物理》相比，教学内容做了大量缩减，把选学内容，如物质波、激光改为阅读材料，把难度较大的内容，如爱因斯坦的光电方程、能级和玻尔理论对氢光谱的解释改为选学，相应地降低了计算的要求，减轻了学生的学业负担。但把物质波改为阅读材料，而不说明其也为概率波，在“玻尔理论的成功和局限”一节中，强调产生的光子是电子由一条轨道向另一轨道的跃迁，用类似前面提及的图 5-7 来说明玻尔理论对氢光谱的解释，强化了轨道的概念，不能不说是一种退步。

2001 年出版的《全日制普通高级中学教科书（试验修订本 · 必修加

选修）物理　第三册》是依据 1996 年颁布的教学大纲编写，其特点总结如下：

（1）该教科书把光的波粒二象性和玻尔的原子结构理论等分别从光的本性和原子这两部分内容中提出，合在一起成为量子论初步这一章，在介绍微观世界的现象时，更加突出运动规律的教学。

（2）该书把量子力学的重要原理——不确定关系（选学）引入高中物理课程，在阅读材料“量子力学”中还介绍了波函数概念和量子力学的发展历程，在课程内容现代化方面做了有益的尝试。

（3）突出统计的观点，运用多幅图片说明光和物质波是概率波，如用曝光量不同的双缝干涉的图片（图 5-11）说明光子在空间各点出现的概率，运用图 5-12 说明电子在原子核附近各点出现的概率不一样，进而提出原子的电子云模型，给学生的学习以形象化的支持。

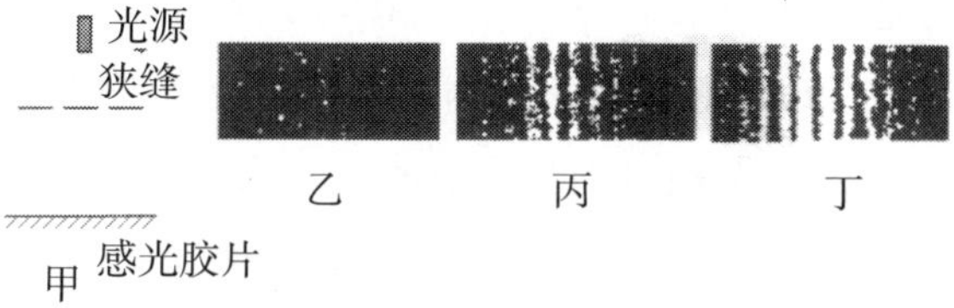

图 5-11　双缝干涉

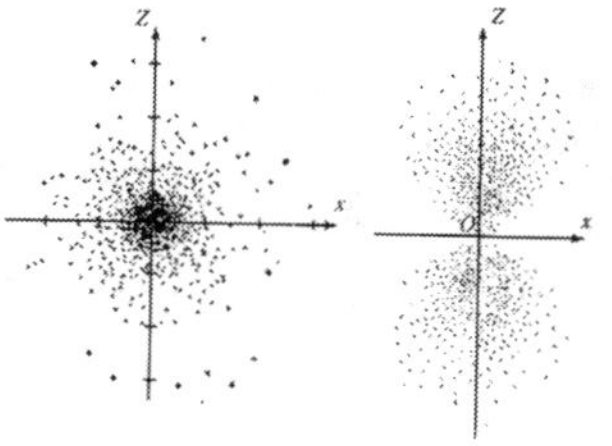

图 5-12　原子的电子云模型

（4）在玻尔理论的处理上，在讲到轨道量子化的时候，重点描述了“量子化”，有意淡化了“轨道”，并且没有采用以前教科书中常用的以同心圆代表氢原子轨道的插图，以避免强化轨道的图景。

（5）在版式方面，采用了双色印刷，运用旁批对正文予以补充说明，设置了“阅读材料”“思考与讨论”“本章小结”等多个栏目，更为符合学生的认知特点。在“光的波粒二象性”一节的“思考与讨论”中写道：“根据你的理解，说明概率的意义。举出一两个日常生活中的或科学中的事例，说明有些事件个别出现时看不出什么规律，而大量出现时显示出一定的规律性”[1]，以此引发学生讨论、交流，体现了学生是学习主体的要求。

[1] 人民教育出版社物理室. 全日制普通高级中学教科书（试验修订本·必修加选修）物理　第三册 [M]. 北京：人民教育出版社，2001：48.

第六节 小结与讨论

表 5-9 选列了我国不同时期的高中物理教学大纲（课程标准）中与量子理论相关的课程内容，可见随着时代的发展，在量子理论深广度的变化上尽管存在反复，但总的趋势是内容增多、要求变高。在 1929 年以前的课程标准只涉及光谱、阴极射线和 X 射线，早期量子论还没有进入高中物理课程。20 世纪 30 年代开始课程标准中增列了光电效应、物质构造大意的内容，早期量子论开始进入高中物理课程。1952 年起教学大纲对光子的初步知识提出了要求，但在 1978 年之前量子理论课程内容没有本质变化，涉及的内容是早期量子论。1978 年对激光的产生机理和物质波提出了要求，开始涉及统计的观点。1996 年则把量子论列为选学内容，2000 年把不确定性关系列为选学内容，使学生首次接触到量子力学的重要原理。中华人民共和国成立后历次颁布教学大纲，然后通常会根据实施的情况进行精简，如在 1952 年教学大纲发布后，1954、1955 年连续下发了精简通知、指示，删去“光能与其他能的相互转变”；如 1980 年删去了 1978 年教学大纲中的“电子的衍射”“电子的波动性”，把有关激光的内容变为选学，1983 年又把“物质波的初步概念”变为选学，教学内容的变动存在一定的随意性。

表5-9 我国高中物理中量子理论部分内容的演变

知识点 \ 知识点分布 \ 文件	1929 课程标准	1936 课程标准	1941 课程标准	1952 教学大纲	1963 教学大纲	1978 教学大纲	1986 教学大纲	1996 教学大纲	2000 教学大纲
X 射线	√	√	√	√	√	√	√	√	√
光谱　光谱分析	√	√	√	√	√	√	√	√	√
辐射				√					
光电效应				√	√	√	√	√	√
爱因斯坦的光电效应方程 光子				√	√	√	*	√	√
光电效应的应用　光电管		√	√		√	√	√	√	

续表

知识点 \ 知识点分布 \ 文件	1929课程标准	1936课程标准	1941课程标准	1952教学大纲	1963教学大纲	1978教学大纲	1986教学大纲	1996教学大纲	2000教学大纲
光的波粒二象性				√	√	√	√	√	√
光的学说的历史发展				√		*	√	√	√
物质波						√		√	√
电子的发现	√	√	√						
物质构造大意		√	√						
原子的核式结构				√	√	√	√	√	√
原子对能量的吸收和发射				√	√	√			
玻尔模型				√		√	√	√	√
用玻尔模型解释氢光谱						√	*	√	√
玻尔模型的局限性							√	√	
原子的受激辐射　激光						√		√	√
原子的电子云模型									√
不确定性关系　量子论								*	*

注："*"表示选学。

第六章 境外高中物理中量子理论的课程分析

20 世纪 80 年代以来在世界范围内兴起了新一轮科学教育改革浪潮，以提升学生的科学素养为主要目标。“他山之石，可以攻玉”，对境外国家和地区的高中物理课程中量子理论部分进行分析，可为我们提供有益的借鉴。

第一节　境外高中物理课程文件中量子理论部分分析

一、我国台湾省《高中物理课程暂行纲要》中量子理论的内容

在我国台湾省，高一学生要学习必修科目基础物理，每周 2 课时。高二学生要在必修科目物理、化学、生物、地球科学中任选一门，每周 3 课时。学生如报考大学物理系或工学院某些系，在高三还要学习选修科目物理，每周 3—4 课时。

台湾省于 1995 年发布《高级中学物理课程标准》，2004 年台湾教育行政部门要求“高中物理科新课程纲要修订委员会”对高中物理课程标准予以必要的修订，于 2006 年颁布、实施《高中物理课程暂行纲要》。在课程目标的说明中，各科目物理课程的叙述基本一致，从培养学生的科学素养方面表述如下：(1) 要求在已学教材的基础上，“进一步介绍物理学的基本知识，使学生认识一般物理现象的因果关系和其间所遵行的规律，增进对物理学的兴趣和理解”。(2)“借由师生互动及实验活动，培养学生良好的科学态度，使其熟悉科学方法，提升学生缜密思考、探索真理及解决问题的能力。”(3)“经由日常生活中有关科技应用实例的介绍，使学生认识物质科学的发展对人类生活和环境的影响及其重要性，启发学生在科学创造和应用上的潜在能力。”

高中物理的课程内容出现在“教材纲要”部分，以“主题”“主要内容”“说明”分层次做出规定。有关量子理论的内容出现在高一必修科目基础物理和高三选修科目物理中（如表 6-1，表 6-2），其中基础物理中的“主题九　近代物理观”为新增内容，引入了科学哲学的介绍，要求全体高中生了解量子理论的基本观念。

表6-1　高一必修科目基础物理中量子理论的知识内容

主题	主要内容	说明	备注
九、近代物理观	1.近代物理观简介	1-1从古典物理到近代物理 1-3从连续性到量子化 1-4从精确性到测不准性 1-5从决定性到机（概）率性	仅举例做概念上的介绍，避免出现繁杂数学式

供理工选向学生修习的高中必修物理及选修物理课程，内容包含了物理学知识的实际应用及现代科技进展的介绍，以培养出符合高科技时代需求的理工学生。物理内容中包括的概念层次较深、定量说明较多，为未来从事高深学术研究打下基础。如表 6–2，在高三选修科目物理中，有关量子理论的内容主要有 3 方面：（1）近代物理的重大发现，包含电子和 X 射线的发现；（2）早期量子论，包含普朗克量子论的缘起和内容、爱因斯坦的光量子论、玻尔的原子理论；（3）量子力学初步，包括德布罗意的物质波理论、波与粒子的二象性、波动力学的发展。以量子理论的历史发展为线索，介绍比较全面。这部分还规定了一个学生实验，使用电子束管及荷（亥）姆霍兹线圈等测定电子的荷质比。这与我国大陆的教学大纲在量子理论部分只对演示实验提出要求有所不同。

表6–2　高三选修科目物理中量子理论的知识内容

主题	主要内容	说明	备注
九、近代物理	1.电子的发现	1–1简介汤木生（汤姆孙）阴极射线管及电子荷质比实验 1–2简介密立坎（密立根）油滴实验	配合实验八：电子的荷质比认识
	2. X 射线	2–1简单说明 X 射线的产生及其性质 2–2简介 X 射线的应用	
	3.量子论的发现	3–1简述黑体辐射的性质及卜朗克（普朗克）的量子论解释 3–2介绍光电效应及爱因斯坦光量子论 3–3介绍康卜吞（康普顿）效应	依据实验结果仅做定性式说明，康卜吞（康普顿）公式可出现但避免推导
	5.原子结构	5–1说明拉瑟福德（卢瑟福）的原子模型 5–2简述氢原子光谱及波耳（玻尔）的氢原子模型 5–3简述夫然克（弗兰克）–赫兹实验	只说明拉瑟福德（卢瑟福）的实验，不做定量解释
	6.物质波	6–1叙述德布罗依（德布罗意）物质波的提出与证实 6–2说明波与粒子的二象性 6–3简述波动力学的发现	

二、美国高中课程文件中量子理论的内容

美国一直致力于科学教育改革，进入20世纪80年代以后，日本和西欧等国在经济和科技上迅速崛起，美国学生在科学学业上的表现逐年下降，使美国上下产生了深重的危机感，展开了新一轮科学教育改革。美国科学促进会在哈雷彗星回归的1985年启动了一项面向21世纪人才培养、致力于中小学课程改革的跨世纪计划——“2061计划”，美国国家研究理事会于1996年完成了《美国国家科学教育标准》的制定工作，该标准面向所有学生，以培养学生良好的科学素养为目标[1]。

在《美国国家科学教育标准》的内容标准中，有关量子理论的学科内容在9—12年级的“物质科学”部分做了规定：(1)原子结构。“物质是由称为原子的微小颗粒组成的”，“每个原子有一个带正电的原子核，周围是带负电的电子。原子核与电子之间的静电力把它们拴在一起”。(2)能量与物质之间的相互作用。“每种原子或分子只能按照特定的分立量获得或失去能量，因此只能在对应于这些分立量的波长处吸收或发射光波。我们可以利用这些波长来鉴别物质。”以上规定的内容均是早期量子论的内容。在“科学的历史和本质”中指出，“偶尔也会有对科学和社会具有长远影响的科学和技术进步出现”，提及的例子包括原子理论和量子理论[2]。

《面向全体美国人的科学》和《科学素养的基准》是“2061计划”丛书中的重要组成部分，对学科内容的叙述比较粗略，均提及了原子结构，前者在关于“物质结构”的基础知识建议中写道：“每个原子有一个带正电的原子核，它占原子体积很小的一部分，但却包含着绝大部分原子的质量，环绕核心的是质量非常轻的、带有负电的电子云。”[3]后者则要求到十二年级结束时，学生们应该知道：“原子是由带正电的原子核和环绕在核周围带负电的电子组成的”，“当一个孤立的原子或分子的能量变化时，它会固定地从一个数值跳到另一个数值，没有中间的数值。当辐射

[1] 仲扣庄．基于探究的美国高中物理教材——《动手动脑的物理学》简介[J]．学科教育，2002(12)：45-49.

[2] [美]国家研究理事会．美国国家科学教育标准[M]．戢守志，金庆和，等译．北京：科学技术文献出版社，1999：217-218，221-222，242.

[3] 美国科学促进协会．面向全体美国人的科学[M]．中国科学技术协会，译．北京：科学普及出版社，2001：165.

被吸收或被发射出去时，也会发生能量变化，所以辐射也有不同的能级。因而，可以根据不同的原子或分子（如在气体中）发射或吸收的光，来确定物质的属性”[1]。

美国宪法赋予各州以教育行政权，国家层面的课程文件只具有指导意义，仅仅是作为各州制定州标准的模型和指导，各州相继制定了操作性强的课程文件。美国密歇根州教育部于2010年颁布了《高级中学课程内容期望》，提出要“为学生在中学教育毕业后获得成功做准备”，从以下4方面培养学生的科学素养：（1）辨别科学原理；（2）应用科学原理；（3）经历科学探究过程；（4）反思和社会应用[2]。其中规定的学科知识分为预备知识（Prerequisite knowledge）、基础知识（Essential knowledge）、核心知识（Core knowledge）和推荐知识（Recommended knowledge），推荐知识是学生要进一步深入学习该学科时值得准备的有用且相互联系的知识，但是取得毕业学分并不要求必须掌握这部分知识。

有关量子理论的内容出现在“物理标准4：能量的形式及其转换”（STANDARD P4：Forms of Energy and Energy Transformations），全部为推荐知识，其中有：（1）波的量子理论。在原子尺度，电磁能量以不连续的一份份能量传递，称之为量子。公式$E = hf$定量描述了传递的能量和频率之间的关系，其中h是普朗克常数。计算并比较不同的电磁量子的能量，例如：可见光、X射线。（2）光的本质——波粒二象性。物质和光的波粒二象性是现代物理的基础。叙述支持光的波粒二象性的本质的证据[3]。

关于原子结构的内容则安排在高中化学课程的“化学标准4：物质的性质”（STANDARD C4：Properties of Matter），其中有：（1）原子结构。辨别电子、质子、中子的位置、相对质量和电荷（基础知识）；描述原子有一个由质子和中子组成的极小、极致密的原子核和环绕核的电子云（基础知识）。（2）电子的分布。描述以下事实：电子在任一时刻的位置不能精确地确定（核心知识）。（3）电子的能级。利用元素周期表，预测元素

[1] 美国科学促进协会. 科学素养的基准［M］. 中国科学技术协会，译. 北京：科学普及出版社，2001：56，65.
[2] Michigan Department of Education. High School Cotent Expectations/Physics［R］. 2010：3-4.
[3] 同［2］19-20.

原子在原子半径、第一激发态的能量和电性方面的一般趋势（核心知识）[1]。

由以上叙述可见，美国从整体上设计科学课程，国家层面的课程文件在知识内容的规定上比较宏观，均涉及了原子结构及其能级，《美国国家科学教育标准》还在“科学的历史和本质”提及了量子理论。密歇根州的《高级中学课程内容期望》中物理部分关注能量量子化概念和波粒二象性的概念，内容较少、要求不高，并且为推荐的知识，原子结构的内容则安排在化学课程中，同时提及了电子在核外分布的概率性。

三、加拿大安大略省高中物理课程文件中量子理论的内容

在加拿大，课程标准由各省或领地的教育部制定，安大略省教育部于2008年颁布了《安大略省科学课程标准》，从培养学生科学素养的三个维度提出了科学课程的目标：（1）把科学与技术、社会和环境相联系；（2）发展与科学探究相关的技能、策略和思维习惯；（3）理解基本的科学概念[2]。

有关量子理论的内容安排在十二年级大学预备物理课程中，其主题为“F．现代物理革命：量子力学和相对论”，其中规定了总体期望（Overall expectations）和具体期望（Specific expectations），总体期望为：（1）根据量子力学和相对论，分析新的概念模型和理论的引入是如何影响及改变科学思维并导致新技术的发展的。（2）调查研究狭义相对论和量子力学，并解决相关问题。（3）展示一个易于理解的用于支持量子力学和爱因斯坦狭义相对论事实。具体期望从科学与技术、社会和环境的关系，发展调查研究和沟通的技能，理解基本概念三个维度予以详细说明（如表6-3）[3]。涉及的知识内容为光和粒子的波粒二象性，在概念理解上关注相关理论模型及其实验事实，内容较少、要求不高，没有引入统计的观点说明光和粒子的行为。有特色的是从科学与技术、社会、环境的关系和探究技能角度提出了要求。

[1] Michigan Department of Education. High School Cotent Expectations/Physics [R]. 2010：34-36.

[2] The Ministry of Education of Ontario. The Ontario Curriculum （Grades 11 and 12） Science [M]. Ontario：Queen's Printer，2008：4.

[3] 同 [2] 206-207.

表6-3 《安大略省科学课程标准》（十二年级大学预备物理课程）中有关量子理论的内容

F1科学与技术、社会、环境的关系	F2发展调查研究和沟通的技能	F3理解基本概念
F1.1分析近代物理两个主要革命的发展过程，评价它们是如何改变科学思想的 F1.2评价相对论和量子力学对于各种技术的影响	F2.1用合适的术语来描述量子力学和相对论，包括（但不局限于）量子理论、光电效应、物质波 F2.2解决关于光电效应、康普顿效应和德布罗意波的有关问题 F2.4进行实验探究或者把计算机模拟用于分析数据（例如：发射光谱、光电效应、加速装置中的相对论运动），用于支持相对论或量子力学的理论	F3.1描述支持光的粒子模型的实验事实（例如：光电效应、康普顿效应、正负电子对的产生、德布罗意物质波） F3.2描述支持物质的波动模型的实验事实（例如：电子衍射）

与美国密歇根州的做法相似，加拿大安大略省把原子结构的内容安排在十二年级大学预备化学课程中，其主题为“C. 物质的结构和性质”，涉及卢瑟福和玻尔的原子模型和轨道、发射光谱、能级、光子等术语，还要求了解加拿大科学家在原子和分子结构研究方面的成就。

表6-4 《安大略省科学课程标准》（十二年级大学预备化学课程）中有关原子结构的内容[1]

C1科学与技术、社会、环境的关系	C2发展调查研究和沟通的技能	C3理解基本概念
C1.1评价基于原子和分子结构原理的技术对社会的作用	C2.1会运用与物质结构、性质相关的合适的术语，包括（但不局限于）轨道、发射光谱、能级、光子等	C3.1 解释卢瑟福、玻尔是怎样通过实验观察和推理，为氢原子的行星模型的发展做出贡献的 F3.5 叙述一项加拿大人在原子和分子结构研究方面的成就

四、日本《高等学校学习指导要领》中量子理论的内容

日本高中理科课程采用必修形式，但不指定特定的必修科目，只是规定了必修的最低学分，开设基础理科、理科综合、物理、化学、生物、地学 6 类 11 个科目，量子理论的内容被安排在物理Ⅱ中[2]。

[1] The Ministry of Education of Ontario. The Ontario Curriculum (Grades 11 and 12) Science [M]. Ontario: Queen's Printer, 2008: 110-111.

[2] 文部省. 高等学校学習指導要領解説 理科編 理数編 [M]. 1999: 10.

日本文部省于1999年颁布《高等学校学习指导要领》，2003年开始实施。该指导要领对每个科目都规定了具体的课程目标，关于物理Ⅱ的课程目标是：通过对物理事物和现象进行观察、实验和课题研究，提高对自然的好奇心和探究欲，培养探究物理的能力和态度，深入理解物理学的基本概念、原理和规律，培养科学的自然观[1]。从科学探究、物理知识、科学态度和自然观等维度对培养学生的科学素养提出要求。物理Ⅱ与物理Ⅰ课程目标的表述基本一致，不过对物理知识的要求从“理解”提升为“深入理解”。

表6-5 《高等学校学习指导要领》中量子理论的内容及其解说[2]

一级主题	二级主题	三级主题	解说
物质与原子	原子，电子与物质的性质	原子与电子	以历史上的实验事实为基础，讲述原子由原子核与核外电子构成、电子是具有质量与电量的基本粒子。其中简要讲述电子的波动性 以观察原子发光光谱与吸收光谱实验为中心，讲述被原子核束缚的电子的能量是分立的。用光子的粒子性和电子的波动性定性讲述分立的能级。由原子光谱的类推，讲述物质的颜色问题
		固体的性质与电子	物质根据其电子的状态，有导体、绝缘体、半导体。根据自由空间电子的运动类推，定性讲述晶体内自由电子的运动。由原子内电子的能级类推，定性讲述固体内电子的能带
原子与原子核	原子的结构	粒子性与波动性	由电子衍射现象说明电子的波动性，通过光电效应说明光的粒子性。讲述电子的动量与波长的关系、光子的能量与动量
		量子论与原子的结构	以氢原子的结构为中心，与光谱相联系进行讲述
课题研究	对有关物理事物与现象的研究 对物理学史中有关实验的研究	光电池的实验研究 普朗克常数的测定	

[1] 文部省. 高等学校学習指導要領解說 理科編 理数編[M]. 1999：63.
[2] 同[1] 81-85.

物理Ⅱ中的量子理论部分内容如表 6-5 所示，涉及波粒二象性及量子论、原子的结构、固体的性质，其中用能带理论说明固体的性质是我国高中物理课程所不曾涉及的内容。物理Ⅱ的课程目标把实验和科学探究列为首条，在具体教学内容的说明中也有充分体现，要求以观察和实验为基础展开教学内容，如以历史上的实验事实为基础，讲述原子由原子核与核外电子构成、电子是具有质量与电量的粒子；以原子光谱的观察为中心，讲述被原子核束缚的电子的能量是分立的；由电子衍射现象说明电子的波动性；通过光电效应说明光的粒子性。但没有采用统计的观点说明波动性。物理Ⅱ中还设置了“课题研究”，并与物理内容主题并列，使学生通过研究性学习，培养探究能力、科学态度和创造力。课题研究分为两大类：对有关物理事物与现象的研究和对物理学史中有关实验的研究，并给出了课题示例，有关量子理论的例子为：光电池的实验研究和普朗克常数的测定。

五、澳大利亚维多利亚州高中物理课程文件中量子理论的内容

澳大利亚是一个联邦制国家，其法律规定，各州中小学校事务由所在州教育部负责，维多利亚州课程和评估委员会于 2008 年颁布了《维多利亚教育证书的学习设计 物理》，提出物理课程的理念是提升学生在物理学专业领域的科学素养，学生能展示对宇宙的兴趣和理解，积极讨论有关的证据、理论和模型的本质，重视物理在社会中的价值，描述和运用理论和模型，提出和检验假设，收集数据，分析数据的局限性，得出结论，提出建议，选择和使用各种合适的技术和数学方法[1]。

物理课程的学习由 4 个单元组成，学习结果用关键知识和关键技能的应用来描述。学习物理必须掌握一系列的关键技能（Key Skills），这些技能适用于 1 到 4 单元，包括：(1）科学探究；(2）分析和应用物理原理；(3）交流物理信息及其理解[2]。每个单元包含 3 个学习领域（Area of Study），前两个学习领域为必修，在学习领域 3 的诸多“深入学习内容”（Detailed

[1] Victorian Curriculum and Assessment Authority. Victorian Certificate Of Education Study Design/Physics [R]. 2008：7.

[2] 同 [1] 12.

Study）中可任选 1 项。有关量子理论的内容安排在单元 4 的“学习领域 2 光与物质的相互作用”，重点是构建可解释物理现象的模型并认识其局限性，构建用来解释光和物质之间复杂的相互作用的模型。“深入学习内容”中提供了创新技术用于研究和交流的例子，其中包括光子学的内容[1]。

如表 6-6，澳大利亚维多利亚州物理课程中有关量子理论的内容有以下特点：

（1）以光与物质的相互作用、光子学为主题，前者为必修，后者为选修，体现了选择性。

（2）在“关键知识”中对课程内容做了详细说明，涉及波粒二象性、原子的能级、光子学等，其中用电子的物质波形成驻波说明原子中的量子化、用能带理论说明发光二极管的性质是我国高中物理课程所不涉及的内容。

（3）关键知识的学习要求以实验事实为基础，如以双缝干涉、光电效应分别作为光具有波动性、粒子性的证据，以电子衍射作为物质的波动性的证据，原子的吸收和发射光谱作为原子能量量子化的实验基础，进而展开具体的知识内容。没有采用统计的观点说明波动性。

（4）对光电效应方程（$E_{kmax}=hf-W$）、德布罗意波长（$\lambda=h/p$）、原子的光谱（$\Delta E=hf$）、能隙与 LED 颜色的关系（$E_g=hf=hc/\lambda$）等提出了定量计算的要求。

表6-6　《维多利亚教育证书的学习设计 物理》中量子理论的内容

	学习领域2 光与物质的相互作用	学习领域3 深入学习内容3.2：光子学
内容说明	光既是粒子也是波。同样电子也具有波动的性质。这导致了不同的思维方式，不仅是对于光，对物质也是如此。这些观念都是在运用实验证据和概念模型的过程中探究出来的，这些观念的发展伴随着技术的发展 学生将使用模型和解释来诠释光与物质相互作用的证据	光子学是利用光能来收集和处理信息的学科。它涉及可见光、紫外光和红外光的各个方面。包括它们的产生、检测、传播和处理。光子学的一般原理适用于整个电磁频谱，包括无线电波、微波、红外线、可见光和X射线

[1] Victorian Curriculum and Assessment Authority. Victorian Certificate Of Education Study Design/Physics [R]. 2008: 38-39, 41.

续表

	学习领域2 光与物质的相互作用	学习领域3 深入学习内容3.2：光子学
内容说明		光子学涉及一系列的光学现象，光有时被建模为有离散能量（光子）的粒子流，有时被建模为连续波。涉及电子学、光子学和光的早期观念已经延伸到研究光子学对我们社会科技发展的影响 学生将运用与光有关的证据和模型，了解光子器件在家庭、科研和工业等领域中的应用
学习结果	学生应该能够使用波和光子模型，来分析、解释和说明光与物质的相互作用，以及原子的量子化能级	学生应该能够运用光的光子和波动模型，来描述和解释不同光源和光纤波导的工作原理，并分析它们在家庭、科研和工业中的应用
关键知识	• 根据以下几方面说明杨氏双缝实验的结果 光具有波动性的证据 相干波在不同位置上的干涉相长和相消，光程差分别是$pd=n\lambda$ 和$pd=(n-1/2)\lambda$ 光的波长、双缝到屏幕的距离和缝间距对干涉条纹的定性影响 • 用比率λ/w定性解释不同波长的光遇到不同缝宽或直径的障碍物时产生的衍射条纹 • 从以下几方面分析光电效应 光具有粒子性的证据 用图象表示的实验数据：光电流–加速电压图象，光电子的最大动能–照射光频率图象 光电子的最大动能（$E_{kmax}=hf-W$），使用焦耳和电子伏特为能量单位 光强度对光电子的发射的影响 • 说明为什么光的波动模型无法解释光电效应的实验结果	• 在发光二极管（LED）中，当电子从一个半导体的导带移动到价带上时，解释光的发射机理 • 分析能隙对LED颜色的影响，$E_g=hf=hc/\lambda$ • 依据通过外部光子刺激对光进行放大的原理，描述相干光源产生的光（激光） • 用相干性、波长和相位来描述激光 • 在使用与光子有关的设备时，识别和运用安全的做法

续表

	学习领域2 光与物质的相互作用	学习领域3 深入学习内容3.2：光子学
	• 解释电子衍射条纹作为物质的波动性的证据 • 比较由光和电子所产生的衍射条纹 • 计算物质的德布罗意波长 $\lambda=h/p$ • 比较光子和具有相同波长的物质的动量，包括使用 $p=h/\lambda$ 进行计算 • 解释原子吸收和发射光谱的产生原因，包括金属蒸气灯 • 解释光谱并计算吸收或发射光子的能量，使用 $\Delta E=hf$ 计算 • 从以下几个方面分析原子对光子的吸收 物质的粒子性 由于电子状态的改变导致原子的能级变化 发射光子的频率和波长，$E=hf=hc/\lambda$ • 依据电子形成的驻波描述原子的量子态，将这种驻波看作物质存在波粒二象性的证据 • 在使用光源、激光和相关设备进行工作时，识别和运用安全的做法	

六、芬兰高中课程标准中量子理论的内容

芬兰高中阶段的课程分为必修课程、选修课程和应用课程三类。高中物理课程包含 1 个必修课程（物理作为一门科学课程）和 7 个选修课程（热、波、运动定律、转动与引力、电、电磁场、物质与放射现象），相当于我国高中物理新课程中的必修模块和选修模块。

在 2003 年颁布的《芬兰国家高中核心课程标准》中量子理论安排在选修课程 7“物质和放射现象”中[1]，选修课程 7 的目标是让学生 :（1）熟悉作为决定物质的结构及其变化规律的量子理论、波粒二象性、物质和能量的等价关系。（2）巩固对物理学发展的总体认识，以及物理学对解释自然现象的适用性。具体的核心内容有 :（1）电磁辐射 ;（2）X 射线 ;

[1] Finnish National Board of Education. National Core Curriculum for Upper Secondary Schools [S]. 2003：152–153.

（3）黑体辐射；（4）光电效应；（5）光的粒子性和实物粒子的波动性；（6）原子模型，例如玻尔原子模型；（7）量子性，线性光谱，原子的能量状态和能级图。

芬兰高中阶段的必修课程、选修课程为我国新课程标准的模块化课程的设立提供了参考，其量子理论课程内容涵盖了波和粒子、原子结构，与我国高中物理相应内容范围基本一致，芬兰高中课程标准仅规定了知识的广度，其量子理论内容局限于早期量子论的范围，并未涉及统计性观念。

第二节　境外高中物理教科书中量子理论部分分析

一、我国台湾省高中物理教科书中量子理论的内容

以我国台湾省2007年出版的高中物理教科书为例，对其中量子理论部分内容进行分析。这两本教科书依据1995年的高级中学课程标准编写，该标准选修科目物理中的相关内容与前述课程纲要大同小异，只是没有列入"简述波动力学的发现"。

表6-7　我国台湾省高中物理教科书中量子理论课程内容

教科书名	高级中学物理下册（三年级下学期用书）[1]	高级中学物理（下）（三年级下学期用书）[2]
编者	林明瑞等	连坤德等
出版社	南一书局企业股份有限公司	翰林出版事业股份有限公司
出版年份	2007	2007
与量子理论相关的知识内容	第二十三章　近代物理学的重大发现 23-1　电子的发现 气体放电 电子荷质比的实验 电子电量的测定 23-2　X射线 23-3　量子论 23-4　光电效应 23-5　康卜吞（康普顿）效应 23-6　物质波 第二十四章　原子结构 24-1　拉塞福（卢瑟福）的原子模型 24-2　氢原子光谱 24-3　波耳（玻尔）的氢原子模型 24-4　物质波在波耳（玻尔）原子模型的应用	第9章　近代物理学的基本发现 9-1　电子的发现 阴极射线管实验 汤木生（汤姆孙）电子荷质比实验 电子的电荷 9-2　X射线 X射线的产生 X射线的性质——X射线的绕射 X射线的应用 9-3　量子论 黑体辐射 光电效应 康卜吞（康普顿）效应 第10章　原子结构与物质波 10-1　原子结构 汤木生（汤姆孙）的原子结构

[1] 林明瑞．高级中学物理下册（三年级下学期用书）[M]．台南：南一书局企业股份有限公司，2007：79-154.

[2] 连坤德，陈忠志，吴永和，等．高级中学物理（下）（三年级下学期用书）[M]．台南：翰林出版事业股份有限公司，2007：93-168.

续表

教科书名	高级中学物理下册（三年级下学期用书）	高级中学物理（下）（三年级下学期用书）
与量子理论相关的知识内容	24–5　夫然克（弗兰克）–赫兹实验	拉塞福（卢瑟福）的原子模型 氢原子光谱 波耳（玻尔）的氢原子模型 夫然克（弗兰克）–赫兹实验 10–2　德布罗意的物质波 物质波的提出与证实 德布罗意的假设与波耳（玻尔）的氢原子模型 波与粒子的二象性

如表 6–7 所示，除“物质波”外，两教科书的课程内容广度及编排基本一致，其特点总结如下：

（1）针对理工选向的学生，按照物理学科的逻辑，以量子理论的发展为线索展开课程内容。在“近代物理学的重大（基本）发现”一章中，先介绍了 19、20 世纪之交的电子和 X 射线的发现，再按由实验到理论、再到实验验证的顺序，介绍由黑体辐射的研究到普朗克能量量子化假设的提出、由光电效应的研究到爱因斯坦光子说的提出，以及康普顿效应对光子说的验证。在“原子结构（与物质波）”一章中的编写方式与我国大陆相似，按由历史上实验事实到原子模型的顺序，由电子的发现到汤姆孙模型、α 散射实验到卢瑟福模型、氢光谱到玻尔模型。南一版教科书在“阅读材料”、翰林版教科书在“波和粒子的二象性”中还简单介绍了量子力学的发展轨迹。

（2）在有关玻尔模型的讨论中采用了玻尔的方法——半经典半量子化的方法，利用玻尔的角动量量子化假设——$rmv=n\frac{h}{2\pi}$和经典物理学理论，得到电子在量子化轨道上运动时的半径和能量公式。还把德布罗意物质波应用于玻尔模型，用图 6–1 说明在稳定轨道上运动的电子的物质波形成驻波，以说明量子化条件，但其进一步强化了轨道的概念，对学生正确理解物质波是一种概率波形成一定干扰。

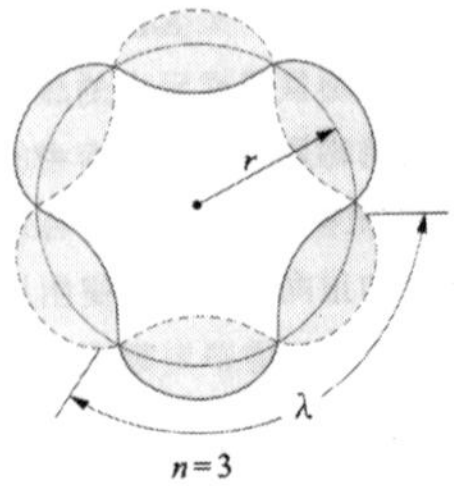

图 6–1

（3）在波和粒子的二象性的处理上，运用玻尔的互补原理，从哲学上进行讨论。两书除在物质波的介绍中提及机（概）率的概念外，对光和原子模型均未用统计概念进行诠释。

（4）对数学计算要求较高。关于电子的发现、康卜吞（康普顿）效应的阐述甚为详细，前者介绍了阴极射线实验、电子荷质比实验、密立坎（密立根）油滴实验，利用多个公式、结合例题进行定量研究，还要求学生通过实验测定电子荷质比。后者则在用两幅图说明康普顿效应的实验结果的基础上，利用光子概念和弹性碰撞规律，推导出康普顿公式，用例题和习题方式对学生提出了计算的要求。

（5）在版式上，两书均采用彩色印刷，图片精美，翰林版教科书编排比较传统，只用了"学习摘要"栏目对一章内容予以总结。南一版教科书设置了"阅读材料""想想看""学习重点"栏目，"阅读材料"栏目的内容有电子的命名、密立坎（密立根）油滴实验、宇宙背景辐射、量子力学的兴起、电子在汤木生（汤姆孙）的氢原子模型中的振动频率、拉塞福（卢瑟福）小传等，为学生的学习提供背景材料。"想想看"则适时提出问题，引发学生的讨论与交流，如在爱因斯坦光电方程的介绍后，要求学生"想想看"：在光电效应的实验中，若换用不同金属靶，则所得截止电压对入射光频率的关系曲线有何差异？有何共同的性质？[1] 该书在章引言中还引用了名人名言，用中英文呈现。在第二十三章引用了爱因斯坦的话语："伽立（利）略、牛顿、马克士威（麦克斯韦）、劳仑兹（劳伦斯）……在这四人所奠定的物理学基础上，我才能建构我的理论……"在第二十三章则引用了玻尔的话语："我所表达的每一个句子，不应被理解为肯定，而应该是疑问。"以隐性的方式渗透了科学本质的教育。

二、美国高中物理教科书中量子理论的内容

美国高中物理教科书《物理：原理与问题》由美国密执安－迪尔伯恩大学的保罗·齐策维茨（Paul W.Zitzewitz）博士主编，1996 年美国《国

[1] 林明瑞. 高级中学物理下册（三年级下学期用书）[M]. 台南：南一书局企业股份有限公司，2007：105.

家科学教育家标准》颁布后，该书基于标准进行了修订，是目前美国使用最广的高中物理教科书[1]。《物理:原理与问题》一书共有 31 章，依次介绍了力学、热学、波与光、电学以及近代物理的内容。

表6-8 《物理：原理与问题》中量子理论内容[2]

27章　量子理论 27.1 波的粒子性 　　炽热物体的辐射 　　光电效应 　　康普顿效应 27.2 粒子的波动性 　　物质波 　　粒子和波	28章　原子 28.1 原子的玻尔模型 　　原子的核式模型 　　原子的玻尔模型 　　玻尔模型的预言 28.2 原子的量子模型 　　从轨道到电子云 　　激光 29章　固体电子学 29.1 固体中的导电 　　固体的能带理论

表 6-8 列出了该书中与量子理论相关的内容，对其特点可总结如下：

（1）该书面向全美使用，未针对某一州的课程文件。它根据物理学科发展的特点自成一定的体系，按照量子理论发展的历史线索展现课程内容，主体为早期量子论，并遵循从实验到理论的思路，由黑体辐射到普朗克量子说，由光电效应到爱因斯坦光子说，由 α 散射实验到原子的核式结构模型，由原子光谱到玻尔原子模型。涉及量子力学观念的有德布罗意物质波、海森伯不确定关系和原子的电子云模型，并用统计的观点说明了电子云模型。对激光的产生原理、特点及其应用做了较为详细的阐述，还用能带理论对导体、绝缘体和半导体的导电性能做了说明，这部分内容目前我国的高中物理教科书未涉及。但该书未用统计观点说明光和粒子的波动性，对玻尔模型的处理主要运用了半量子半经典的方法，比较关注轨道概念。

[1] TESFAYE C L, WHITE S. High school physics textbooks, resources and teacher resourcefulness [R]. http://www.aip.org/sites/default/files/statistics/highschool/hs-textbooks-13.2.pdf.

[2] ZITZEWITZ P. Physics: Principles & problems [M]. Westerville: The McGraw-Hill Companies, 1999: 624-673.

表6-9　《物理：原理与问题》中量子理论部分的实验

章	实验名称	实验类型	实验内容
27	光电效应演示	演示	用紫外光源、锌板演示光电效应
27	玩具弹簧圈中的驻波	演示	用玩具弹簧圈模拟演示原子能量量子化
28	观察氢光谱	演示	用衍射光栅、氢光谱管观察巴尔末线系
28	波浪起伏的塑料绳	演示	在圆形塑料绳中形成驻波模拟演示量子数概念
27	在黑暗中发光	袖珍实验室	用闪光灯、滤色片观察荧光物质的发光
27	观察光	袖珍实验室	调节灯泡两端电压，用光栅观察其发光情况
28	原子核反弹	袖珍实验室	模拟演示α散射实验
28	明线	袖珍实验室	用衍射光栅观察气体放电管的光谱
28	激光衍射	袖珍实验室	用光栅观察激光的衍射现象
29	都升上去	袖珍实验室	利用热敏电阻研究导电性能与温度的关系
29	红光	袖珍实验室	研究LED的单向导电性
27	红光能量大吗	物理实验室	用钢球、斜面等模拟演示光电效应
28	盲射	物理实验室	模拟演示原子中的物质分布
29	车尾灯	物理实验室	设计电路，当电流方向改变时，使不同的LED发光

（2）体现了加强实验和探究的理念。尽管量子理论的研究已深入到了微观世界，在其研究进程中所采用的物理实验与观测技术高度发展，与日常经验愈来愈远，该书中量子理论部分还是安排了14个实验（如表6-9），包括“演示实验”（Demostrations）4个、“袖珍实验”（Pocket Lab）7个、“物理实验”（Physics Lab）3个。其实验形式灵活多样，“演示实验”为与该书配套的教师用书中所安排，主要由教师在课堂上进行演示，为学生的学习提供感性支持。“袖珍实验”是简单易行的迷你实验，以激发学生动手做实验的兴趣，增进对物理原理的理解，以具体问题引导学生完成观察和实验，分析并得出结论。书中每一章都安排了一个“物理实验”，篇幅均为一整页，由学生在一个课时内完成，主要目的在于转变学生中普遍存在的前概念。书中给出了详细的实验步骤和任务要求，最后还提出问题，把实验结论与社会、生活联系起来，如在与光电效应相关的“红光能量大吗”中提问：摄影师常在暗室中使用红光，请说明他们为什么用红光而不用蓝光。

该书根据量子理论的内容特点，注意真实实验与模拟实验相结合，以真实实验为主，所占比例为64%，所用器材均为中学实验室配备的常规器材，简单易行。模拟实验是该书一大特色，它以模型与原型之间的相似性为基础，通过类比引导学生得出结论。为帮助学生理解微观世界的运动变化，该书通过5个模拟实验建立形象、直观的模型，为学生的学习提供感性认识。实验所用器材均为随手取材或玩具，例如在一端固定的玩具弹簧圈中产生驻波，其模式是分立的，以说明电子的波动性和在原子中电子的能量量子化；在圆形塑料绳中形成驻波，模拟演示德布罗意波长和原子轨道周长的关系，以帮助学生理解量子数概念。很多近代物理学发展史上的经典实验难以在中学实验室完成，该书利用模拟实验的方式，为学生理解实验现象提供形象化的支持。其中的“盲射”实验模拟了 α 散射实验，引导学生利用床单、木框、圆铝片、线自制模型靶（如图 6-2），以模拟原子内物质分布，戴上眼罩，把橡皮塞投向靶子，记录投掷次数和击中次数，模拟 α 粒子撞击到原子核而产生散射的可能性。实验“红光能量大吗”则模拟了密立根验证光电效应方程的实验（如图 6-3），以从斜面下落的钢球代表光子，下落高度代表光子的频率，放在最底端的钢球代表金属原子的价电子，右边的斜面高度表征了金属的逸出功，形象说明光电效应的规律。

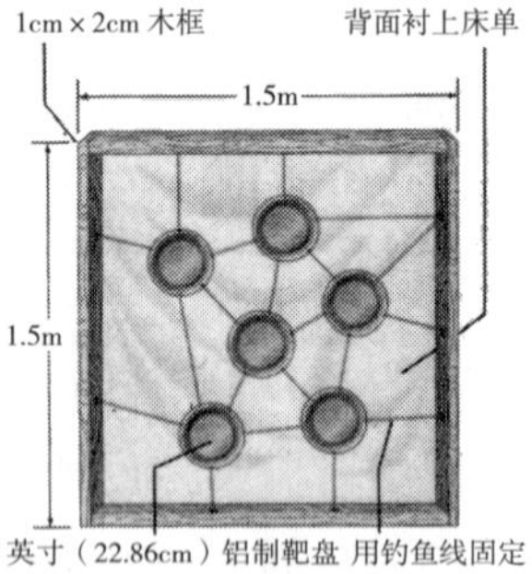

图 6-2 α 散射实验的模拟

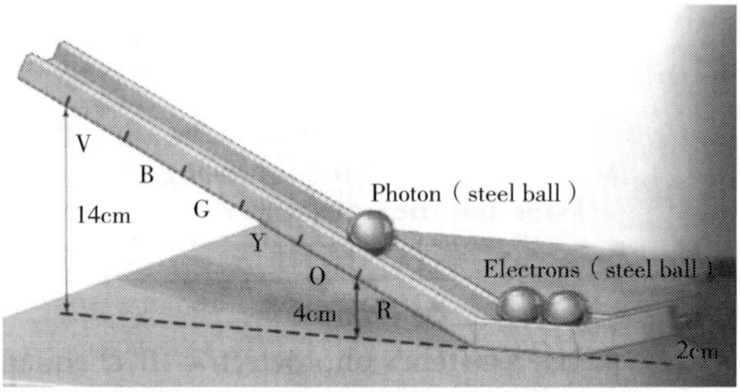

图 6-3 光电效应实验的模拟

（3）该书呈现方式生动活泼，特点鲜明，体现了学材式的教科书设计思想。每章均应用了章首图和导语，以科技及生活的实例，展示物理学的应用，提示本章的学习内容，如27章电子显微镜下的电子、28章通过衍射光栅观察到的街景、29章集成电路。书中设计了多个栏目，栏目的设置体现了以学生为学习主体的理念，每一章有栏目“你将学到什么”（What You' ll Learn）、“为什么这部分是重要的”（Why It' s Important）、

“关键术语”（Key Terms）、“本章回顾”（Chapter Review），每一节有栏目“学习目标”（Objectives）、“本节回顾”（Section Review），使学生对学习的目标、学习的重点内容有明确的认识。在有关内容旁设置了栏目“小资料”（F.Y.I.）和“互联网链接”（Internet Connection），适时为学生提供背景资料。“问题解决策略”（Problem Solving Strategy）则为学生提供方法性指导，如在 27 章的该栏目指出：波长为 λ 的光子能量 $E=hf=\frac{hc}{\lambda}$，可知以 eV、nm 为单位的 hc 是有用的，当光波长的单位用 nm 时，就能得到以 eV 为单位的光子能量[1]。

该书还关注物理学与社会、技术、其他学科的关系，设置了“物理学与社会”（Physics & Society）、“它是如何工作的”（How It Works）、“物理学与技术”（Physics & Technology）、“与各门学科的联系”（Connections）、“招聘”（Help Wanted）等。例如“物理学与技术”以“说‘奶酪’”（Say “Cheese”）为题，介绍了透射电子显微镜（TEM）和扫描电子显微镜（SEM）的成像原理及其应用，并在最后提出批判性思考问题：和 SEM 一样，扫描透射电子显微镜（STEM）也含有线圈偏转系统，这使 STEM 相对于与其相似的其他设备在观察生物样品时有什么好处？把物理学与现代科技联系起来，激发了学生学习的兴趣和应用物理知识的能力[2]。该书中“与各门学科的联系”的栏目也富有特色，使学生了解物理学与其他自然学科、社会科学、艺术都有紧密的联系。如 27 章的“与社会学的联系”（Sociology Connection）介绍了利用光电池组成的自动门在楼宇中的应用。“招聘”（Help Wanted）栏目则以用人单位招聘的形式呈现，与量子理论相关的 3 章分别招聘粒子物理学家、激光工程师和系统分析师，用招聘条件的方式展示与科学或技术相关的职业，如 28 章展示了美国激光研究所的招聘启事，拟招聘激光工程师，要求为：能操作、测试、维修激光器，工作单位可能是医院、光纤企业、制造公司、军事或航天部门，需有激光技术大专以上专业文凭[3]。

[1] ZITZEWITZ P. Physics: Principles & problems [M]. Westerville: The McGraw-Hill Companies, 1999: 631.
[2] 同 [1] 639.
[3] 同 [1] 632.

三、日本高中物理教科书中量子理论的内容

笔者以兵头俊夫等（2002）编写的《高等学校物理 II》为例，对其中量子理论部分内容进行分析，表 6-10 列出了该书中相关内容的编排情况，对其特点总结如下：

（1）该书中量子理论内容的编排基本按照《高等学校学习指导要领》中的顺序，电子的波粒二象性和原子光谱的内容分布在“电子与原子核的发现”和“原子结构”两章中，并各有侧重，在“电子与原子核的发现”中电子的性质主要展示其粒子性，原子光谱主要侧重于现象描述，在“原子结构”中重点介绍电子的波动性和波粒二象性，原子光谱内容则侧重于运用原子理论对其进行解释，这样可分散教学难点，利于学生逐步理解有关内容。还用能带理论解释金属和半导体的特征，这与美国教科书《物理：原理与问题》相似。有关量子力学的基本观点的介绍比较薄弱，仅在“玻尔理论的局限”中提及电子在核外的概率分布，在“现代物理学的建立”中简要介绍不确定关系，但未用统计性观点说明光和粒子的波动性。

（2）鉴于量子理论讨论微观现象、远离学生生活经验的特点，该书强调为学生的学习提供感性认识的支持，通过动手实验和物理史上的重要实验讲述量子理论的内容，符合高中生学习的认知特点。如在有关电子性质的内容中，全面介绍了物理史上的重要实验：气体放电现象、阴极射线的性质、J.J. 汤姆孙测定电子比荷的实验、密立根油滴实验、电子的衍射实验等；关于光的粒子性则通过运用验电器定性研究光电效应的学生实验、运用光电管研究光电效应规律的实验和康普顿效应实验，逐步展开教学内容。该书还设置了两个实验的栏目，一是“实验”，安排的是学生实验，从实验目的、器材、步骤、观察几方面予以引导，关于量子理论的实验是运用验电器研究光电效应；二是“观察实验”，安排的是观察类的小实验，其中有分光镜的调整、观察钠的吸收光谱、观察氢原子的线光谱。

（3）关于玻尔理论的呈现方式与前面讨论的我国台湾教科书的方式完全一致，采用了半经典半量子化的方法，推导出电子的运动轨道半径和能量公式，在“Information”栏目中用物质波在电子轨道上形成驻波说明量子化条件。

表6-10　日本高中教科书中量子理论部分的内容[1]

第4编　原子，分子与物质	第5编　原子，原子核，粒子
第一章　电子与原子核的发现	第一章　原子结构
第 1 节　电子的发现	第 1 节　粒子性与波动性
A　阴极射线的发现	A　光电效应
B　汤姆孙的实验——电子的发现	B　光子说
C　密立根的实验——电子电荷的测定	C　光电效应的解释
第 2 节　原子核的发现	D　逸出功
A　原子核的发现	E　电子伏
B　原子结构的推断	F　X射线
第 3 节　能级与光谱	G　布拉格反射
A　光谱	H　康普顿效应
B　定态与能级	I　波粒二象性与物质波
C　物质的颜色	第2节　原子的结构与量子论
第二章　固体的性质与电子	A　氢原子的线光谱
第1节　电子与能带	B　卢瑟福模型的不稳定性
A　导体、半导体、绝缘体	C　玻尔理论
B　能带	D　玻尔理论的局限
第2节　半导体	E　现代物理学的建立
A　纯净半导体	

[1] 兵头俊夫，等. 高等学校物理II [M]. 三省堂株式会社，2002：209-255.

第三节　小结与讨论

从横向比较、剖析多个国家和地区的高中物理课程的现状，总结如下：

（1）美国、日本、加拿大、澳大利亚、芬兰等国的课程文件均从整体上设计高中科学课程，关注高中物理课程与数学、化学等课程的关联性，美国密歇根州、加拿大安大略省还把波和粒子、原子结构的内容分别安排在高中物理和化学课程中。

表6-11　境外高中课程文件中量子理论部分的内容

知识点分布 / 文件 / 知识点	2004 中国台湾省	2010 美国密歇根州	2008 加拿大安大略省	1999 日本	2008 澳大利亚维多利亚州	2003 芬兰
X射线	√	√			√*	√
光谱　光谱分析			√	√	√	√
黑体辐射	√					√
普朗克量子说	√	√	√	√		
光电效应	√		√	√	√	√
爱因斯坦光电效应方程	√				√	
光电效应的应用				√		
康普顿效应	√		√			
光的波粒二象性	√	√			√	√
物质波	√		√	√	√	√
电子衍射　电子的波动性			√	√	√	
粒子的波粒二象性	√				√	
阴极射线	√					
密立根油滴实验	√					
原子的核式结构	√			√		
玻尔模型	√			√	√	√
用玻尔模型解释氢光谱	√			√	√	√
电子形成的驻波原子量子态					√	
弗兰克-赫兹实验	√					
原子的受激辐射　激光					√	
原子的电子云模型		√				
能带理论				√	√*	
发光二极管					√*	

续表

知识点分布 \ 文件 知识点	2004 中国 台湾省	2010 美国 密歇根州	2008 加拿大 安大略省	1999 日本	2008 澳大利亚 维多利亚州	2003 芬兰
量子力学的发展过程	√		√			
量子力学对思维、技术的影响			√		√	
知识点数	16	3	8	10	15	8

注：带★号的知识点为深入学习内容。

（2）如表 6-11，在所分析的高中课程文件中，大多没有引入统计的观点说明光和粒子的行为。我国台湾省和澳大利亚维多利亚州的课程文件规定的有关量子理论的知识点较多，美国密歇根州规定的知识点最少，物理课程只涉及波的量子理论、波粒二象性，化学课程涉及原子的 3 种模型。在知识内容的呈现上，我国台湾省、日本和芬兰仅是列出了知识点或主题，美国密歇根州的《高级中学课程内容期望》则对知识内容的学习要求做了较详细的规定。《安大略省科学课程标准》从培养学生的科学素养的三个维度进行了规定（如表 6-3），可操作性强。

（3）美国高中物理教科书《物理：原理与问题》的许多做法值得我们学习，该书安排的实验形式多样，有“演示实验”“袖珍实验”“物理实验”，特别是针对有关量子理论的实验难以在中学实验室中开展的问题，通过模拟实验建立形象、直观的模型，帮助学生理解微观现象。利用“物理学与社会”“它是如何工作的”“物理学与技术”“与各门学科的联系”“招聘”等栏目展示物理学与社会、技术、其他学科的联系。

第七章 我国新世纪高中物理中量子理论的课程分析

我国于21世纪之初展开了新一轮基础教育改革，以教育部颁布的《基础教育改革纲要（试行）》和各学科课程标准为标志，《普通高中物理课程标准（实验）》提出高中物理的课程性质“旨在进一步提高学生的科学素养”，在课程内容上要“体现时代性、基础性、选择性”[1]。对我国新世纪高中物理课程中量子理论部分进行分析，深入了解其发展现状，可为深化高中物理课程改革提供参考。

[1] 中华人民共和国教育部. 普通高中物理课程标准（实验）[S]. 北京：人民教育出版社，2003：1-2.

第一节　我国高中物理课程标准中量子理论的要求

我国高中物理课程标准由教育部于2003年制订、颁布，“课程标准”相对“教学大纲”在教学内容的规定上有较大的变化：(1)前者以三级主题的形式出现，从知识与技能、过程与方法、情感态度与价值观三个维度提出了操作性强的要求。后者则以知识点的形式出现，提出了深、广度的要求。(2)前者阐述了学生在模块学习结束后要达到的学习水平，是面向全体学生的基本要求，上不封顶，要求的规定比较弹性，给教材编写者、教师和学生留有较大的空间。后者是面向教师的教学与评价的“上限”，提出了硬性的规定，教材编写者、教师和学生自主选择与发展的空间较小。

表7-1　普通高中物理课程标准（实验）中量子理论的内容标准[1]

物理2 （三）经典力学的成就与局限性	（4）初步了解微观世界中的量子化现象，知道宏观物体和微观粒子的能量变化特点，体会量子论的建立深化了人类对于物质世界的认识。
选修2-3 （一）光与光学仪器	（6）了解激光的特性和应用。了解常见固体和气体激光器的原理。举例说明激光技术在生活和生产中的应用。 例9　用激光笔进行光的干涉和衍射实验（不能用激光直射眼睛）。 例10　了解激光技术在医学中的应用。
选修2-3 （二）原子结构与核技术	（1）知道原子和原子核的结构。
选修3-5 （二）原子结构	1. 内容标准 （1）了解人类探索原子结构的历史以及有关经典实验。 例1　用录像片或计算机模拟，演示α粒子散射实验。 （2）通过对氢原子光谱的分析，了解原子的能级结构。 例2　了解光谱分析在科学技术中的应用。 2. 活动建议 观看有关原子结构的科普影片。

[1] 中华人民共和国教育部. 普通高中物理课程标准（实验）[S]. 北京：人民教育出版社，2003：16，29-31，45-47.

续表

选修3-5 （四）波粒二象性	1. 内容标准 （1）了解微观世界中的量子化现象。比较宏观物体和微观粒子的能量变化特点。体会量子论的建立深化了人们对于物质世界的认识。 （2）通过实验了解光电效应。知道爱因斯坦光电效应方程以及意义。 （3）了解康普顿效应。 （4）根据实验说明光的波粒二象性。知道光是一种概率波。 （5）知道实物粒子具有波动性。知道电子云。初步了解不确定性关系。 （6）通过典型事例了解人类直接经验的局限性。体会人类对世界的探究是不断深入的。 例1 通过电子衍射实验，初步了解微观粒子的波粒二象性，体会人类对于物质世界认识的不断深入。 2. 活动建议 阅读有关微观世界的科普读物，写出读书体会。

如表 7-1，课程标准中量子理论的内容分别出现在物理 2、选修 2-3 和选修 3-5 中，物理 2 为共同必修模块，其中的量子理论内容主要为普朗克的能量子假说，要求学生体会量子论深深冲击了经典物理学中能量连续的观念，使人类对微观世界有了全新的认识。由于学生在共同必修模块中学习的内容为经典力学，对经典物理学的局限难以有深刻的认识，故在量子理论知识方面的要求较低。选修 2 从技术应用的角度，要求学生了解激光的特性和应用，对激光产生的机理没有要求，对原子结构的要求为知道，主要为射线的应用打下基础。

选修 3-5 针对理工选向的学生，量子理论涉及波和粒子、原子结构，其内容标准解读如表 7-2[1]。相对境外课程文件中的内容规定，我国大陆课程标准中波和粒子的内容比较翔实，用统计的观点说明光和粒子的波动性、初步了解不确定关系，这些为境外课程文件所未涉及；对原子结构的规定则比较弹性，要求从历史的视角了解原子结构模型的变迁。

我国大陆的课程标准除了有知识方面的要求，对科学探究和实验也

[1] 物理课程标准研制组. 普通高中物理课程标准（实验）解读 [M]. 武汉：湖北教育出版社，2004：110-113.

有明确的要求，如“通过实验了解光电效应”“根据实验说明光的波粒二象性”“了解人类探索原子结构的经典实验”等，“体会量子论的建立深化了人们对于物质世界的认识”“通过典型事例了解人类直接经验的局限性”“体会人类对世界的探究是不断深入的”等三级主题则是从情感态度与价值观维度予以表述，体现了科学本质教育的要求。

表7–2　选修3–5中量子理论的内容标准解读

二级主题	三级主题	解读
波粒二象性	了解微观世界中的量子化现象。 体会量子论的建立深化了人们对于物质世界的认识。	通过介绍普朗克能量子假说，初步了解微观世界中普遍存在的量子化现象。 通过比较，知道宏观物体的能量是连续的，微观粒子的能量是不连续的，是量子化的。量子化现象是微观世界中的普遍现象，光子、电子等微观粒子的能量等均是不连续的，是量子化的。当我们在研究宏观问题时，我们可以用牛顿运动定律解决问题，当我们在研究微观问题时，则必须用量子化的观点研究问题。通过物理学史的简单回顾，体会到量子论深深冲击了经典物理学中能量连续的观念，使人类对微观世界有了全新的认识。
	通过实验了解光电效应。 知道爱因斯坦光电效应方程及其意义。	通过实验对光电效应进行探究，得出光电效应的现象及光电效应的规律，了解光电效应的规律与经典电磁理论的矛盾。 了解爱因斯坦提出光子说的过程，知道光子和金属逸出功的概念，知道光电效应方程，能用光电效应方程解决简单的问题。同时了解光电效应是光的粒子性的一个实验证据。
	了解康普顿效应。	了解康普顿效应的实验事实，它表明光子不但具有能量，而且像实物粒子一样具有动量。
	根据实验事实说明光的波粒二象性。 知道光是一种概率波。	根据光的反射、折射、衍射和干涉说明光的波动性；根据光电效应和康普顿效应说明光的粒子性。 通过对双缝干涉的分析，认识到某个光子通过狭缝以后所处的位置是不能确定的，但从大量光子的行为看，它在某些位置出现的概率密度大，另一些位置出现的概率密度小，概率密度大的位置和概率密度小的位置恰好与光波干涉时的亮纹、暗纹的位置相合，光是一种概率波。

续表

二级主题	三级主题	解读
波粒二象性	知道实物粒子具有波动性。知道电子云。	知道物质波也是概率波。知道电子云是描述电子在空间各点出现概率大小时所用的一种形象化的图示。
	初步了解不确定性关系。	初步了解粒子的位置和动量间的不确定关系，初步了解除位置和动量的不确定关系外，还有其他不确定关系。
	通过典型事例了解人类直接经验的局限性。 体会人类对世界的探究是不断深入的。	体会人类的直接经验是有限的，一个学说的正确与否最终要靠实验的检验。 让学生体会到人类对自然界的探究是无止境的，过去的认识在新的场合可能不再适用。使学生形成不断接受新事物的心理准备。
原子结构	了解人类探索原子结构的历史以及有关的经典实验。	了解人类认识原子结构的历史，从中了解物理学家对于不可直接感知事物的认识方法。了解J.J.汤姆孙的枣糕模型、卢瑟福的核式结构模型及电子云模型，知道玻尔理论的主要内容。 了解J.J.汤姆孙测定电子比荷的实验、卢瑟福的α粒子散射实验等。
	通过对氢原子光谱的分析，了解原子的能级结构。	通过对氢原子光谱的分析，进一步加深对玻尔理论的认识，了解原子能级结构与光谱线间的关系，了解光谱分析在科学技术中的运用。

第二节　我国高中课程标准物理教科书中量子理论的内容

根据教育部颁布的课程标准，有 5 家出版社组织编写了教科书，对物理选修 3-5 中量子理论部分的特点总结如下：

（1）在版式上首次采用彩色印刷，教科书的设计体现了"学材"的特征，其章节结构如图 7-1 所示，每章均安排了章导图和导言，针对章导图中的情境，以问题提示本章的学习内容，鲁科版的"本章要求"还列出了课程标准中的学习目标。

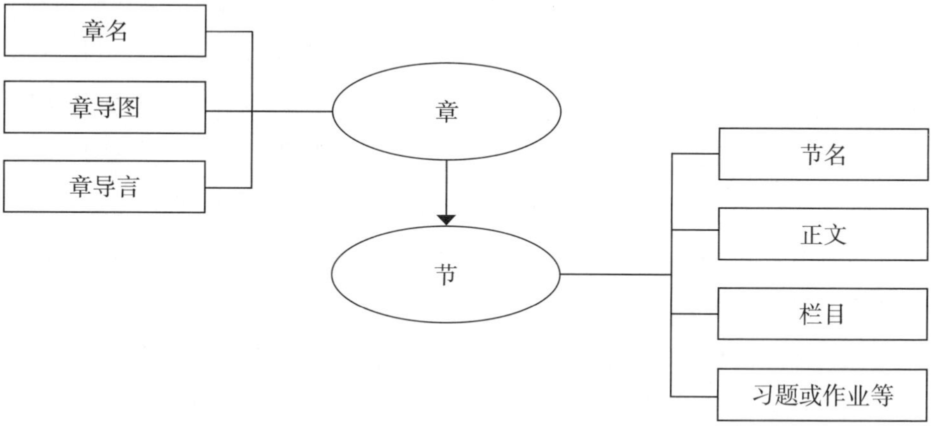

图 7-1　章节结构

各个版本均使用了旁批，为学生的学习及时提供信息，设计了功能各异的栏目（如表 7-3），活动性栏目引导学生参与探究和实验、课题研究、理论分析和讨论交流，方法性栏目用显性的方式对学生进行科学方法的教育，拓展性栏目体现了时代性、选择性的要求，"STS"等栏目展示了物理学与技术、社会的互动关系，"科学足迹"等栏目介绍了科学家的探究过程，"科学漫步""信息浏览""信息窗"等栏目反映了科学技术的新成果，"多学一点""拓展一步"等栏目则增加了教学内容的弹性，以适应不同层次学生的要求。

表7-3 4个版本物理3-5教科书中的栏目

栏目＼版本	人教版	沪科教版	鲁科版	教科版
活动性栏目	演示 思考与讨论	实验探究 讨论与思考 分析论证 课题研究	实验与探究 讨论与交流 专题探究	观察思考 活动 讨论交流
方法性栏目			方法点拨	
拓展性栏目	科学漫步 科学足迹 STS	多学一点 信息浏览 STS	拓展一步 信息窗	小资料 发展空间

（2）人教版等教科书中有关量子理论的内容及编排如表 7-4 所示，与表 7-2 相对照，各个版本教科书均覆盖了课程标准规定的教学内容（本章第 4 节对该内容的深、广度有详细的分析），在此基础上还有所拓展，如教科版在正文中增加了“电子电荷量的精确测定　元电荷”，沪科教版和鲁科版分别利用“多学一点”“拓展一步”栏目为学有余力的学生提供了深入学习的机会，沪科教版的“多学一点”栏目内容有“什么样的物体可以看成黑体”“光电效应的 $E_{km}-\nu$ 图象”等，鲁科版的“拓展一步”栏目内容有利用 α 散射实验数据估计原子核的大小、氢原子中电子运动轨道和能量公式的推导、氢光谱的光谱系列等。

根据标准的要求，5 个版本教科书都非常关注量子理论中的统计观点，处理方式高度一致。用弱光条件下光的干涉、电子的干涉或衍射图样说明光和物质波是概率波，阐述了不确定关系，并介绍了原子的电子云模型。

在课程标准中，二级主题“原子结构”和“波粒二象性”分别列为第二和第四条，各版本教科书编者根据不同的编写意图确定的呈现顺序不同，鲁科版和教科版与课程标准的顺序完全相同，把“原子结构”列为第二章，把“波和粒子”或“波粒二象性”列为最后一章，人教版、沪科教版和粤教版的两章则与前者相反。对有关的内容的处理各版本教科书也采用了不同的方式，鲁科版和粤教版对普朗克的能量子假说陈述较为简洁，前者在章导言、后者在“光子”一节中简单叙述了能量子假说的内容和意义，人教版、沪科教版和教科版则用一节的篇幅比较详细地展示了物理学家从对黑体辐射的研究到提出能量子假说的过程，并对能量不连续观念对人类认识物质世界的意义进行了探讨。这从一个侧面反映了课程标准在内容规定上比较弹性的特点，课程标准为教书编写者提供了发挥的空间。

表7-4　4个版本课标教科书中量子理论部分的内容

人教版[1]	沪科教版[2]	鲁科版[3]	教科版[4]
第十七章　波粒二象性 1 能量量子化 黑体与黑体辐射 黑体辐射的实验规律 能量子：超越牛顿的发现 2 光的粒子性 光电效应的实验规律 光电效应解释中的疑难 爱因斯坦的光电效应方程 康普顿效应 光子的动量 3 粒子的波动性 光的波粒二象性 粒子的波动性 物质波的实验验证 4 概率波 经典的粒子和经典的波 概率波 5 不确定性关系 不确定性关系 物理模型与物理现象	第2章　波和粒子 2.1 拨开黑体辐射的疑云 第二朵“乌云”——“紫外灾难” 普朗克假设驱“乌云” 2.2 涅槃凤凰再飞翔 光电效应 爱因斯坦的光子说 光子说的又一明证——康普顿效应 2.3 光是波还是粒子 光的波粒二象性 再探光的双缝干涉实验 2.4 实物是粒子还是波 德布罗意波 实验事故导致的重大发现 物质波，又一种概率波 不确定关系	第5章　波和粒子 导入 奇异的微观世界 第1节 光电效应 光电效应的产生 光电效应的理论解释 光电效应的应用 第2节 康普顿效应 康普顿对X射线散射的研究 光的波粒二象性 第3节 实物粒子的波粒二象性 德布罗意的假设 德布罗意假说的实验探索 不确定性关系 电子云	第四章　波粒二象性 1 量子概念的诞生 热辐射问题 黑体与黑体辐射 普朗克提出的能量子概念 量子论诞生的历史意义 2 光电效应与光的量子说 光电效应 光的波动说的困难 光量子概念的提出 光电效应方程 3 光的波粒二象性 康普顿效应 光的波粒二象性 光是一种概率波 4 实物粒子的波粒二象性 德布罗意物质波假说 电子波动性的实验验证 氢原子中的电子云 5 不确定关系 不确定关系的提出 不确定关系在微观世界与宏观世界中的不同作用 人类对物质世界的认识不断深化

[1] 人民教育出版社，课程教材研究所，物理课程教材研究开发中心. 普通高中课程标准实验教科书　物理选修3-5［M］. 北京：人民教育出版社，2007：26-63.

[2] 束炳如，何润伟. 普通高中课程标准实验教科书　物理选修3-5[M]. 上海：上海科技教育出版社，2007：24-63.

[3] 中学物理教材编写组. 普通高中课程标准实验教科书　物理（选修3-5）［M］. 济南：山东科学技术出版社，2007：21-42，81-97.

[4] 陈熙谋，吴祖仁. 普通高中课程标准实验教科书　物理（选修3-5）［M］. 北京：教育科学出版社，2006：23-38，71-92.

续表

人教版	沪科教版	鲁科版	教科版
第十八章　原子结构 1 电子的发现 阴极射线 电子的发现 2 原子的核式结构模型 α粒子散射实验 原子核的电荷与尺度 3 氢原子光谱 光谱 氢原子光谱的实验规律 经典理论的困难 4 玻尔的原子模型 玻尔原子理论的基本假设 玻尔理论对氢光谱的解释 玻尔模型的局限性	第3章　原子世界探秘 3.1 电子的发现及其重大意义 关于阴极射线的争论 汤姆孙的发现 电子发现的重大意义 3.2 原子模型的提出 汤姆孙模型 出人意料的结果 卢瑟福的原子核式结构模型 原子核的电荷和大小 3.3 量子论视野下的原子模型 把量子论引入原子模型 能级　原子光谱 玻尔理论的成就和局限 3.4 光谱分析在科学技术中的应用 发射光谱和吸收光谱 光谱分析的应用	第2章　原子结构 导入　从一幅图片说起 第1节 电子的发现与汤姆孙模型 物质结构的早期探究 电子的发现 汤姆孙原子模型 第2节 原子的核式结构模型 α粒子散射实验 卢瑟福原子模型 第3节 玻尔的原子模型 玻尔原子模型 氢原子的能级结构 第4节 氢原子光谱与能级结构 氢原子光谱 玻尔理论对氢光谱的解释	第二章　原子结构 1 电子 带负电的微粒 微粒比荷（荷质比）的测定 电子电荷量的精确测定 元电荷 2 原子的核式结构模型 α粒子散射实验 原子的核式结构模型 原子的核式结构模型与经典理论的矛盾 3 光谱　氢原子光谱 光谱的几种类型 光谱分析的应用 氢原子光谱 4 玻尔的原子模型　能级 玻尔的原子结构理论 用玻尔的原子结构理论解释氢光谱 玻尔原子结构理论的意义

（3）量子理论主要涉及微观世界粒子的行为，限于中学实验条件，能够开展的实验项目较少，但各版本教科书还是尽力安排了实验活动，并且差异较大。如表7-5，人教版、教科版安排了两个观察活动，要求较低；鲁科版的实验只涉及光电效应，观察其现象，研究影响光电效应产生的因素；粤教版安排了1个观察活动和1个探究活动；沪科教版安排的实验数最多，有现象观察、定量测定和规律探究3种形式，特别是安排了比较完整的实验活动，探究光电效应产生的条件及其规律，定性探究由学生自主完成，定量探究则由教师根据教学实际安排，可利用教材上提供的他人实验数据，让学生通过分析，总结出光电效应规律。

表7–5　各版本课标教科书中量子理论部分的实验活动

人教版	沪科教版	鲁科版	教科版	粤教版
观察光电效应 阴极射线管壁上的荧光及阴影	探究光电效应产生的条件 研究光电效应的规律 用洛仑兹力实验仪测定阴极射线的比荷 观察原子光谱	演示光电效应 研究影响光电效应产生的因素	条形磁铁使阴极射线偏转 观察原子光谱	研究光电效应的规律 观察氢原子光谱

第三节 我国高中课程标准物理教科书个案分析

沪科教版《普通高中课程标准实验教科书 物理 3-5》的研制工作于 2004 年启动，2005 年经全国中小学教材审定委员会初审通过，并在陕西、山东、海南、宁夏等省区使用，2007 年完成第 2 版修订，其中的第 2、3 章为量子理论内容。以下结合笔者教科书研制的实践，从研制队伍、内容结构、编写特点三方面予以分析。

一、沪科教版《物理选修3-5》研制队伍

沪科教版高中教科书的研制工作由华东地区物理教材编写组负责实施，在组建编写队伍时，注意到了权威性、专业性和广泛代表性，在《物理选修 3-5》的编写人员中一线优秀教师约占 45.4%，物理课程专家约占 36.4%，物理学科专家约占 18.2%（如表 7-6）。执笔人员完成创意设计、素材收集、文本撰写工作，由总主编和学科专家审核把关。在教科书的实验使用阶段，利用培训研讨、公开课、问卷调查、座谈会、论文评选、网络交流等形式，吸收实验区广大物理教研员、教师和学生参与教科书的研制工作，广泛听取各方面意见，采纳他们的合理建议和教学改革的经验，并在 2007 年第 2 版的修订中予以体现。

表7-6 沪科教版高中物理选修3-5教科书研制人员情况

姓 名	单 位	职 称	从事领域	备注
束炳如	苏州大学	教授	物理课程与教学论	总主编
何润伟	安徽省教科所	中学特级教师	物理课程与教学论	总主编
仲扣庄	南京师范大学	教授	物理课程与教学论	分册主编、执笔人员
汪延茂	安徽省马鞍山二中	中学特级教师	中学物理教学	分册主编、执笔人员
王 高	江苏省南京市中华中学	中学教授级高级教师	中学物理教学	执笔人员
田 宁	南京晓庄学院	副教授	物理课程与教学论	执笔人员
朱 琦	江苏教育学院附属高级中学	中学教授级高级教师	中学物理教学	执笔人员

续表

姓 名	单 位	职 称	从事领域	备注
钱嘉伟	江苏省南京市中华中学	中学高级教师	中学物理教学	执笔人员
戴苾芬	江苏省教育科学研究院	中学高级教师	中学物理教学	执笔人员
沈永昭	苏州大学	教授	理论物理	审稿
刘 红	南京师范大学	教授	理论物理	审稿

二、沪科教版《物理选修3–5》中量子理论部分内容结构

《物理选修 3–5》是选修系列 3 中的最后一个模块，学生在学习这一模块时，已对经典物理学的基本内容及其应用有了一定的了解。该模块中量子理论部分涉及人类对微观世界的认识，与科学前沿和高新技术联系密切，深刻体现了科学、技术、社会的关系，蕴含丰富的科学思想、方法和科学本质观的教育内容，但学生的学习很少有直接经验的支持，内容较为抽象。

高中物理选修 3–5 量子理论部分涉及原子结构、波粒二象性两个二级主题，沪科教版在确定内容结构时，主要考虑了以下问题：

（1）两个二级主题的内容如何合理编排？把“波和粒子”定为第 2 章，而“原子世界探秘”则排为第 3 章，与课程标准建议的顺序有所不同，主要基于以下考虑：量子理论是探索微观世界的基础，物质波的统计解释可为原子的电子云模型打下伏笔，这种编排可比较完整地呈现历史上的原子模型，利于学生全面、正确地理解原子理论，比较符合物理学科的逻辑结构。

（2）章内内容如何呈现？“波和粒子”“原子世界探秘”两章均以历史发展的线索呈现学习内容，首先说明实验的新发现，再展示物理学家提出理论的探索过程，其内容结构的设计如图 7–2 所示。

“波和粒子”一章把学生带到“量子王国”去游览，“量子王国”地处微观世界，那里的一切对于生活在宏观世界的人来说是非常陌生的，需要引导学生“入邦问俗”，初步了解那里的“语言”“法制”“风土人情”。该章循着量子理论的发展线索展开学习内容，首先介绍了经典物理学在

解释黑体辐射规律时遇到的困难，简述普朗克提出能量子假设的思路及其内容，引导学生用类比的方法，分析量子论与经典物理学关于能量的不同观点，让学生了解能量子假设、普朗克常量在物理学研究中的重要地位；接着，让学生通过实验认识并探究光电效应，通过分析论证，理解爱因斯坦提出的光子说、光电效应方程及其意义，通过康普顿效应的介绍，深化学生对光子说的认识，初步建立光的波粒二象性的图景；最后一节介绍了德布罗意物质波理论的研究思路、内容及其实验验证，通过分析电子的单缝衍射，使学生了解不确定关系，并指出正是由于把波粒二象性推广到一切微观粒子上去，才促进了量子力学的蓬勃发展。

“原子世界探秘”一章同样以历史的线索展开学习内容，从对阴极射线的探究开始，揭开了人类探索原子内部结构的序幕，由电子的发现到汤姆孙枣糕模型、α 散射实验到核式结构模型、由原子光谱到玻尔原子模型、由复杂原子的光谱以及对玻尔模型局限性的思考到原子的电子云模型。最后通过对原子光谱的分析，了解原子的能级结构，了解光谱分析在科研和技术中的应用。

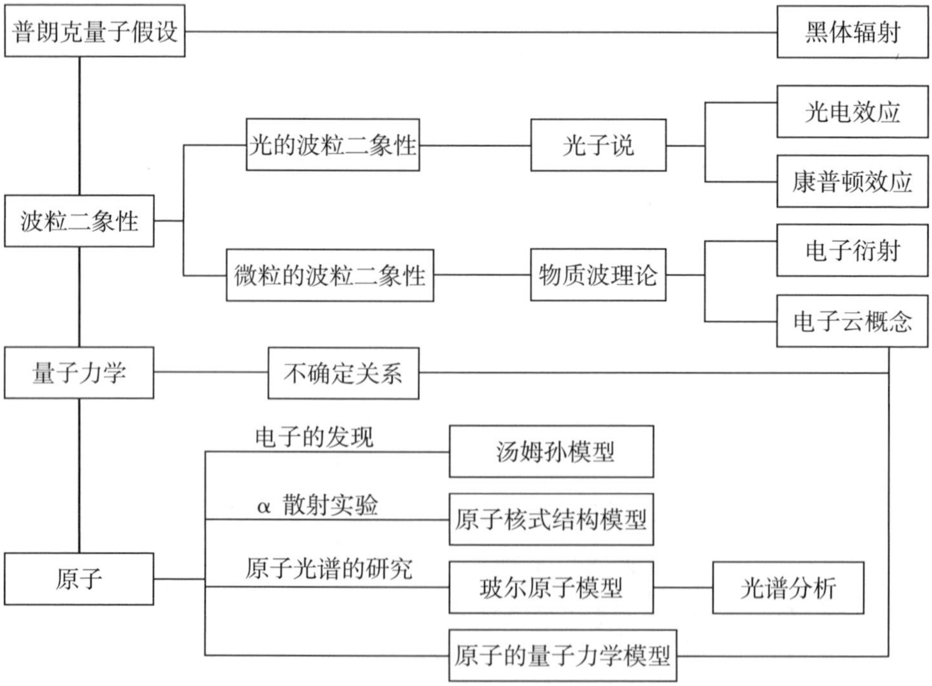

图 7-2　沪科教版高中物理教科书中量子理论内容结构

三、沪科教版《物理选修3-5》中量子理论部分编写特点

《普通高中物理课程标准（实验）》从“知识与技能”“过程与方法”“情感、态度与价值观”三个维度提出了课程的具体目标，以下以此为线索，分析沪科教版教科书中量子力学部分的编写特点[1]：

1. 知识与技能

（1）精心设计情境，以问题串引入学习内容

建构主义学习理论认为情境是意义建构的基本条件，倡导创设含有真实事件或问题的情境，以学生为中心，促进学生与情境的交互作用，主动地建构意义。

该书围绕各章核心内容，创设基于与真实的生活或科学探究的情境，采取问题串的方式，环环相扣，通过一个个富有挑战性的物理问题展开物理内容，采用科学探究等教学形式，引导学生在问题解决的过程中，自主地理解物理知识、建构物理现象的意义。

第 2 章“波和粒子”选择扫描电子显微镜（SEM）下的血红细胞和白细胞为背景，指出 SEM 应用了电子的波动性，用电子束代替光在微观世界中探幽入微，提出“电子究竟是粒子，还是波？”“光会不会也具有粒子性？”等问题，提示本章将要学习的内容。结合每节设置的科学发现背景，还提出了“黑体辐射的‘乌云’是如何拨开的”“质子、中子，甚至原子、分子是否也具有波动性”等环环相扣的问题串，基于问题解决展开本章核心物理知识内容的教学。第 3 章采用了相似的处理，两章的具体做法如表 7-7。

表7-7　沪科教版高中物理教科书中量子理论内容的引入方式

章标题	情境设计	问题串	知识内容
波和粒子	扫描电子显微镜下的血红细胞和白细胞	黑体辐射的“乌云”是如何拨开的？ 光是波还是粒子？ 电子、质子、中子是否也具有波动性？	能量子假设 光子说，光电效应，康普顿效应 物质波，不确定关系

[1] 仲扣庄. 沪科教版普通高中物理课程标准实验教科书《物理3-5》的编写思路和特点［J］. 中学物理教学参考，2008，37（9）：2-5.

续表

章标题	情境设计	问题串	知识内容
原子世界探秘	氖原子模型 霓虹灯	人类是怎样发现原子内部有复杂结构的？ 探索原子的结构经历了怎样的漫长过程？ 神秘莫测的光又是怎样产生的？	电子的发现，汤姆孙模型 原子核式结构模型，玻尔理论，电子云 氢原子光谱，光谱分析

（2）以灵活多样的方式呈现物理知识

根据物理知识内容、学生认知发展的特点和中学的实验条件，该书的量子理论部分关注从实验探究中归纳出物理概念和规律，如用实验“探究光电效应产生的条件”中，让学生设计实验，用具体的问题作为引导，鼓励学生在动手操作的基础上，自主归纳、总结出物理结论。

实验归纳并非物理知识的唯一呈现方式，就某种意义而言，学生的科学认知结构不可能由“纯粹”的实验探究活动形成，需要接受学习等方式的有益补充。如果勉强地完全由探究活动得出结论，将使学生产生对科学探究的曲解，它的危害不只是对知识的片面理解，更重要的是不利于科学思想和态度的形成，因此在该书中注意以灵活多样的方式呈现物理知识。例如，在分析了光子和光电子的能量关系后，根据能量守恒定律，给出光电效应方程。

（3）力求体现选择性和开放性

该书通过“物理 3 系列”所设置的各种栏目，把一些重要物理内容的内在逻辑性和外在拓展性融为一体，使整个模块突显出严谨性和发散性，努力引导学生勤于思考、自主学习，允许他们有不同的学习体验与认识，同时为教师对物理课程的再创造提供了较大的自由度和开放的空间。

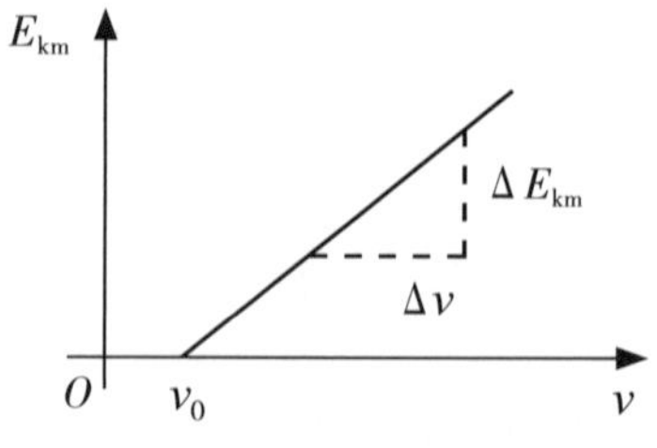

图 7–3　光电效应的 E_{km}–ν 图象

该书安排了“多学一点”栏目，旨在让那些学有余力的同学在物理学习中，有拓展提高的机会。如在介绍了光电效应方程后，在“多学一点”中展示了光电效应的 E_{km}–ν 图象（如图 7–3），说明该图象为一直线，该直线的斜率为普朗克常量 h，在 v 轴上的截距为金属的光电效应极限频率 v_0，以拓展学生对光电效应规律的理解。

该书设置了“课题研究”栏目，目的是给那些勤于思考、乐于探究的学生，留出一块富有个性的学习、发展的空间，进一步梳理、应用所学物理知识。如“原子世界探秘”一章的“课题研究”中要求学生查阅资料，了解人类探索原子结构的历史及经典实验，对原子模型的发展进行系统梳理。表 7-8 展示了该书中“多学一点”和“课题研究”栏目中的内容。

表7-8　“多学一点”和“课题研究”栏目的内容

章标题	多学一点	课题研究
波和粒子	什么样的物体可以看成黑体 光电效应的E_{km}-v 图象	关于显微镜的研制和应用
原子世界探秘		调查光谱分析在产品成分测定中的应用 关于人类探索原子结构的历史

2. 过程与方法

（1）加强实验探究，注重科学探究与知识建构的统一

《普通高中物理课程标准（实验）》把科学探究及物理实验能力与共同必修模块、选修模块并列，作为内容标准的一大部分，并针对 7 个科学探究要素，逐一提出了基本要求，在各个模块的三级主题中，提出了一些具体的、操作性强的探究教学目标，体现了新课程对科学探究和物理实验的重视程度。

尽管量子理论主要涉及微观世界粒子的行为，许多教学内容远离学生的生活体验，编者认真研究国内外物理教科书，结合自己的教学实践，尽力挖掘实验探究活动项目，活动中用到的器材，是一般学校实验室内都配有的，或者是师生稍做努力能够办得到、做得好的。在“波和粒子”“原子世界探秘”两章中共安排了 4 个实验探究活动（如表 7-9），并根据高中学生的认知特点，指导学生的思维活动，把科学探究与知识建构有机地统一起来。

表7-9　沪科教版高中物理教科书中实验探究活动

章标题	实验探究
波和粒子	探究光电效应产生的条件 研究光电效应的规律
原子世界探秘	用洛仑兹力实验仪测定电子的比荷 观察原子光谱

虽然科学探究有一些基本的过程要素，但它没有僵化的规程，每一探究活动没有必要、也不可能按“提出问题—猜想与假设—制订计划与设计实验—进行实验与收集证据—分析与论证—评估—交流与合作”的模式进行。基于以上认识，该书从切实培养学生的科学素养出发，设计了多样的科学探究活动。如在“2.2 涅槃凤凰再飞翔”中，对光电效应产生的条件采取定性的实验探究方式，对光电效应的规律，则提供了现成的实验数据，让学生专注于“分析与论证”环节，对实验数据进行分析、处理，进而得出结论。在“3.1 电子的发现及其重大意义”中，拓展了洛仑兹力实验仪在中学物理教学中的应用范围，用它测定电子比荷，教科书只提出了指导性的建议，实验设计、收集数据和分析评估，由学生自主完成。

（2）关注科学方法的教育

科学方法和具体的科学概念、规律一样，都是人类认识自然和利用自然中积累的知识，不妨叫作程序性的知识。如果一个人在遇到未知的事物要去发现，遇到新的问题要去解决时，他能够有意识地按照科学探究的步骤去工作，对于复杂问题能够有意识地用科学的方法去处理，那么他就具备了一定的认识世界、解决问题的能力。物理课程改革中的一大课题就是把程序性知识明确地提出来，把程序性知识的学习放到与概念、规律的学习同等重要的地位。

该书在通过实验探究、分析论证、案例分析等活动，继续加强实验方法和数学方法学习的同时，注意以隐性渗透的方式，引导学生了解物理学家常用的类比方法、模型方法等。如德布罗意根据电子与光的对称类比，提出了电子也具有波的性质；把台球的碰撞和康普顿效应中光子和电子的碰撞的图片并列在一起，用类比的方法解释康普顿效应（如图 7–4）。

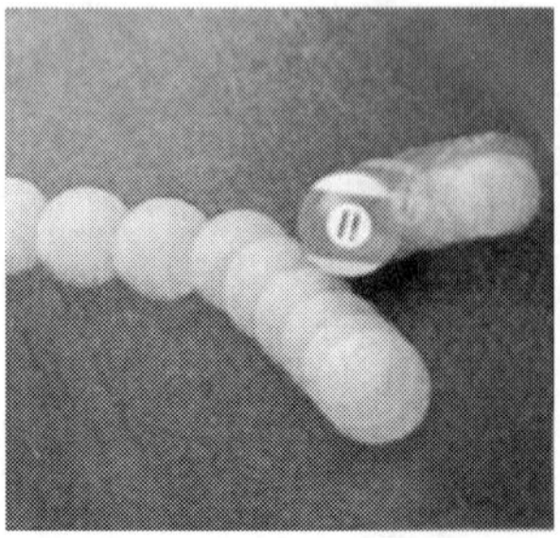

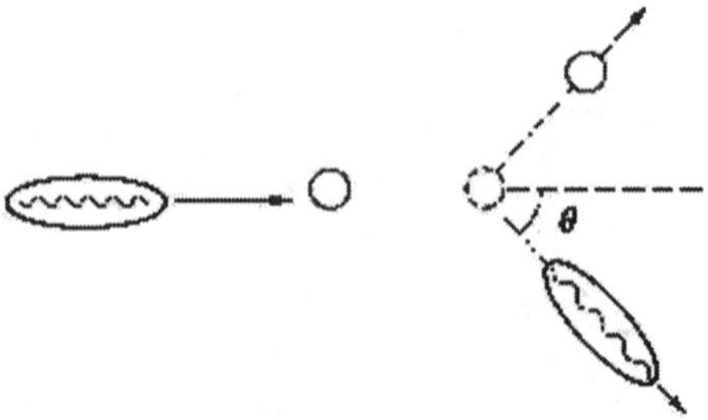

图 7–4 康普顿效应和台球碰撞的类比

在“原子世界探秘”一章中，以物理学家构建原子模型的历史为主线（如图 7–5），介绍他们根据新的实验证据，不断修正、完善原子模型的建构，并继续接受实验的检验，使学生从中进一步理解模型方法。

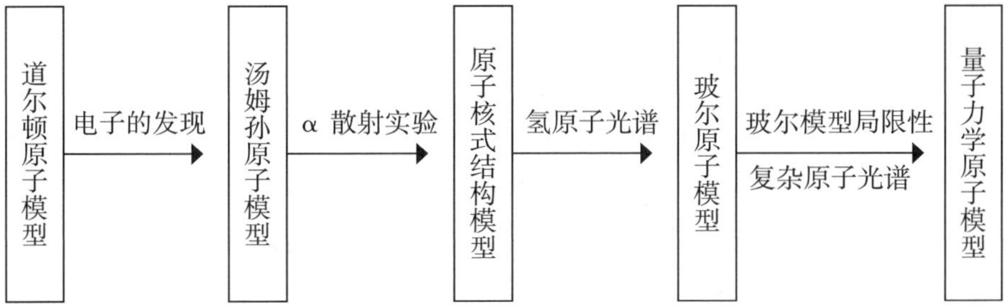

图 7–5　原子模型的演变

3. 情感、态度与价值观

（1）注意通过丰富的插图、生动的语言，激发学生的兴趣

根据本模块教学内容比较抽象的实际，该书在呈现教学内容时，注意精选图片，尽力为学生的学习提供形象化支持，如用放在台阶和斜面上的箱子来比喻经典物理学和量子论关于能量的观点（如图 7–6）。

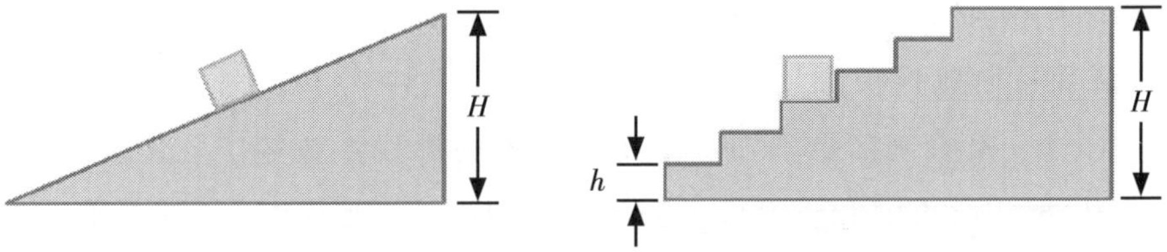

图 7–6　关于能量的两种观点

力求以生动、轻松的语言增强教科书的可读性，有利于克服学生的畏惧心理，如节标题“拨开黑体辐射的疑云”“涅槃凤凰再飞翔”富有人文气息。在介绍 G.P. 汤姆孙的电子衍射实验时，加了以下旁批：“有趣的是 G.P. 汤姆孙为 J.J. 汤姆孙之子，父亲对阴极射线的实验研究表明电子是粒子，儿子的电子衍射实验却表明电子也是波。”能让学生发出会心一笑。

（2）强调科学、技术、社会的互动关系

该书体现了“从生活走向物理，从物理走向社会”这一理念，尤为关注贴近生活，联系实际，渗透现代科技的内容，充分展示科学、技术、社会的互动关系。

过去的物理教科书就科学论科学，很少涉及科学的本质。该书以物理学的内容为载体，对学生进行科学的、技术的和人文的教育。使他们了解到科学技术在当代社会经济发展中已形成一种决定性因素，逐步领会“科学技术是第一生产力”的含义，了解滥用技术会对自然、人类生活和社会产生负面影响，逐步培养学生以科学的态度处理个人问题和参与社会事务决策的意识，初步懂得实施可持续发展战略是人类社会生存和发展的必由之路的道理。了解科学技术是一项重要的社会事业，每一个公民都应关心和积极参与，了解科学技术不仅推动了物质文明的进步，也促进了精神文明的建设与发展。这样处理的着眼点不在于学生能提出多少有实际价值的建议，而在于通过主动参与，使他们逐步树立从社会发展的角度考虑科学技术问题的意识，培养正确的科学伦理观和社会责任感，以这种方式把人文精神渗透到物理课程中。

（3）全面展示物理学家的风貌，激励学生投身科学事业

物理学发现是人类心智活动富有创造性的结晶，该书力图展示科学探索的真实过程，展现物理学家们勇于创新、实事求是的可贵品质，学生会为他们独特的思路、精湛的实验技巧而击节叫好，为他们与重大发现擦肩而过而扼腕叹息。

物理学家勇于接受求知世界奇异现象的挑战，毅然摆脱传统理论的束缚，根据实验事实和哲学思考创建新的理论，体现了大无畏的英雄气概，如普朗克提出能量子假说、爱因斯坦提出光子说、德布罗意提出物质波理论、玻尔把量子概念引入原子模型中等。在这一系列的科学发现与创造过程中，无不折射出科学家们的执着、求实、锲而不舍、敢于创新的科学精神和优秀品质。该书在呈现物理学家生动的探究过程中，注意多侧面反映他们的风采，如介绍了密立根对光子说的实事求是的科学态度，爱因斯坦、朗之万对年轻的德布罗意奇思妙想的宽容，布拉格的幽默等，也介绍了我国物理学家吴有训在康普顿效应发现中的重大贡献，以增强学生的民族自豪感。还介绍了普朗克对量子假设的矛盾心情、密立根对光子说的排斥态度，使科学家从神坛上走下，还其真人风貌，表明科学研究并非一帆风顺。

第四节　我国高中物理课程标准教科书中量子理论的课程难度定量分析

课程难度是衡量教科书质量的重要数据指标（杨承印，韩俊卿，2007）[1]，其模型由东北师范大学的史宁中、孔凡哲、李淑文（2005）构建，并已在数学、化学等教科书的定量分析上使用[2]。由于不同版本教科书的编制者对课程标准的理解不尽相同，各套教科书的课程难度会出现差异，具有可比性。本研究利用上述课程难度模型，仅从文本角度对4套高中课程标准教科书中量子理论部分进行定量分析、比较（仲扣庄，郭玉英，2010）[3]。

一、课程难度三要素的赋值

影响课程难度 N 的基本要素至少有3个：课程广度、课程时间和课程深度（史宁中，孔凡哲，李淑文，2005）。

课程广度 G 是指课程内容所涉及范围的广泛程度，本研究选择知识点的数量来量化。课程标准和各版本教科书中量子理论部分的知识点详见表7-3，据此课程标准、人教版、沪科教版、鲁科版、教科版的课程广度取值分别为15、21、20、19、22。

课程时间 T 指课程内容教学的完成所需要的时间，可用课时数来量化。根据各版本教科书的配套教师（教学）用书中提出的课时建议[4][5][6][7]，人教版、沪科教版、鲁科版、教科版的课程时间取值分别为

[1] 杨承印，韩俊卿. 义务教育新课标教科书课程难度定量分析［J］. 教育科学，2007，23(1)：32-35.

[2] 史宁中，孔凡哲，李淑文. 课程难度模型：我国义务教育几何课程难度的对比［J］. 东北师大学报（哲学社会科学版），2005（6）：151-155.

[3] 仲扣庄，郭玉英. 高中物理课程标准教科书内容难度定量分析——以“量子理论”为例［J］. 课程·教材·教法，2010，30（4）：67-71.

[4] 人民教育出版社，课程教材研究所，物理课程教材研究开发中心. 普通高中课程标准实验教科书　物理选修3-5教师教学用书［M］. 北京：人民教育出版社，2007：30，46.

[5] 束炳如，何润伟. 普通高中课程标准实验教科书　物理选修3-5教师用书［M］. 上海：上海科技教育出版社，2007：48，81.

[6] 中学物理教材编写组. 普通高中课程标准实验教科书　物理（选修3-5）教师用书［M］. 济南：山东科学技术出版社，2007：16，56.

[7] 陈熙谋，吴祖仁. 普通高中课程标准实验教材物理教师教学用书　选修3-5［M］. 北京：教育科学出版社，2008：17，58.

12、13、13、12。课程标准里没有规定各课程内容的课时数，而上述4套教科书已经由全国中小学教材审定委员会2005年初审通过，可以用它们的平均课时数作为课程标准的课程时间值，取为12.5。

课程深度 S 指课程内容所需要的思维等的深度，本研究根据课程标准中知识性目标、技能性目标和体验性目标的不同层次要求[1]，对课程内容的课程深度进行赋值、加权平均。课程标准对课程目标设置了不同的水平层次，并用具体的行为动词予以描述。知识性目标的水平层次为了解、理解和应用，课程深度分别赋值为1、2、3；由于高中物理中量子理论部分内容涉及微观世界的特殊性，学生实验数目较少，技能性目标的水平层次为独立操作，课程深度赋值为1；体验性目标的水平层次为经历、反应和领悟，课程深度分别赋值为1、2、3（如表7-10）。

表7-10　三维学习目标的课程深度赋值

类型	水平	各水平的含义	所用的行为动词	课程深度
知识性目标	了解	再认或回忆知识；识别、辨认事实或证据；举出例子；描述对象的基本特征	了解、知道、描述、说出、举例说明、列举、表述、识别、比较、简述、对比	1
	理解	把握内在逻辑联系；与已有知识建立联系；进行解释、推断、区分、扩展；提供证据；收集、整理信息等	阐述、解释、估计、理解、计算、说明、判断、分析、区分	2
	应用	在新的情境中使用抽象的概念、原则；进行总结、推广；建立不同情境下的合理联系等	评估、使用、验证、运用、掌握	3
技能性目标	独立操作	独立完成操作；进行调整或改进；尝试与已有技能建立联系等	测量、测定、操作、制作、设计	1
体验性目标	经历	从事相关活动，建立感性认识等	体验、感受	1
	反应	在经历基础上表达感受、态度和价值判断；做出相应反应等	体会、关注、注意、关心、乐于、敢于、勇于、发展、保持	2
	领悟	具有稳定态度、一致行为和个性化的价值观念等	形成、养成、具有、领略、思考	3

[1] 中华人民共和国教育部. 普通高中物理课程标准（实验）[S]. 北京：人民教育出版社，2003：6-7.

根据课程标准的内容标准、各版本教科书及其配套教师（教学）用书对各知识点学习要求的陈述，从上述三维学习目标角度对课程深度进行赋值，结果参见表7–11，表中各知识点后的数字分别对应三维目标的课程深度，高中量子理论部分的课程深度则用所有知识点的三维学习目标赋值的平均数来量化，课程标准的课程深度 S=（1×15+2×2）÷15=1.27，人教版的课程深度 S_1=（1×18+2×5）÷21=1.33，沪科教版的课程深度 S_2=（1×20+2×5）÷20=1.5，鲁科版的课程深度 S_3=（1×16+2×5）÷19=1.37，教科版的课程深度 S_4=（1×19+2×7）÷22=1.5。

表7–11　课程标准、各版本教科书中量子理论部分的知识点及其课程深度赋值

课程标准	人教版	沪科教版	鲁科版	教科版
电子的发现 1，0，0 α粒子散射实验 1，0，0 原子的核式结构模型 1，0，0 氢原子光谱分析 2，0，0 玻尔的原子模型 1，0，0 黑体辐射 1，0，0 微观世界中的量子化 1，0，2 光电效应 1，1，0 爱因斯坦的光电效应方程 1，0，0	阴极射线 1，0，0 电子的发现 2，0，0 α粒子散射实验 1，0，0 原子的核式结构模型 1，0，0 光谱 1，0，0 氢原子光谱 1，0，0 玻尔原子理论 1，0，0 玻尔理论对氢光谱的解释 2，0，0 玻尔模型的局限性（电子云） 1，0，0 黑体与黑体辐射 1，0，0 黑体辐射的实验规律 1，0，0	阴极射线 1，1，0 电子的发现 1，1，0 汤姆孙模型 1，0，0 α粒子散射实验 1，0，0 原子的核式结构模型 1，0，0 玻尔的原子模型 1，0，0 能级 原子光谱 2，0，0 玻尔理论的成就与局限（电子云） 1，0，0 发射光谱和吸收光谱 1，0，0 光谱分析 1，1，0 黑体辐射 1，0，0 普朗克假设 1，0，2 光电效应 1，1，0	物质结构的早期探究 1，0，2 电子的发现 1，0，0 汤姆孙原子模型 1，0，0 α粒子散射实验 1，0，0 卢瑟福原子模型 1，0，0 玻尔原子模型 1，0，0 氢原子的能级结构 2，0，0 氢原子光谱 1，0，0 玻尔理论对氢光谱的解释 1，0，0	阴极射线 1，1，0 电子的发现 1，0，0 电子电荷量的测定 1，0，0 汤姆孙原子模型 1，0，0 α粒子散射实验 1，0，0 原子的核式结构模型 1，0，0 光谱 1，0，0 光谱分析 1，1，0 氢原子光谱 2，0，0 玻尔的原子结构理论 1，0，0 玻尔理论对氢光谱的解释 2，0，0

续表

课程标准	人教版	沪科教版	鲁科版	教科版
康普顿效应 1，0，0 光的波粒二象性 1，0，0 概率波 1，0，0 物质波 1，0，0 电子云 1，0，0 不确定性关系 1，0，0	能量子 1，0，2 光电效应 1，0，0 爱因斯坦的光电效应方程 2，0，0 康普顿效应 1，0，0 光子的动量 1，0，0 光的波粒二象性 1，0，0 物质波 1，0，0 物质波的实验验证 1，0，0 概率波 1，0，0 不确定性关系 1，0，2	光子说 2，0，0 康普顿效应 1，0，0 光的波粒二象性 1，0，0 概率波 1，0，0 德布罗意波 2，0，0 物质波的实验验证 1，0，0 不确定关系 2，0，0	能量子 1，0，0 光电效应 1，1，0 光子说 2，0，0 光电效应的应用 1，0，0 康普顿效应 1，0，0 光的波粒二象性 1，0，0 德布罗意的假设 2，0，0 德布罗意假说的实验探索 1，0，0 不确定关系 2，0，0 电子云 1，0，0	黑体与黑体辐射 1，0，0 能量子 1，0，2 光电效应 1，0，0 光电效应方程 2，0，0 康普顿效应 1，0，0 光的波粒二象性 1，0，0 概率波 1，0，0 德布罗意的假说 2，0，0 电子波动性的实验证实 1，0，0 氢原子中的电子云 1，0，0 不确定关系 2，0，2

二、内容难度的比较

史宁中、孔凡哲、李淑文（2005）假定：我们所研究的课程内容，只要有足够的时间，绝大多数学生都是能够理解的。据此他们提出用可比深度 S/T 和可比广度 G/T 的加权平均来刻画课程难度，函数关系式为：$N=\alpha\frac{S}{T}+(1-\alpha)\frac{G}{T}$，其中 α 为加权系数，是一个经验性系数，反映课程对于课程深度或广度的侧重程度，并满足 $0<\alpha<1$，在一般讨论中可取 $\alpha=0.5$。考虑到：（1）按上述标准对课程广度和课程深度赋值时两者数值相差很大，在本研究中相差均在 10 倍以上（如表 7-6），在定量分析时 α 通常取为 0.5，导致课程深度主要由课程广度决定；（2）本研究旨在对各套教科书进行定量分析，它们均按课程标准的要求编制，可以课程标准为基准。因此用相对可比深度 X、相对可比广度 Y 和相对课程难度 N'

进行定量表征，函数关系式为：$N' = \alpha X + (1-\alpha) Y$[1]。

根据以上分析，可得到课程标准和各版本教科书的课程广度、课程时间、课程深度、可比深度、可比广度、相对可比深度和相对可比广度的数据，见表 7-12。

表7-12　课程标准、各版本教科书中量子理论部分的S、G、T、S/T、G/T值

样本	课程深度S	课程广度G	课程时间T	可比深度S/T	相对可比深度X	可比广度G/T	相对可比广度Y
课程标准	1.27	15	12.5	0.10	1.00	1.20	1.00
人教版	1.33	21	12	0.11	1.10	1.75	1.46
沪科教版	1.50	20	13	0.12	1.20	1.54	1.28
鲁科版	1.32	19	13	0.10	1.00	1.46	1.22
教科版	1.50	22	12	0.13	1.30	1.83	1.53

将表 7-12 中相关数据代入相对课程难度关系式，可得到各版本教科书的相对课程难度数据，见表 7-13。

表7-13　各版本教科书中量子理论部分的相对课程难度

样本	$N' = \alpha X + (1-\alpha) Y$	代入$0 < \alpha < 1$	取$\alpha = 0.5$时的N'值
人教版	$1.46-0.36\alpha$	$1.10 < N' < 1.46$	1.28
沪科教版	$1.28-0.08\alpha$	$1.20 < N' < 1.28$	1.24
鲁科版	$1.22-0.22\alpha$	$1.00 < N' < 1.22$	1.11
教科版	$1.53-0.23\alpha$	$1.30 < N' < 1.53$	1.42

三、小结

根据以上对比研究，以课程标准为参照，可以得到以下结论：

（1）在可比深度方面，人教版、沪科教版、教科版的学习目标要求高于课程标准，偏离程度分别为 10%、20%、30%，鲁科版的学习目标要求与课程标准一致。

（2）4 套教科书的知识点均多于课程标准，且课时数相近，在可比广度方面 4 套教科书均明显偏离课程标准。教科版的可比广度偏离课程标准最大，为 53%，原因在于其知识点范围广、课时数少。人教版、沪

[1] 史宁中，孔凡哲，李淑文．课程难度模型：我国义务教育几何课程难度的对比［J］．东北师范大学学报（哲学社会科学版），2005（6）：151-155.

科教版、鲁科版的可比广度偏离课程标准依次为46%、28%、22%。

（3）4套教科书的课程难度均高于课程标准（取 $\alpha = 0.5$），呈现如下顺序：教科版 > 人教版 > 沪科教版 > 鲁科版，教科版的课程难度偏离课程标准最大，为42%，鲁科版的课程难度偏离课程标准最小，为11%。

（4）课程标准中的学习要求是面向全体学生的基本要求，它比较弹性、宽泛，给教科书编写者留下了较大的空间[1]，教科书的学习要求可以高于课程标准。而且课程难度要受到课程深度、课程广度、课程时间的综合制约，在设计和编制教科书时，为控制好其课程难度，需要有效地协调好可比课程深度和可比课程广度的关系。在教科书的选用和处理方面，更应辩证、全面地考虑课程深度、课程广度、课程时间三者之间的关系（杨承印，韩俊卿，2007）。

[1] 教育部基础教育司，教育部师范教育司．物理课程标准研修［M］．北京：高等教育出版社，2004：41.

第五节　基于科学素养主题的中美高中物理教科书的定量分析

世界各国和地区均把科学素养的培养作为科学课程改革的基本理念，本研究在第二章提出：高中物理课程中量子理论内容在提升学生的科学素养方面有着独特的教育价值，教科书作为实现课程理念的课程内容载体，如何呈现科学素养的主题是值得探讨的问题。以下将从科学素养的视角，分析我国改革开放以来不同时期和美国有代表性的高中物理教科书，以定量研究的方法，探讨以下问题：

（1）各个版本的物理教科书中主要强调了科学素养中哪个主题？是否体现了平衡性？

（2）我国不同时期的教科书、中美新课程教科书在科学素养主题的呈现方面是否存在差异？

一、分析对象

分析对象是依据1985年、1987年和2000年颁布的高中物理教学大纲编写的教科书（统称传统教科书）、依据高中物理课程标准编写的5套教科书（统称新教科书）和美国的《物理：原理与问题》（*Physics: Principles & Problems*），以量子理论部分为样本，分析单元主要以教科书中的自然段进行划分，包含各个栏目、旁批等，而习题、教学目标、词汇表等则不在分析之列，分析样本的基本信息如表7-14所示。

表7-14　物理教科书样本信息

教科书	出版社	代码	出版年份	样本页数	分析单元数
物理（甲种本）第三册[1]	人民教育出版社	人教1	1985	38	99
物理（下册）[2]	人民教育出版社	人教2	1987	26	78

[1] 张同恂，方玉珍，马淑美. 高级中学课本（试用）物理（甲种本）第三册［M］. 北京：人民教育出版社，1985：268-309.

[2] 人民教育出版社物理室. 高级中学课本　物理（下册）［M］. 北京：人民教育出版社，1987：303-330.

续表

教科书	出版社	代码	出版年份	样本页数	分析单元数
物理（必修加选修）第三册[1]	人民教育出版社	人教3	2001	22	123
物理 选修3–5[2]	人民教育出版社	人教新	2007	37	214
物理 选修3–5[3]	上海科技教育出版社	沪科教	2007	38	156
物理 选修3–5[4]	山东科学技术出版社	鲁科版	2006	34	120
物理 选修3–5[5]	教育科学出版社	教科版	2006	35	156
物理 选修3–5[6]	广东教育出版社	粤教版	2005	33	142
Physics: Principles & Problems[7]	McGraw–Hill	美教科书	1999	48	158

二、分析维度

笔者根据对国内外有关科学素养的文献研究，以《普通高中物理课程标准（实验）》和《美国国家科学教育标准》中科学素养的基本内容为框架，参照 Chiappetta、Fillman、Sethna（2004）[8]和邓可、刘恩山（2005）[9]的研究成果，根据高中物理的学科特点，确定如表 7–15 中所列的静态分析维度，对上述教科书中的量子理论部分进行分析、评估。

[1] 人民教育出版社物理室．全日制普通高级中学教科书（试验修订本·必修加选修）物理 第三册［M］．北京：人民教育出版社，2001：37–64.

[2] 人民教育出版社，课程教材研究所，物理课程教材研究开发中心．普通高中课程标准实验教科书 物理选修3–5［M］．北京：人民教育出版社，2007：26–62.

[3] 束炳如，何润伟．普通高中课程标准实验教科书 物理选修3–5［M］．上海：上海科技教育出版社，2007：24–63.

[4] 中学物理教材编写组．普通高中课程标准实验教科书 物理（选修3–5）［M］．济南：山东科学技术出版社，2006：22–42，82–96.

[5] 陈熙谋，吴祖仁．普通高中课程标准实验教科书 物理（选修3–5）［M］．北京：教育科学出版社，2006：23–37，72–91.

[6] 广东基础教育课程资源研究开发中心物理教材编写组．普通高中课程标准实验教科书 物理选修3–5［M］．广州：广东教育出版社，2005：25–63.

[7] ZITZEWITZ P. Physics: Principles & problems［M］. Westerville: The McGraw–Hill Companies，1999：625–678.

[8] CHIAPPETTA E L， FILLMAN D A， SETHNA G H. Procedures for conducting content analysis of science textbooks［D］. Department of Curriculum and Instruction， University of Houston，2004.（Original work published in 1991）

[9] 邓可，刘恩山．中学生物学教科书中科学素养静态评估模型的初步研究［J］．教育科学研究，2005（7）：24–27.

承担分析工作的人员为：笔者（分析者 A）、1 位具有 10 年中学物理教龄的课程与教学论研究生（分析者 B）和 1 位具有 3 年中学物理教龄的教育硕士（分析者 C）。首先利用 Chiappetta 等研制的评估练习进行培训，3 人独立地分析教科书，对分析结果进行一致性评价，对存在异议的分析单元进行讨论、协商，以达成最终的结论。

表7-15 科学教科书的分析维度

主题	1 科学知识	2 科学的探究过程	3 科学家的发现及思维过程	4 科学、技术、社会关系
子主题	a.陈述事实、概念、原理和定律 b.陈述假设、理论和模型 c. 回忆知识或信息	a.运用材料回答问题 b.运用图表回答问题 c.进行计算 d.通过推理得出结论 e.参与实验或探究活动 f.通过因特网等获取信息 g.分析、解释数据	a.科学家的发现或实验过程 b.科学观念的历史演变 c.科学的实证性质和客观性 d.假设的运用 e.归纳和演绎推理 f.科学方法和问题解决的步骤	a.科学或技术在社会中的应用 b.科学或技术在社会中的负面作用 c.与科学或技术相关的社会问题 d.科学或技术领域中的职业 e.社会或文化对科学的影响

三、分析结果

1. 分析结果的一致性评价

内容分析的信度可用 2 个以上分析者对相同内容判断的一致性来评价，采用两分析者间一致值（Percent of Agreement）和库恩 Kappa（Cohen's Kappa）来表征。一致值越高，内容分析的信度越高。库恩 Kappa 考虑到了分析结果中的偶然因素，其计算式为：$K = (P_0 - P_c) / (1 - P_c)$，式中 P_0 为两分析者间一致值，P_c 为由于偶然因素使分析结果一致的百分比，本研究中科学素养的分析主题数为 4，故 P_c 为 0.25。Kappa 值低于 0.4 时，表明一致性程度较低；在 0.4 到 0.75 之间时，表明一致性程度较好；Kappa 值在 0.75 以上时，表明一致性程度很好（Chiappetta etc，2004）。如表 7-16 所示，本研究中 3 位分析者之间的一致值范围在 82.2%—97.0%，Kappa 值范围在 0.763—0.960，一致性程度很好，内容分析的信度较高。

表7-16 分析结果一致性比较

教科书	A/B		A/C		B/C	
	一致值/%	Kappa值	一致值/%	Kappa值	一致值/%	Kappa值
人教1	97.0	0.960	97.0	0.960	96.0	0.946
人教2	92.3	0.897	89.7	0.863	89.7	0.863
人教3	90.2	0.869	92.7	0.903	90.2	0.869
人教新	85.0	0.800	82.2	0.763	86.0	0.813
沪科教	90.4	0.872	85.3	0.803	84.6	0.795
鲁科版	83.3	0.778	87.5	0.833	87.5	0.833
教科版	88.5	0.846	87.2	0.829	84.0	0.786
粤教版	85.2	0.803	85.9	0.812	88.7	0.850
美教科书	91.7	0.889	92.9	0.906	89.7	0.863

2. 基于科学素养主题的定量分析

研究样本中科学主题的比重如表 7-17 所示。图 7-7 则比较了我国传统教科书、新教科书和美国教科书中量子理论部分的科学素养主题比重的关系。

表7-17 高中物理教科书量子理论部分中科学素养主题的比重

教科书	科学素养主题所占比例/%			
	1	2	3	4
人教1	68.7	0	19.2	12.1
人教2	71.8	5.1	12.8	10.3
人教3	74.0	6.5	13.0	6.5
传统教科书（平均）	71.5	3.9	15.0	9.6
人教新	61.2	8.4	26.6	3.8
沪科教	42.3	14.7	38.5	4.5
鲁科版	47.5	11.7	34.1	6.7
教科版	58.3	8.4	31.4	1.9
粤教版	54.2	24.0	21.1	0.7
新教科书（平均）	52.7	13.5	30.3	3.5
美教科书	51.9	11.4	24.0	12.7

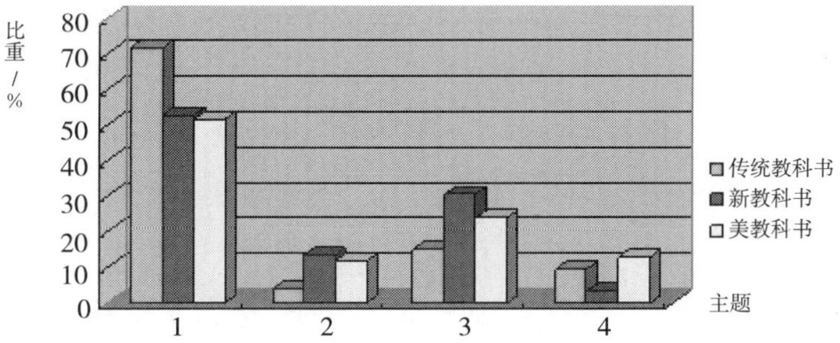

图 7-7　高中物理教科书量子理论部分中科学素养主题的比较

（1）主题 1：科学知识

关于高中物理教科书的量子理论部分，由图 7-7 可见，在我国，按物理教学大纲编写的传统教科书中科学知识主题平均占 71.5%，按高中物理课程标准编写的新教科书量子理论部分涉及波和粒子、原子，其中科学知识主题平均占 52.7%，所占比重有明显的变化，平均下降了 18.8%。所分析的美国高中物理教科书也根据《美国国家科学教育标准》的要求进行了修订，内容范围比我国教科书广泛，量子理论部分涉及波和粒子、原子和固态电子器件，其中用能带理论说明导体、绝缘体和半导体的特性是我国教科书所未涉及的，科学知识主题占 51.9%，与我国新教科书基本持平。

本研究中所分析的中美 9 本教科书中科学知识在 4 个科学素养主题中所占比例均为最大，最为强调科学知识主题的重要性。科学知识是科学素养培养的基础和载体，我国历来有强调基础知识和技能的传统，《高中物理课程标准（实验）》中提出：让学生“学习物理学的基础知识，了解物质结构、相互作用和运动的一些基本概念和规律，了解物理学的基本观点和思想”[1]。我国传统教科书中主题 1 的比重变化范围为 68.7%—74.0%，稳定在 70% 左右，过于强调知识的传授。根据课程标准编写的不同版本教科书中主题 1 的比重范围为 42.3%—61.2%，考虑到 4 个科学素养主题的平衡，相对传统教科书知识科学主题的比重有所降低，更多地体现了量子力学的统计观点，沪科教版和鲁科版的比重均在 50% 以下，

[1] 中华人民共和国教育部. 普通高中物理课程标准（实验）[S]. 北京：人民教育出版社，2003：8.

人教版和教科版的比重在 60% 左右，接近传统教科书的比重。

以下再从主题 1 的子主题视角，分析中美当前使用最广的人教版新教科书和《物理：原理与问题》中量子理论部分，人教版新教科书关于主题 1 的单元数为 131，关于子主题 1a“陈述事实、概念、原理和定律”的单元数为 123，占 93.9%；关于子主题 1b“陈述假设、理论和模型”的单元数为 8，占 6.1%。《物理：原理与问题》关于主题 1 的单元总数为 88，关于子主题 1a 的单元数为 81，占 92.0%，与人教版新教科书非常接近，这部分内容是两者科学知识主题的主体；关于子主题 1b 的单元数为 4，占 4.5%；关于子主题 1c“回忆知识或信息”的单元数为 3，占 3.4%，这部分内容注意到了前后知识的联系，人教版新教科书则没有涉及这一子主题。

（2）主题 2：科学的探究过程

我国传统教科书主要着眼于教师的教，关于主题 2 的比重范围为 0—6.5%，平均占 3.9%，是 4 个主题中最低的。2001 年颁布的《基础教育课程改革纲要》提出：“改变课程实施过于强调接受学习、死记硬背、机械训练的现状，倡导学生主动参与、乐于探究、勤于动手，培养学生搜集和处理信息的能力、获取新知识的能力、分析和解决问题的能力以及交流与合作的能力。”[1]“科学探究及物理实验能力要求”是在我国历史上首次列入内容标准，得到前所未有的重视，反映在按高中物理课程标准编写的新教科书中，科学的探究过程主题的比重范围为 8.4%—24.0%，平均占 13.5%，所占比重有明显的提升，粤教版则高达 24.0%，体现了学生的学习主体性地位，这一主题的内容主要集中于让学生参与实验或探究活动、运用材料和图表回答问题等方面。

“作为探究的科学”（Science as Inquiry）是《美国国家科学教育标准》中“科学内容标准”中的重要一项，《物理：原理与问题》关于主题 2 的比重为 11.4%，略低于我国新教科书的平均比重。

再以人教版新教科书和《物理：原理与问题》为例，从主题 2 的子主题角度进行分析（如图 7-8），两者关于主题 2 的单元数恰好均为 18，

[1] 中华人民共和国教育部. 基础教育课程改革纲要（试行）[N]. 中国教育报，2001-7-27（2）.

人教版新教科书关于子主题 2a“运用材料、图表回答问题”的单元数为 12，占 66.7%，关于子主题 2d“通过推理得出结论”的单元数为 4，占 22.2%；关于子主题 2c“进行计算”和 2e“参与实验或探究活动”的单元数均为 1，各占 5.6%。该教科书的量子理论部分只安排了 1 项关于光电效应的动手实验活动，科学探究活动偏重理论探究。《物理：原理与问题》关于子主题 2a 和 2b（“运用材料、图表回答问题”）的单元数为 7，占 38.9%；关于子主题 2g“分析、解释数据”的单元数为 2，占 11.1%；关于主题 2e“参与实验或探究活动”的单元数为 9，占 50%。尽管量子理论部分理论性强，远离学生的生活体验，但该教科书还是安排了 7 个随堂的“袖珍实验”（Pocket lab）和 3 个较完整的“物理实验”（Physics lab），实验形式灵活多样，其中有 2 个“物理实验”为模拟实验，演示光电效应和原子的核式结构，用类比的方法促进学生对光电效应方程和原子中物质分布的理解。

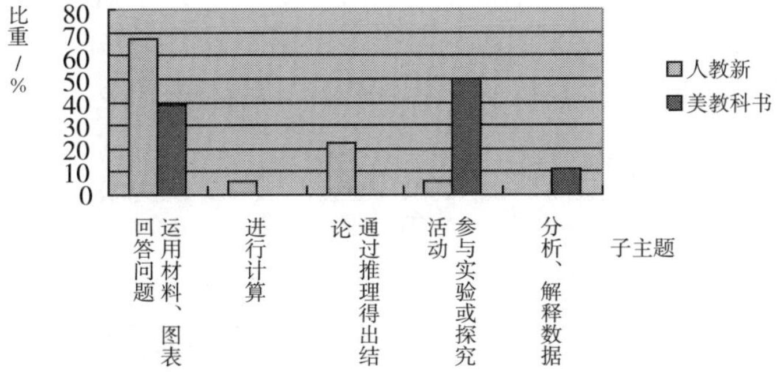

图 7-8　中美高中物理教科书量子理论部分中主题 2 的比较

（3）主题 3：科学家的发现及思维过程

量子力学的创建和发展时期英雄辈出，物理学大师激动人心的探索过程生动展示了科学的本质。在所分析的 9 本教科书中，主题 3 的比重无一例外地仅次于主题 1。我国传统教科书关于主题 3 的比重范围为 13.0%—19.2%，平均占 15.0%，重点着力于展现物理学家的发现和实验过程。《高中物理课程标准（实验）》在选修 3-5 的引言中指出：“历史上，对于电磁波、原子结构的认识，典型地展示了人类认识自然规律的科学方法；而对于微观粒子的波粒二象性的认识，则表现了人类直接经验的局限性。”[1]新教科书较好地体现了这一意图，关于主题 3 的比重范围为 21.1%—38.5%，平均占 30.3%，所占比重提升了 1 倍。美国科学促进协会（2001）在《面向全体美国人的科学》中，提出把科学史引入科学课程有两个原因：（1）假如离开了具体事例，对科学事业的发展所做的概括则会很空泛；（2）科学发展史上的某些阶段具有超越时代的意义[2]。《美国国家科学教育标准》则把“科学的历史与本质”同“作为探究的科学”等并列，重视程度可见一斑，《物理：原理与问题》关于主题 3 的比重为 24.0%，略低于我国的新教科书。

从主题 3 的子主题角度分析人教版新教科书和美国教科书，它们涉及了相同的 3 个子主题。人教版新教科书中关于主题 3 的单元数为 57，绝大多数单元涉及的是科学史，关于子主题 3a“科学家的发现或实验过程”的单元数为 35，占 61.4%；关于子主题 3b“科学观念的历史演变”的单元数为 21，占 36.8%；关于子主题 3e“归纳和演绎推理”的单元数为 1，占 1.8%。《物理：原理与问题》中关于子主题 3a 的单元数为 13，占 39.4%；关于子主题 3b 的单元数为 8，占 24.2%；关于子主题 3e 的单元数为 12，占 36.4%，表明其在关注科学史的同时，对物理学家的思维过程也做了较多的展示。

（4）主题 4：科学、技术、社会关系

把科学、技术、社会（STS）的教育引入科学教育中是现代科技迅猛发展、社会急剧变革和学科间交叉蓬勃兴起的必然要求。我国传统教科书中量子理论部分关于主题 2 的比重范围为 6.5%—12.1%，平均占 9.6%，物理甲种本中 STS 的比重是所分析的改革开放后教科书中最高的。我国新教科书中关于主题 2 的比重范围为 0.7%—6.7%，平均占 3.8%，令人深思的是这一数值明显低于传统教科书，其中粤教版中只有 1 个单元涉及 STS 主题。《物理：原理与问题》关于主题 4 的比重为 12.7%，高于所分析的我国全部教科书。在我国新教科书和美国教科书中，这一主题所占比重最低。

[1] 中华人民共和国教育部. 普通高中物理课程标准（实验）[S]. 北京：人民教育出版社，2003：44.

[2] 美国科学促进协会. 面向全体美国人的科学 [M]. 中国科学技术协会，译. 北京：科学普及出版社，2001：123.

从主题 4 的子主题角度分析我国新教科书和美国教科书，前者 5 个版本的教科书无一例外地全部是关于 4a “科学或技术在社会中的应用”，人教版新教科书关于 4a 的单元数为 35。《物理：原理与问题》中关于子主题 4a 的单元数为 15，占 78.9%；关于子主题 4d “科学或技术领域中的职业” 的单元数为 4，占 21.1%，其中有 1 个单元在正文，谈及在工业部门供职的光谱分析师，其他 3 个单元出现在 “招聘”（Help Wanted）栏目，以用人单位的招聘广告的形式呈现，招聘粒子物理学家、激光工程师和系统分析师，用招聘条件的方式展示与科学或技术相关的职业。

（5）教科书中关于科学素养 4 个主题的均衡性

加拿大学者 Roberts 提出科学素养具有实质性的内容，包含学科知识（科学含义）以及学科知识所隐含的有关科学的个人、社会和文化意义（伴随含义）[1]。魏冰（2004）提出化学教科书的伴随含义应包括以下内容：日常应用、化学与社会、化学与技术、化学史和科学探究[2]。科学素养的科学含义与上述的主题 1 相关，伴随含义则涵盖了主题 2 到主题 4，科学素养作为各国科学教育的课程目标，强调多方面的协调和均衡发展，关于科学素养主题间的均衡性，笔者认为并非要求 4 个主题的比重平均为 25%，科学知识主题的比重应比其他主题高一些。

由图 7–9 可见，在高中量子理论部分，我国的传统教科书根据当时强调 “双基” 的要求，主题 1 “科学知识” 的比重偏高，而关于主题 2 “科学的探究过程” 的比重最低，在科学素养 4 个主题的均衡性上差强人意。《高中物理课程标准（实验）》提出从知识与技能、过程与方法、情感态度与价值观三个维度提高学生的科学素养，在新课程教科书的编制中有较好的体现，相比传统教科书，主题 1 的比重明显降低，主题 2、3 的比重明显提高，有关科学素养主题的均衡性有所提高，但有关 STS 的比重反而不及传统教科书，值得我们关注。

如图 7–9 所示，比较中美新课程高中物理教科书量子理论部分，美国的《物理：原理与问题》在科学素养主题的均衡性上表现最好，4 个主

[1] 魏冰. 科学素养教育的理念与实践——理科课程发展研究 [M]. 广州：广东高等教育出版社，2006：69.

[2] 魏冰. 化学教材中的 “伴随含义” [J]. 化学教学，2004（12）：4–6.

题的比重依次为51.9%、11.4%、24.0%和12.7%，有关STS主题的比重远高于我国同时期教科书。在我国新课程高中物理教科书中，鲁科版和沪科教版在科学素养主题的均衡性上处理得较好。

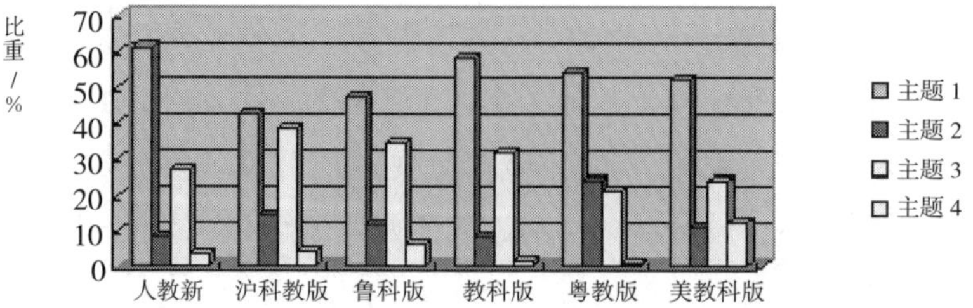

图7-9 中美新课程高中物理教科书量子理论部分中科学素养主题的比较

四、小结与讨论

以上从不同时期和中美比较两个方面，基于科学素养的主题，定量分析、比较高中物理教科书中量子理论部分内容，我国新课程教科书相对传统教科书在科学素养主题内涵及所占比重方面，发生了积极的变化，主要表现在更加关注学生的主动探究和科学史教育，但科学、技术、社会关系主题内容较少、范围较窄，绝大多数为展示科学或技术在社会中的应用。国外教科书的做法值得我们借鉴，如《物理：原理与问题》以“招聘”栏目介绍科学或技术领域中的职业，1997年澳大利亚出版的 *Jacaranda Physics 1* 在涉及STS主题的分析单元中，有56%的内容涉及科学或技术在社会中的应用，说明科学或技术在社会中的负面作用、介绍科学或技术领域中的职业占16%，12%的内容为讨论与科学或技术相关的社会问题[1]。

[1] WILKINSON J. A quantitative analysis of physics textbooks for scientific literacy themes [J]. Research in Science Education, 1999, 29 (3): 385-399.

第八章　研究总结与建议

本章对研究进行总结，并对高中物理中量子理论课程的建设尝试提出建议。

第一节 研究结论

本研究采用理论研究和实证研究相结合的方法，对有关高中物理中量子理论的课程问题进行了探究，总结和讨论如下：

（1）高中物理课程中量子理论内容对提高学生的科学素养、促进其全面发展有着独特的作用。

通过文献研究和专家访谈，明确高中物理中量子理论的教育价值。量子理论是现代科学技术的基础，深深影响着现代物理学和其他自然科学分支的发展，通过对高中物理中的量子理论的学习，可为高中生将来的学习和生活打下良好的基础；量子理论中蕴含丰富的科学方法教育内容，物理学家在构建量子力学的过程中，充分展示了其高超的哲学素养、创新思维能力和实事求是的科学态度，在高中阶段初步学习量子理论内容，将使学生体会其中的科学方法，受到科学哲学思想的启迪，感受科学的和谐美；量子理论中蕴含丰富的科学本质教育内容，物理学家在此领域中的探索体现了科学本质及探究的特点，是对高中生进行科学本质教育的良好素材。

（2）我国高中生在学习量子理论课程内容之前，所持关于原子、电子、光等的观念与历史上一些物理学家的观念存在着相似之处。大多高中生习惯于用经典物理学的观点解释微观现象，选择物化组合的高中生对原子的认知显著好于选择物生组合的高中生，他们更认同电子云的原子结构模型和核外电子分布的概率性描述。高中生通过数学的学习，对概率与统计的概念有一定的认识，为学习量子理论的统计性观念打下良好的基础。研究表明高中生对原子结构和统计性观念有较高的接受度。

（3）随着时代的发展，我国高中物理课程中量子理论在深、广度的变化上尽管存在反复，但总的趋势是内容增多，要求变高，逐步体现了课程现代化的要求。

分析我国从中华民国到20世纪末的教学大纲（课程标准）和教科书，探究我国高中物理中量子理论的课程发展历程，研究表明：我国从中华民国开始，在高中物理课程中引入量子理论，主要是早期量子论的内容，从20世纪80年代开始量子力学的统计性观点逐步进入高中物理课程。

（4）境外高中物理课程建设给我国提供了可供借鉴的经验。如美国、日本、加拿大、澳大利亚、芬兰等国的课程文件均从整体上设计高中科学课程，关注高中物理课程与数学、化学等课程的关联性。《安大略省科学课程标准》从培养学生的科学素养的三个维度进行了规定，可操作性强。美国高中物理教科书《物理：原理与问题》关注科学探究和STS的做法值得我们学习，该书安排的实验形式多样，有“演示实验”“袖珍实验”“物理实验”，特别是通过模拟实验建立形象、直观的模型，帮助学生理解微观现象；利用“物理学与社会”“它是如何工作的”“物理学与技术”“与各门学科的联系”“招聘”等栏目展示物理学与社会、技术、其他学科的联系。

（5）我国高中物理课程标准教科书量子理论部分课程内容的广度、深度和难度各不相同，其课程难度高于课程标准，并呈现如下顺序：教科版 > 人教版 > 沪科教版 > 鲁科版，反映课程标准中规定的内容和要求比较弹性、宽泛，为教科书编制者留下了发挥的空间。

（6）我国新课程教科书相对传统教科书在科学素养主题内涵及所占比重方面发生了积极的变化。

笔者从不同时期和中美比较两个视角，基于科学素养的主题，定量分析、比较高中物理教科书中量子理论部分内容，我国新课程教科书相对传统教科书在科学素养主题内涵及所占比重方面，发生了积极的变化，主要表现在更加关注学生的主动探究和科学史教育，但科学、技术、社会关系主题内容较少、范围较窄，绝大多数为展示科学或技术在社会中的应用。美国的《物理：原理与问题》在科学素养主题的均衡性上表现比我国教科书要好，有关科学、技术、社会主题的比重远高于我国教科书。

第二节 关于高中物理中量子理论课程建设的建议

一、关于高中物理课程标准修订的建议

（1）高中科学课程是一个连续体，需要统筹规划、整体构建，目前发达国家的科学课程大多采用从幼儿园到高中统一规划的方式，如美国的《国家科学教育标准》，本文第六章中分析的日本、芬兰等国以及美国密歇根州、加拿大安大略省、澳大利亚维多利亚州的课程文件均从整体上设计高中科学课程，美国密歇根州、加拿大安大略省还把波和粒子、原子结构的内容分别安排在高中物理和化学课程中。我国上海市研制的课程标准尽管采用了分科的形式，但其中给出了“上海市中小学自然科学学习领域课程指导纲要”[1]，对从小学到高中的科学课程进行了总体规划。

从我国的课程发展的历史和现实情况来看，科学课程的课程标准或教学大纲长期采用分科的形式（郭玉英，2002）[2]，建议由教育部课程主管部门协调、各学科专家鼎力合作，提出科学学习领域的课程框架。规定高中物理中量子理论部分内容时应关注其与数学及其他自然学科的联系，统筹安排课程内容，如关于原子结构，在化学课程中重点放在原子模型的描述，在物理课程中则应侧重根据实验现象建构模型。

（2）为提升全体高中生的科学素养，针对文科选向的学生，可把量子理论的介绍安排在物理 1、物理 2，主要为量子理论观念的定性介绍。我国台湾省的做法可供参考，由经典物理学的局限引入近代物理学，从能量连续性到能量量子化，从测量的精确性到不确定性，从宏观世界运动规律的决定性到量子力学的统计性观念。

针对技术选向的学生，可把量子理论的介绍安排在物理 2-3，主要为量子理论的观念的定性介绍和在技术上应用，由于选修物理 2 系列的学生极少[3]，在此不作深入探讨。

[1] 上海市教育委员会. 上海市中学物理课程标准（试行稿）[M]. 上海：上海教育出版社，2004：26-60.

[2] 郭玉英. 从传统到现代：综合科学课程的发展 [M]. 北京：北京师范大学出版社，2002：125.

[3] 刘炳昇，吴伟. 高中物理课程标准“模块结构”实施情况的调查及思考 [J]. 物理教学，2009（12）：10-12.

（3）在我国现行的高中物理课程标准的内容标准部分，选修 3–5 以三级主题的形式，从知识与技能、过程与方法、情感态度与价值观三个维度对量子理论提出的要求，相比本文第六章中分析的境外高中物理课程文件，内容较广、要求较高，特别是关注用统计的观点说明微观现象。但“了解人类探索原子结构的历史以及有关经典实验”“通过典型事例了解人类直接经验的局限性，体会人类对世界的探究是不断深入的”等三级主题比较宽泛，可操作性较弱。

笔者就高中物理中量子理论的内容对有关专家进行了访谈，专家对高中物理中量子理论内容的建议情况如表 8–1 所示。

表8–1　专家关于高中物理中量子理论内容的建议

概念和观念	刘炳昇	管靖	申先甲	何润伟	肖振军	平加伦
黑体辐射	√					√
能量量子化	√			√		
光电效应	√			√	√	√
光子说	√			√	√	
康普顿效应	√			√		√
光的波粒二象性	√	√	√	√	√	√
德布罗意假设	√			√		√
电子的波粒二象性	√	√	√	√	√	√
概率波	√			√	√	
玻尔原子模型	√	√	√	√	√	√
原子的电子云模型	√	√		√	√	
原子光谱	√				√	√
不确定关系	√	√	√	√	√	√
互补原理			√			

刘炳昇、何润伟等学科教学专家比较认同现行的课程标准，前者提出：“黑体辐射、康普顿效应、光子说、物质波、概率波、玻尔模型、原子光谱、不确定关系等要了解，能量量子化、光电效应、电子的波粒二象性、电子云模型等要求高些，要理解。对于量子力学的基本观念更多的是了解层面，理解较困难。”

管靖教授比较关注波粒二象性的概念，指出：“波粒二象性是物理学的重要概念。大学量子力学不讲光，光子很复杂。但会从光入手，而讲光的波粒二象性还是要从历史引入。讲光能讲到什么程度就讲到什么程度，我们不用完全了解，不是不能研究，是只能了解这么多。讲氢原子就要讲电子云的概念。氢原子内部很复杂，对于不是物理系的学生，讲一下能级、角动量就行了。不确定关系也需引入，但要求不能太高，以现在的水平就知道这么多，不全知道也没关系。在欧洲，因为他们没有高考，量子力学中波函数、态叠加原理也讲一讲。在英国、德国有高四，知识积累就不一样，而且学时也不一样，他们有 80 学时。我们知道量子力学的发展就行了，知道波粒二象性的重要性，其他几乎可以不要求。”

申先甲教授在关注波粒二象性概念的同时，还关注哥本哈根学派的观点，指出："一个是对量子力学体系本身要有很好的提炼，另一个就是要考虑中学物理教学的可接受性和学生的物理基础。一些基本内容应该要有，如量子态、波粒二象性、不确定关系、互补原理。”

肖振军、平加伦两位理论物理学教授从高中物理与大学物理课程相衔接的视角，对确定高中物理中量子理论内容提出了建议，前者指出："波粒二象性是关于光和实物粒子的。除了波粒二象性，还有几（概）率的概念。在中学也讲氢原子、氢光谱，关于电子在氢原子内部的空间分布，有关基态半径、玻尔半径等，当然不可能很详细。要求知道电子在核外的分布是几（概）率分布，不存在经典意义上的轨道。光电效应的要求为了解，光电效应最关键的是光的粒子性，用粒子性就可以解释：入射光子打在金属板上，光子的能量传递给板中材料的电子，电子就会逸出。不确定关系要了解。”后者则关注量子力学发展史上的重要实验，提出："首先几个相关的实验是要涉及的，即几个关于粒子和波的问题，像光的波动性和粒子性、黑体辐射、光电效应、康普顿效应。实物粒子方面有电子的衍射实验、戴维孙－革末实验等。还有就是在讲光谱的时候，涉及玻尔的原子理论、氢原子光谱的问题。（量子力学的）概念是比较难的，像德布罗意关系没有问题，波函数我估计就比较难了。不确定性关系是可以讲的，因为这个好讲，学生容易接受。有了光的单缝衍射现象为前提，学生就好理解了，就是用单缝衍射来说话。要测量一个粒子在 y 方向的位置，因为微观粒子是看不到的，所以只好用一个单缝去卡它，想（使位置的测量）精确一点，那就使缝宽小一点，如果后面放一个屏，最后的结果是衍射图样。如果粒子要跑到离开中心位置的上面的地方去，那么在那里也出现电子，因为电子通过缝以后没有相互作用，过来的时候在 y 方向是没有动量的，后来动量变了。这样有实验，用实验来说话，从概念上来讲就不需要要求那么高了。”

南京师大的刘红教授则强调量子力学发展史的教育功能：“我个人觉得不应只注重知识的传授，而是应该强调在量子力学创立的过程中，有那么多年轻的富有创新精神的人们，他们是如何打破常规观念建立这种崭新的学科领域的。能够详细地讲解这段历史和人们思维的变化，以及近年来对量子力学的发展以及在现在科技各方面的应用，等等。这段历史中，获诺贝尔奖的人物众多，且很年轻，相关故事极为丰富，极有启发意义。我认为不要把它变成知识的传授，那样只会增加孩子们的负担，使他们不喜欢物理，觉得太复杂枯燥，而是要强调在创立的过程那些令人振奋的结论和令人敬佩的勇气与创新精神，这才是最重要的。”

笔者综合以上专家的建议，结合第四章影响高中物理中量子理论内容的因素分析和第六章对境外高中物理课程文件的分析，特别是借鉴了美、加、澳等课程文件中对学生学习结果的叙述方式，提出如表 8-2 所示的课程标准修改建议，如关于“原子结构”二级主题，对由实验上的新发现到原子模型的建构提出了具体的要求。目前我国高中物理课程实行的是模块化结构，对各模块的联系关注不够，人为地割裂了物理学各分支间的联系，笔者就社会对物理学知识的需求进行了调研，报刊中涉及激光的内容较多，现课程标准在物理 3-4 中说明了激光的特性，建议在物理 3-5 中增加激光的产生机理及其应用内容，以增进学生对激光的了解。

表8-2　高中物理3-5课程标准修改建议

结果目标　学习三维 二级主题	知识与技能	过程与方法	情感态度与价值观
波和粒子	了解能量量子化的观念。		体会量子论的建立深化了人们对于微观世界的认识。
	知道光电效应现象。知道爱因斯坦的光子说，知道爱因斯坦光电效应方程及其意义。 了解康普顿效应。	通过实验探究光电效应产生的条件。	通过光电效应方程的学习，体会物理学理论具有解释和预言功能。 学习物理学家尊重事实、敢于抛弃旧理论的科学态度和创新精神。

续表

学习三维 / 结果目标 / 二级主题	知识与技能	过程与方法	情感态度与价值观
波和粒子	知道光具有波粒二象性。知道光是一种概率波。 了解德布罗意波，知道物质波的公式。 知道实物粒子具有波粒二象性。 了解不确定关系。	了解德布罗意提出物质波理论时所运用的对称类比方法。	学会用概率的观念说明光和粒子的行为。 体会人类对物质世界的认识是不断深入的。
原子结构	了解电子发现的历史和汤姆孙模型。 了解α粒子散射实验和卢瑟福模型。 了解原子光谱的特点和玻尔理论。 了解氢原子的能级结构。 知道原子的电子云模型。 了解激光的产生机理。	了解人类探索原子结构的历程。 了解物理学家对根据实验事实提出假设、构建模型的方法。	体会科学知识兼具暂定性和持久性的特征。 了解激光在科研和日常生活中的应用。
	了解原子光谱的分类。 了解光谱分析以及在科学技术中的应用。	使用分光镜等观察原子光谱。	通过光谱分析在认识自然和技术中应用的实例，体会物理、技术、社会的互动关系。

二、关于高中物理教科书修订的建议

（1）教科书的组织要考虑学科知识的逻辑体系，也要考虑学生的学习心理特点和心理发展特点。如在呈现普朗克能量子假说的内容时，国内外多套教科书（如人教版、沪科教版、教科版和美国的《物理：原理与问题》）根据物理学科发展的逻辑，比较完整地展现了黑体辐射及其实验规律、普朗克的研究过程，但其中涉及电磁辐射、统计物理学原理，对学生的学习造成一定困难，建议弱化对黑体辐射及其实验规律的介绍，重点放在能量不连续的观点及其意义上。

（2）进一步加强实验和科学探究，为学生的学习提供实验和形象化的支撑。可根据中学现有条件安排实验内容，如研究阴极射线的性质、探究光电效应的产生条件、观察原子的光谱等，还可借鉴美国教科书《物理：原理与问题》的做法，采用模拟实验的方法，以利于学生对量子理论的理解，提高实验动手的能力和理论思维能力。

（3）加强 STS 的内容。量子理论与高科技联系紧密，并已渗透到我们生活中，建议选取典型案例，如激光、LED 等，使学生体会到物理学就在我们身边。

参考文献

中文部分

[1] 爱因斯坦. 爱因斯坦文集（第一卷）[M]. 许良英，范岱年，编译. 北京：商务印书馆，1976.

[2] 爱因斯坦. 爱因斯坦文集（第二卷）[M]. 范岱年，赵中立，许良英，编译. 北京：商务印书馆，1977.

[3] 奥苏伯尔，等. 教育心理学：认知观点 [M]. 佘星南，宋钧，译. 北京：人民教育出版社，1994.

[4] 齐策维茨. 物理：原理与问题（第 3 册）[M]. 仲新元，译. 上海：上海科学技术出版社，2005.

[5] BLACK，DAVIS. 最新实用物理学 [M]. 陈岳生，译. 上海：商务印书馆，1935.

[6] 本多光太郎，田中三四郎. 新式物理学教科书 [M]. 王季点，译. 上海：商务印书馆，1917.

[7] 玻恩. 我这一代的物理学 [M]. 侯德彭，蒋贻安，译. 北京：商务印书馆，1964.

[8] 玻尔. 尼耳斯·玻尔哲学文选 [M]. 戈革，译. 北京：商务印书馆，1999.

[9] 曹磊，谭树杰. 各国物理教学改革剖析 [M]. 上海：上海教育出版社，1996.

[10] 陈榥. 实用教科书物理学 [M]. 上海：商务印书馆，1918.

[11] 陈熙谋，吴祖仁. 普通高中课程标准实验教科书　物理（必修 2）[M]. 北京：教育科学出版社，2006.

[12] 陈熙谋，吴祖仁. 普通高中课程标准实验教科书　物理（选修 3-5）[M]. 北京：教育科学出版社，2006.

[13] 陈向明. 质的研究方法与社会科学研究 [M]. 北京：教育科学出版社，2000.

[14] 丛立新. 课程论问题 [M]. 北京：教育科学出版社，2000.

[15] 达夫. 汉译达夫物理学 [M]. 佟韶华，译. 北平：戊辰学社，1936.

[16] 邓可，刘恩山. 中学生物学教科书中科学素养静态评估模型的初步研究 [J]. 教育科学研究，2005（7）：24-27.

[17] 傅溥. 高中物理学 [M]. 上海：世界书局，1937.

[18] 戈革. 尼耳斯·玻尔 [M]. 上海：上海人民出版社，1985.

[19] 关洪. 量子力学基础 [M]. 北京：高等教育出版社，1999.

[20] 广东基础教育课程资源研究开发中心物理教材编写组. 普通高中课程标准实验教科书　物理必修 2 [M]. 广州：广东教育出版社，2005.

[21] 广东基础教育课程资源研究开发中心物理教材编写组. 普通高中课程标准实验教科书　物理选修 3-5 [M]. 广州：广东教育出版社，2005.

[22] 顾海根. 心理与教育测量 [M]. 北京：北京大学出版社，2008.

[23] 郭玉英. 从传统到现代：综合科学课程的发展 [M]. 北京：北京师范大学出版社，2002.

[24] 郭玉英. 物理比较教育 [M]. 南宁：广西教育出版社，2006.

[25] [美] 国家研究理事会. 美国国家科学教育标准 [M]. 戢守志，金庆和，等译. 北京：科学技术文献出版社，1999.

[26] 何征宇. 基于新课标的高中物理教学内容现代化初探 [D]. 南京：南京师范大学，2004.

[27] 何征宇. 中美教材中现代物理知识的比较研究 [J]. 中学物理教学参考，2003（12）:53-55.

[28] 胡卫平，孙桂莲，刘建伟. 物理课程与教学论研究 [M]. 北京：高等教育出版社，2007.

[29] 黄惠芬，熊钰庆. 量子力学教学与科学素质的培养 [J]. 国际物理教育通讯，1998（21）：31-35.

[30] 黄嘉棋，类维平. 中日高中物理课程标准比较 [J]. 中学物理，2011，29（4）:21-22.

[31] 黄际遇. 中华中学物理学教科书 [M]. 上海：中华书局，1915.

[32] 江苏省中学教材编写组. 江苏省中学试用课本　物理　高中第四册 [M]. 南京：江苏人民出版社，1973.

[33] 教育总署编审会. 高中物理 [M]. 北平 : 教育总署编审会, 1941.

[34] 金尚年. 量子力学的物理基础和哲学背景 [M]. 上海 : 复旦大学出版社, 2007.

[35] 课程教材研究所. 20 世纪中国中小学课程标准 · 教学大纲汇编　物理卷 [M]. 北京 : 人民教育出版社, 2001.

[36] 课程教材研究所, 物理课程教材研究开发中心. 我们的探索 [M]. 北京 : 人民教育出版社, 2005.

[37] 孔凡哲, 史宁中. 现行教科书课程难度的静态定量对比分析 [J]. 教育科学, 2006, 22 (3) : 40–43.

[38] 李醒民, 宋德生, 王身立. 科学发现集 [M]. 长沙 : 湖南科学技术出版社, 1998.

[39] 梁绍荣, 管靖. 基础物理学 (下册) [M]. 北京 : 高等教育出版社, 2002.

[40] 梁志国, 郭玉英. 从报刊看我国公众对近现代物理知识的需求 [J]. 学科教育, 2002 (11) : 31–34.

[41] 连坤德,陈忠志,吴永和,等. 高级中学物理 (下) (三年级下学期用书) [M] . 台南 : 翰林出版事业股份有限公司, 2007.

[42] 廖哲勋, 田慧生. 课程新论 [M]. 北京 : 教育科学出版社, 2003.

[43] 林明瑞. 高级中学物理下册 (三年级下学期用书) [M]. 台南 : 南一书局企业股份有限公司, 2007.

[44] 吕达. “课程教材改革与 21 世纪人才培养” 国际研讨会述评——兼及我国普通高中课程改革等问题的思考 [J]. 课程 · 教材 · 教法, 1994 (7) :1–7.

[45] 刘炳昇, 吴伟. 高中物理课程标准 “模块结构” 实施情况的调查及思考 [J] . 物理教学, 2009 (12) :10–12.

[46] 刘湘敏, 张军朋. 国外对中学量子力学教学的研究及启示 [J]. 中学物理教学参考, 2006, 35 (5) :2–3.

[47] 骆炳贤. 中国物理学史大系　物理教育史 [M]. 长沙 : 湖南教育出版社, 2001.

[48] 陆果. 量子力学教学中值得注意的问题——读关洪著《一代神话——哥本哈根学派》[J]. 大学物理, 2003, 22 (10) :45–46.

［49］美国科学促进协会．面向全体美国人的科学［M］．中国科学技术协会，译．北京：科学普及出版社，2001.

［50］美国科学促进协会．科学素养的基准［M］．中国科学技术协会，译．北京：科学普及出版社，2001.

［51］米丽琴．高中物理教材中现代物理内容的选取和呈现方式［D］．北京：北京师范大学，2004.

［52］密尔根，盖尔．汉译密尔根盖尔物理学［M］．屠坤华，译．上海：商务印书馆，1921.

［53］密尔根，盖尔．密尔根盖尔实用物理学［M］．周昌寿，高铭，译．上海：商务印书馆，1924.

［54］倪光炯，王炎森，钱景华，等．改变世界的物理学［M］．上海：复旦大学出版社，1998.

［55］倪尚达．高中物理学［M］．南京：中山书局，1933.

［56］潘玉进．教育与心理统计——SPSS 应用［M］．杭州：浙江大学出版社，2006.

［57］裴娣娜．教育研究方法导论［M］．合肥：安徽教育出版社，1995.

［58］彭桓武．量子力学的诞生和发展——从量子论到量子力学［J］．物理，2001，30（5）:265-270.

［59］皮亚杰，加西亚．心理发生和科学史［M］．姜志辉，译．上海：华东师范大学出版社，2005.

［60］普朗克．《科学自传》摘译［J］．科学与哲学，1988（1）.

［61］人民教育出版社．十年制学校高中课本（试用本）物理学　第二册［M］．北京：人民教育出版社，1964.

［62］人民教育出版社，课程教材研究所，化学课程教材研究开发中心．普通高中课程标准实验教科书　化学选修 3　物质结构与性质［M］．北京：人民教育出版社，2007.

［63］人民教育出版社，课程教材研究所，物理课程教材研究开发中心．普通高中课程标准实验教科书　物理必修 2［M］．北京：人民教育出版社，2007.

［64］人民教育出版社，课程教材研究所，物理课程教材研究开发中心．普通高中课程标准实验教科书　物理选修 3-5［M］．北京：人民教育出版社，2007.

［65］人民教育出版社物理室．高级中学课本　物理（下册）［M］．北京：人民教育出版社，1987.

［66］人民教育出版社物理室．全日制普通高级中学教科书（试验修订本·必修加选修）物理　第三册［M］．北京：人民教育出版社，2001.

［67］沙摩斯．物理史上的重要实验［M］．史耀远，郁明康，刘孟朝，等译．北京：科学出版社，1985.

［68］上海市教育委员会．上海市中学物理课程标准（试行稿）［M］．上海：上海教育出版社，2004.

［69］申先甲，张锡鑫，祁有龙．物理学史简编［M］．济南：山东教育出版社，1985.

［70］单墫．普通高中课程标准实验教科书　数学选修 2–3［M］．南京：江苏教育出版社，2008.

［71］沈葹．量子力学的光辉八十年（一）［J］．世界科学，2006（10）:2–7.

［72］沈葹．量子力学的光辉八十年（二）［J］．世界科学，2006（11）:12–17.

［73］沈葹．量子力学的光辉八十年（三）［J］．世界科学，2006（12）:14–19.

［74］沈星五．文化高中教本　高中物理［M］．北平：文化学社，1934.

［75］亚当斯．20 世纪的物理学［M］．周福新，轩植华，单振国，译．上海：上海科学技术出版社，2006.

［76］施良方．课程理论——课程的基础、原理与问题［M］．北京：教育科学出版社，1996.

［77］史宁中，孔凡哲，李淑文．课程难度模型：我国义务教育几何课程难度的对比［J］．东北师范大学学报（哲学社会科学版），2005（6）：151–155.

［78］寿望斗．高中新物理学［M］．上海：世界书局，1935.

［79］束炳如，何润伟．普通高中课程标准实验教科书　物理共同必修 2［M］．上海：上海科技教育出版社，2007.

［80］束炳如，何润伟．普通高中课程标准实验教科书　物理选修 3–5［M］．上海：上海科技教育出版社，2007.

［81］诺贝尔奖获得者演讲集　物理学（第二卷）［M］．宋玉升，郑锡琏，惠和兴，等译．北京：科学出版社，1984.

［82］库恩．科学革命的结构［M］．金吾伦，胡新和，译．北京：北京大学

出版社，2003.

[83] 王斌华. 校本课程论 [M]. 上海：上海教育出版社，2000.

[84] 王春凤. 在职中学物理教师的量子力学概念研究 [D]. 北京：北京师范大学，2003.

[85] 王春凤,管靖. 定性量子力学教学研究 [J]. 物理与工程,2004,14 (5).

[86] 王春凤，郭玉英. 中学物理教师量子力学概念调查 [J]. 物理教师，2005，26 (5):45-47.

[87] 王季烈. 共和国教科书　物理学 [M]. 上海：商务印书馆，1921.

[88] 王全，母小勇. "科学史 - 探索" 教学模式的 "重演论" 基础 [J]. 课程 · 教材 · 教法，2008，28 (7) : 62-66.

[89] 魏冰. 化学教材中的 "伴随含义" [J]. 化学教学，2004 (12) :4-6.

[90] 魏冰. 科学素养教育的理念与实践——理科课程发展研究 [M]. 广州：广东高等教育出版社，2006.

[91] 威尔特，裴利普. 现代物理学进展 [M]. 魏凤文，申先甲，程力，等编译. 长沙：湖南教育出版社，1990.

[92] 吴国林，孙显曜. 物理学哲学导论 [M]. 北京：人民出版社，2007.

[93] 吴传绂. 新制物理学教本 [M]. 上海：中华书局，1918.

[94] 物理课程标准研制组. 普通高中物理课程标准 (实验) 解读 [M]. 武汉：湖北教育出版社，2004.

[95] 杨承印，韩俊卿. 义务教育新课标教科书课程难度定量分析 [J]. 教育科学，2007，23 (1) : 32-35.

[96] 杨承印，韩俊卿. 基于课程标准的不同教科书同主题定量分析与评价——以三套高中课程标准实验教科书 "物质结构基础" 为例 [J]. 全球教育展望，2007，36 (11) : 77-80.

[97] 杨仲耆，申先甲. 物理学思想史 [M]. 长沙：湖南教育出版社，1993.

[98] 夏佩白. 普通物理学 [M]. 上海：大东书局，1932.

[99] 熊良斌，陈贻汉，韦群. 量子力学课程特点与学生创新思维培养 [J] . 国际物理教育通讯，2005，35 (5) :11-13.

[100] 袁媛，胡连. 现代媒体与量子力学的教学 [J]. 哈尔滨学院学报，

2002，23（8）.

［101］袁振国. 教育研究方法［M］. 北京：高等教育出版社，2000.

［102］赵凯华，罗蔚茵. 量子物理［M］. 北京：高等教育出版社，2001.

［103］赵峥. 物理学与人类文明十六讲［M］. 北京：高等教育出版社，2008.

［104］张红霞，福斯克特. 教育重演论与中国教育改革［J］. 教育研究，1998（2）:60-63.

［105］张军朋. 高中物理教材的国际比较研究［J］. 物理教师，2003，24（11）:1-6.

［106］张开圻. 新中国教科书高级中学物理学［M］. 南京：正中书局，1946.

［107］张同恂，方玉珍，马淑美. 高级中学课本（试用）物理（甲种本）第三册［M］. 北京：人民教育出版社，1985.

［108］浙江省中小学教材编辑委员会. 高级中学课本　物理学　第四册（试用本）［M］. 杭州：浙江人民出版社，1959.

［109］仲光然. 高中物理学［M］. 上海：中华书局，1934.

［110］中国科学技术协会. 2003年中国公众科学素养调查主要结果［EB/OL］. http://www.kxsz.org.cn/webedit/uploadfile.do?action=open&filepath=file/filed21ee8e489e5.doc.

［111］中国中学教学百科全书总编辑委员会物理卷编辑委员会. 中国中学教学百科全书　物理卷［M］. 沈阳：沈阳出版社，1990.

［112］钟衡臧. 新中学教科书　物理学［M］. 上海：中华书局，1925.

［113］中华人民共和国国家教育委员会. 全日制中学物理教学大纲［S］. 北京：人民教育出版社，1986.

［114］中华人民共和国国家教育委员会. 全日制中学物理教学大纲（修订本）［S］. 北京：人民教育出版社，1990.

［115］中华人民共和国国家教育委员会. 全日制普通高级中学物理教学大纲（供试验用）［S］. 北京：人民教育出版社，1996.

［116］中华人民共和国教育部. 基础教育课程改革纲要（试行）［N］. 中国教育报，2001-7-27（2）.

［117］中华人民共和国教育部. 全日制十年制学校中学物理教学大纲（试行草案）［S］. 北京：人民教育出版社，1978.

［118］中华人民共和国教育部. 全日制普通高级中学物理教学大纲（试验修订版）［S］. 北京：人民教育出版社，2000.

［119］中华人民共和国教育部. 普通高中物理课程标准（实验）［S］. 北京：人民教育出版社，2003.

［120］仲扣庄. 基于探究的美国高中物理教材——《动手动脑的物理学》简介［J］. 学科教育，2002（12）：45-49.

［121］仲扣庄. 类比方法与光的本性的探索［J］. 大学物理，2003，22（10）:38-41.

［122］仲扣庄. 物理学史教程［M］. 南京：南京师范大学出版社，2009.

［123］仲扣庄. 沪科教版普通高中物理课程标准实验教科书《物理 3-5》的编写思路和特点［J］. 中学物理教学参考，2008，37（9）:2-5.

［124］仲扣庄，杜守建. 两位量子论之父的工作比较研究［J］. 物理通报，1997（12）：24-27.

［125］仲扣庄，郭玉英. 高中物理课程标准教科书内容难度定量分析——以“量子理论”为例［J］. 课程·教材·教法，2010，30（4）:67-71.

［126］仲扣庄，郭玉英，彭征. 20 世纪前期高中物理教科书中近代物理内容介绍与评析［J］. 课程·教材·教法，2014，32（5）:98-104.

［127］中学物理教材编写组. 普通高中课程标准实验教科书　物理（必修 2）［M］. 济南：山东科学技术出版社，2006.

［128］中学物理教材编写组. 普通高中课程标准实验教科书　物理（选修 3-5）［M］. 济南：山东科学技术出版社，2006.

［129］周昌寿. 新时代高中教科书　物理学［M］. 上海：商务印书馆，1931.

［130］周昌寿. 复兴高级中学教科书　物理学［M］. 上海：商务印书馆，1934.

外文部分

[1] ALBANESE A, VICENTINI M. Why do we believe that an atom is colourless? Reflections about the teaching of the particle model [J] . Science & Education, 1997, 6 (3) : 251-261.

[2] BAO L, REDISH E. Understanding probabilistic interpretations of physical systems : A prerequisite to learning quantum physics. American Journal of Physics, 2002, 70 (3) : 210-217.

[3] BUDDE M, NIEDDERER H, Scott P, et al. 'Electronium' : A quantum atomic teaching model [J] . Physics Education, 2002, 37 (3) : 197-203.

[4] BUDDE M, NIEDDERER H, SCOTT P, et al. The quantum atomic model 'Electronium' : A successful teaching tool [J] . Physics Education, 2002, 37 (3) : 204-210.

[5] CHIAPPETTA E L, FILLMAN D A, SETHNA G H. A method to quantify major themes of scientific literacy in science textbooks [J] . Journal of Research in Science Teaching, 1991, 28 (8) : 713-725.

[6] CHIAPPETTA E L, SETHNA G H, FILLMAN D A. A quantitative analysis of high school chemistry textbooks for scientific literacy themes and expository learning aids [J] . Journal of Research in Science Teaching, 1991, 28 (10) :939-951.

[7] CHIAPPETTA E L, FILLMAN D A, SETHNA G H. Procedures for conducting content analysis of science textbooks [D] . Department of Curriculum and Instruction, University of Houston, 2004. (Original work published in 1991)

[8] DAWES, JOHN.Do data characteristics change according to the number of scale points used - an experiment using 5-point, 7-point and 10-point scales [J] . International Journal of Market Research, 2008, 50 (1): 61-77.

[9] DUIT R. Bibliography—STCSE (Students' and Teachers' Conception and Science Education)[M] . Kiel: IPN-Leibniz Institute for Science Education, 2007.

[10] DUIT R.Teaching physics [M] //ABELL S, LEDERMAN N. Handbook of research on science education. New Jersey : Lawrence Erlbaum Associates, 2007.

[11] Finnish National Board of Education. National Core Curriculum for Upper Secondary Schools [S] . 2003.

[12] FISCHLER H. Introduction to quantum physics –development and evaluation of a new course [M] // ZOLLMAN D, et al. Research on teaching and learning quantum mechanics. National Association for Research in Science Teaching, 1999.

[13] FISCHLER H, LICHTFELDT M. Modern physics and students' conceptions [J] . International Journal of Science Education, 1992, 14 (2): 181–190.

[14] GIANCOLI D. Physics [M] . Upper Saddle River: Prentice Hall, 1998.

[15] GRECA I M, FREIRE J O. Does an emphasis on the concept of quantum states enhance students' understanding of quantum mechanics? [J] . Science & Education, 2003, 12 (516): 541–557.

[16] GUNEL M, HAND B, GUNDUZ S. Comparing student understanding of quantum physics when embedding multimodal representations into two different writing formats: Presentation format versus summary report format [J] . Science Education, 2006, 90 (6): 1092–1112.

[17] HALLIDAY D, RESNICK R, WALKER J. Fundamentals of physics Volume 2 [M] . Hoboken: John Wiley & Sons, Inc, 2005.

[18] HARRISON A, TREAGUST D. Secondary students' mental model of atoms and molecules: Implications for teaching chemistry [J] . Science Education, 1996, 80 (5): 509–534.

[19] HEWITT P. Conceptual physics : The high school physics program [M] . Boston : Addison Wesley Pulishing Company, 1999.

[20] IRESON G. The quantum understanding of pre-university physics students [J] . Physics Education, 2000, 35 (1): 15–21.

[21] JOHNSTON I, CRAWFORD K, FLETCHER P. Student difficulties in learning quantum mechanics [J]. International Journal of Science Education, 1998, 20 (4): 427-446.

[22] JUSTI R, GILBERT J. History and philosophy of science through models: Some challenges in the case of 'the atom' [J]. International Journal of Science Education, 2000, 22 (9): 993-1010.

[23] KALKANIS G, HADZIDAKI P, STAVROU D. An instructional model for a radical conceptual change towards quantum mechanics concepts [J]. Science Education, 2003, 87 (2): 257-280.

[24] KARAKOSTAS V, HADZIDAKI P. Realism vs. constructivism in contemporary physics: The impact of the debate on the understanding of quantum theory and its instructional process [J]. Science & Education, 2005, 14 (7-8): 607-629.

[25] KE J L, MONK M, DUSCHL R. Learning introductory quantum physics: Sensori-motor experiences and mental models [J]. International Journal of Science Education, 2005, 27 (13): 1571-1594.

[26] LEWY A. The International Encyclopedia of Curriculum [M]. New York: Pergamum Press, 1991.

[27] Michigan Department of Education. High School Cotent Expectations [R]. 2010. http://www.michigan.gov/mde.

[28] Michigan Department of Education. michigan merit curriculum course/ credit requirements/ chemistry [R]. 2010. http://www.michigan.gov/mde.

[29] MÜLLER R, WIESNER H. Teaching quantum mechanics on an introductory level [J]. American Journal of Physics, 2002, 70 (3): 200-209.

[30] TESFAYE C L, WHITE S. High school physics textbooks, resources and teacher resourcefulness [R]. http://www.aip.org/sites/default/files/statistics/highschool/hs-textbooks-13.2.pdf.

[31] NIEDDERER H, DEYLITZ S. Evaluation of a new approach in quantum atomic physics in high school [M] // ZOLLMAN D, et al. Research on teaching and learning quantum mechanics. National Association for Research in

Science Teaching, 1999 : 23–27.

[32] NIEDDERER H, PETRI J. Relations between teaching and learning in a quantum atomic physics course [M] // KOMOREK M, BEHRENDT H, DAHNCKE H, et al. Research in science education – past, present, and future. Berlin : Spring Netherlands, 1999 : 177–180.

[33] OLSEN R V. Introducing quantum mechanics in the upper secondary school: A study in Norway [J] . International Journal of Science Education, 2002, 24 (6) : 565–574.

[34] PETRI J, NIEDDERER H. A Learning pathway in high-school level quantum atomic physics [J] . International Journal of Science Education, 1998, 20 (8) : 1075–1088.

[35] REBELLO N, ZOLLMAN D. Conceptual understanding of quantum mechanics after using hands-on and visualization instructional materials [M] // ZOLLMAN D, et al. Research on teaching and learning quantum mechanics. National Association for Research in Science Teaching, 1999 : 2–6.

[36] SERWAY R, FAUGHN S. Holt Physics [M] . Austin : Holt, Rinehart and Winston, 1999.

[37] SHILAND T. Quantum mechanics and conceptual change in high school chemistry textbooks [J] . Journal of Research in Science Teaching, 1997, 34 (5) : 535–545.

[38] Singh C, Belloni M, Christian W. Improving students' understanding of quantum mechanics [J] . Physics Today, 2006, 59 (8) ; 43–49.

[39] TABER K. When the analogy breaks down: Modeling the atom on the solar system [J] . Physics Education, 2001, 36 (3) : 222–226.

[40] TABER K. Learning quanta: Barriers to stimulating transitions in student understanding of orbital ideas [J] . Science Education, 2005, 89 (1): 94–116.

[41] The Ministry of Education of Ontario. The Ontario Curriculum (Grades 11 and 12) Science [M]. Ontario : Queen' s Printer, 2008.

[42] TREAGUST D, CHITTLEBOROUGH G, MAMIALA T. Students'

understanding of the role of scientific models in learning science [J] . International Journal Science Education, 2002, 24 : 357-368.

[43] WILKINSON J.A quantitative analysis of physics textbooks for scientific literacy themes [J] . Research in Science Education, 1999, 29 (3): 385-399.

[44] YONG P. Pacific Physics A Level Volume 2 [M] . Singapore : SNP Panpac Pte Ltd, 1994.

[45] ZITZEWITZ P.Physics: Principles & problems [M] . Westerville: The McGraw-Hill Companies, 1999.

[46] ZOLLMAN D, REBELLO N, HOGG K. Quantum mechanics for everyone Hands-on activities: Hands-on activities integrated with technology [J] . American Journal of Physics, 2002, 70 (3) : 252-259.

[47] 兵头俊夫，等. 高等学校物理 II [M]. 三省堂株式会社，2002.

[48] 后藤牧太. 物理学课本 [M]. 东京：东亚公司，1907.

[49] 文部省. 高等学校学習指導要領 [S]. 1991. http://www.mext.go.jp/a_menu/shotou/new-cs/link/index.htm.

[50] 文部省. 高等学校学習指導要領解説 理科編 理数編 [M]. 1999.

附 录

附录1 《北京晚报》出现物理学名词频率

物理学名词	2008年1月	2008年2月	2008年3月	2008年4月	2008年1—4月总和
紫外线	5	7	16	51	79
重心	1	0	0	0	1
重力	1	0	0	9	10
质子	0	1	0	1	2
蒸发	18	3	1	0	22
镇流器	0	0	0	18	18
折射	5	2	2	0	9
长波	0	1	0	0	1
原子核	1	0	1	0	2
原子	6	5	4	4	19
引力	0	0	0	2	2
阴极射线	0	2	0	0	2
遥感	0	6	0	6	12
压强	1	1	0	0	2
形变	1	0	0	0	1
信号	31	28	53	38	150
芯片	0	1	0	0	1
谐波传动	0	56	0	0	56
相对论	0	3	1	1	5
无线电	1	0	1	5	7
无线	0	0	0	12	12
通信	1	0	0	0	1
速率	0	0	3	1	4
速度	17	66	47	47	177
水压	1	0	0	0	1
势能	1	0	0	0	1
时速	10	12	12	23	57
失重	0	1	11	0	12
声波	0	4	0	0	4
射线	6	2	0	0	8
射程	0	0	2	0	2

续表

物理学名词	2008年1月	2008年2月	2008年3月	2008年4月	2008年1—4月总和
散射	0	0	1	0	1
热胀冷缩	2	0	0	0	2
热学	0	1	0	0	1
热膨胀系数	0	0	2	0	2
热能	0	1	5	1	7
热量	35	36	15	27	113
热核聚变	3	0	0	0	3
热核反应	0	0	1	0	1
热导传感	0	2	0	0	2
热传导系数	0	0	1	0	1
燃点	0	1	0	0	1
全息	0	1	0	0	1
屈光度	3	0	0	0	3
潜热	2	0	0	0	2
气压	3	9	2	5	19
屏蔽	0	0	1	4	5
频率	0	5	2	8	15
欧姆定律	0	1	0	0	1
扭矩	0	0	4	19	23
牛顿定律	0	0	1	0	1
凝华	1	0	0	0	1
能量	28	10	28	26	92
纳米	3	5	10	10	28
密度	1	2	9	2	14
脉冲	0	0	3	6	9
流体力学	0	0	0	1	1
量子	1	0	0	2	3
力学	0	5	0	0	5
力矩	0	0	0	2	2
离子	20	2	7	7	36
离心力	0	1	0	0	1
扩散	3	6	7	3	19
空气动力学	0	0	1	1	2
静电场	2	0	0	0	2
静电	3	3	0	1	7

续表

物理学名词	2008年1月	2008年2月	2008年3月	2008年4月	2008年1—4月总和
晶体管	0	0	0	1	1
交流电	0	0	1	0	1
加速度	0	0	1	1	2
激光	12	3	8	8	31
红外	5	2	0	3	10
核聚变	1	0	8	0	9
核磁共振	1	0	0	0	1
核磁	1	0	0	0	1
光子	2	6	0	0	8
光学	2	1	10	0	13
光谱	1	0	1	2	4
光能	0	1	3	0	4
光电	2	3	3	4	12
惯性	0	2	0	0	2
共振成像	0	0	1	0	1
功率	3	4	10	28	45
粒子	0	0	3	0	2
杠杆原理	1	0	1	0	2
辐射	17	17	13	6	53
分子	6	2	4	3	15
分辨率	3	3	3	1	10
放射性	4	0	0	0	4
放射	0	0	1	1	2
反射	9	9	3	4	25
二力平衡	0	1	0	0	1
二极管	0	0	0	2	2
短路	0	3	0	1	4
短波	1	0	0	0	1
动能	1	0	0	0	1
动量	0	0	0	1	1
电阻	0	1	0	0	1
电子管	0	0	0	5	5
电子	168	129	250	193	740
电压	1	9	1	3	14
电讯	2	0	0	0	2

续表

物理学名词	2008年1月	2008年2月	2008年3月	2008年4月	2008年1—4月总和
电学	0	2	0	0	2
电性	2	0	0	0	2
电能	1	4	7	14	26
电流	0	1	1	2	4
电量	4	3	4	11	22
电离	2	0	1	0	3
电核	2	0	0	0	2
电感	0	0	0	1	1
电磁力	0	0	1	0	1
电磁感应	1	1	0	0	2
电磁场	0	0	1	0	1
电磁		3	0	2	5
地心引力	1	0	0	0	1
地热	0	1	1	0	2
等离子	10	13	0	0	23
磁悬浮	3	0	25	0	28
磁性	1	0	0	1	2
磁力线	0	0	3	0	3
磁力	0	0	1	0	1
磁共振	3	0	11	0	14
磁场	0	1	0	0	1
传热系数	5	0	0	0	5
传感器	2	3	5	3	13
超声波	3	0	0	1	4
超声	0	0	0	2	2
波长	0	0	2	3	5
半导体	0	1	0	2	3
LED	6	3	5	7	21
总和	513	533	658	659	2363

附录2 学生问卷

（一）开放式测试题

（1）画出你心目中的氢原子的图像（核外有一个电子），并对所画图像做出简略说明。

（2）电子具有的主要性质有哪些？

（3）光具有的主要性质有哪些？

（二）封闭式测试题

题号	题 目	很同意	同意	不能确定	不同意	很不同意
1	电子绕原子核的运动与行星绕太阳运转的方式相似。					
2	原子的能量可以为任意值。					
3	原子核对电子的库仑力提供了电子做圆周运动的向心力，可使原子保持稳定。					
4	光总是表现为一种电磁波。					
5	当电子穿过一个狭缝后，将会继续沿直线运动（忽略电子所受重力）。					
6	光子是一种“能量粒子”。					
7	人类关于光的本性的认识取决于所做的特定实验。					
8	在一个容器中有几个气体分子，如果已知它们在某一时刻的位置和速度以及受力情况，我们就可利用牛顿定律精确地预测它们以后的运动行为。					
9	右图是利用扫描电子显微镜得到的血红细胞和白细胞的三维图像，这说明电子像光一样也具有波动性。 					
10	一束光的能量由光的强度决定。					

续表

题号	题　目	很同意	同意	不能确定	不同意	很不同意
11	原则上可以通过实验，同时精确测定电子的位置和速度。					
12	电子是带负电的、很小的球状粒子。					
13	我们知道原子由原子核和核外电子组成，原子核又由质子和中子组成。如果对原子进行分解，通过确定其组成部分（质子、中子、电子）的性质，就可确定原子的性质。					
14	原子中电子的运动没有确定的轨道。					
15	一位同学抛掷了3次硬币，结果都是正面朝上，当他抛掷第4次时，反面朝上的可能性大于正面朝上的可能性。					
16	当科学家提出了一个能成功地解释相关现象的理论后，该理论还将会改变。					

附录3 专家访谈设计

（一）专家个人情况

姓名		性别	
年龄		学历	
职称/职务		博士生/硕士生导师	
工作单位			
联系方式			

（二）访谈提纲

1. 谈谈您的工作经历。

2. 您认为在高中阶段进行量子力学教学的重要性何在（教育价值）？

3. 您认为高中生应该掌握的量子力学重要概念有哪些？

4. 您认为高中生学习量子力学的困难何在？

5. 您对高中物理课程标准中量子力学部分有何评价？

6. 您对高中物理课程标准教科书中量子力学部分有何评价？

7. 国内外主流高中教材不约而同地采用了按历史发展的线索呈现量子力学的教学内容，这样做的利弊何在？

8. 国外有学者提出用类似电磁场理论的教学处理方式呈现量子力学的教学内容，即以学科的逻辑结构呈现教学内容，您认为可取吗？（如从电子的衍射教起，避免玻尔理论、波粒二象性等）

9. 量子力学中的核心内容有必要在中学教学中呈现吗？如何做？（针对中学教学内容大多为早期量子论）

10. 现有的量子力学教学采用了玻尔的哥本哈根学派解释，借用了经典物理学的概念，在物理学界有颇多争议，有必要在中学量子力学的教学中考虑这方面的问题吗？

附录4 专家访谈录

（一）刘炳昇先生访谈录

仲：为什么要把量子力学引入高中物理课程中？

刘：从物理学发展的角度，进入20世纪以后，物理学由近代走向现代的过程中，物理学的发展出现了一个新阶段，这个阶段标志着过去的经典物理学转向了现代物理学，主要是相对论和量子力学，教学要反映物理学科的时代性，就应该引进这部分内容。

课程内容的时代性，不光是从学科角度上来考虑，在教学中量子力学之所以重要，是它对于现代社会生活的贡献。物理学的发展及应用已渗透到社会发展、物质生活和精神生活的各个层面。人们在生活当中都会享受到现代物理的成果，比如激光在各个领域的应用，在信息科学中很重要，在我们的交通、通信、学习领域也起到很重要的作用。这些东西是技术上的成果，但是它离不开科学发展。从观念上说，应该让学生了解这一点。

在了解科学本质方面学习量子力学也有重要的教育价值，在物理学的发展变化方面，它非常典型地说明了科学的本质。当时经典物理学大厦基本建成，好像没什么问题了。但物理学发展到一定阶段，在微观世界、高速领域有很多问题不能解决，需要不断地探究，需要有新理论的出现，而这种新理论需要有事实和证据的支持，这本身就是一个培养学生科学观念的很好素材。

从人类文明角度看，在思维方法的变化上，学习量子力学也是有重要意义的。在牛顿力学中主要是因果决定论，科学走上诞生和发展的道路时，首先认识到科学是有规律的，有因有果是一个很重要的方面，通过因就可知道果，可预测它的发展。但这种因果决定论不是绝对的，不是所有的微观粒子都是遵循牛顿定律的。统计事件需要概率这块，这在微观领域就显现出来了，在人类思维方式上这是一种重要突破，从学生的发展来说需要对此有一些了解，但不可能了解得较深，知道一些就行了。

仲：关于量子力学的基本概念和观念，您认为哪些需要引入高中物理课程中？

刘：黑体辐射、康普顿效应、光子说、物质波、概率波、玻尔模型、原子光谱、不确定关系等要了解，能量量子化、光电效应、电子的波粒二象性、电子云模型等要求高些，要理解。对于量子力学的基本观念更多的是了解层面，理解较困难。

仲：您认为高中生学习量子力学的困难在哪些方面？

刘：一个是思维方式的习惯性思维，就是因果决定论和连续的经典物理思维方式形成了思维惯性，另一个就是数学工具，如果只要求做一些定性了解，还是没问题的。

仲：您对高中物理课程标准和教科书中量子力学部分有何评价？

刘：选修 3-5 难度还是适中的 ，这部分主要针对理工系列学生。如在必修 2 中讲就比较困难。

牛顿力学的局限性和量子力学初步应该是放在整个课标当中，想在必修阶段有这种要求比较困难。根据课标要求，高中必修教材要提到这个内容，学完经典力学就学这些内容。相对论稍好一点。量子力学只能讲发展，对发展细节不能展开。

仲：比如要求学生了解能量量子化的观念。

刘：能量在必修部分中没有很好完成，内能、电磁能都没讲，学生实际上也没有能量连续的概念。有关历史发展的内容，如在普通物理中，经典力学结束时，会讲一点相对论，不深入进行讲解，广义相对论不大讲。

在必修部分黑体辐射、光电效应没办法讲。要讲光的波粒二象性，如机械波没讲，光的干涉、衍射、偏振都没法展开。

仲：波动放在选修 3-4 里，必修中没讲。

刘：在必修中提一下经典物理学的适用范围就行了。

可在必修模块后分三个系列，每个系列的课程内容可打通，在合适的地方引入量子力学的内容。每个系列对应的学分可不一样，理工科系列的学分要多一点，文科系列的学分少一点，编写教材时也不应严格按照模块 3-1、3-2、3-3 等的顺序。

仲：在国内外高中教材中，大多是按照历史的线索呈现量子力学的教学内容。国外有学者提出，可从学科的角度考虑，如电磁学就没按照历史线索，您对此有何看法？

刘：不必完全按照历史发展线索，学生没有这种历史的包袱，作为教材，可有不同的意图。如教材想给学生一些现代的概念，在历史发展过程中出现过的概念，如被后来的所取代，就可以跳过它；如对建立后来的认识是必不可少的，那就必须要讲。有的意图是想通过回溯历史，了解人类是如何探索的，在此过程中提出了很多模型，有些模型甚至是错误的，介绍一下错误的模型是怎么被否定的，这也是可以的。

仲：前面的模型还是有一定价值的，有的正确内容也保留了，像汤姆孙模型，它把原子分成了带正电和负电的部分。在波和粒子的教学中，通常先是讲光的波粒二象性，再讲电子的波粒二象性，但光的问题很复杂，实际上涉及量子场论，国外有学者提出还不如先讲电子的波粒二象性。您对此有何看法？

刘：可以考虑在光的前面讲电子，电子的粒子性很强，对电子衍射现象从概率角度去理解，学生更容易接受。

仲：可能对于学生的概念转变会更好些，面对电子的衍射现象，他们想用实物粒子的图景去解释，会发现走不通。

刘：这样对学生建立粒子的波粒二象性概念有好处，然后回过头来考虑光的问题，通过对称性思考光，这样学习的困难会少一点。如果要讲一点历史，可顺便带过它。

（二）管靖先生访谈录

仲：您认为量子力学的教育价值是什么？

管：从和所有人的关系、和生活的关系角度，量子力学很重要，像其对计算机技术的影响是巨大的。相对论几乎对我们的生活没有影响。在物理学的发展史上，以前都是一个科学家单打独斗，量子力学是大规模的科研，量子力学方面获诺贝尔奖的就有14人，现代的科研模式发生了变化。

量子力学和生活联系紧密。相对论、量子力学对人类世界观有非常深刻的影响，我认为在中学阶段更应关注这一点，而不应只关注与计算有关的问题。如果能使中学生对世界观有新的认识，那就是大的提高。

量子力学在第二次和第三次技术革命中起着关键作用，人文方面的教育意义很深刻。量子力学的发展历史很复杂，对人文教育反映得特别强烈。像爱因斯坦和玻尔保持了终身的友谊，但见面就争论，有非常独有的特征。

近代物理内容那么多，在制定课标时，选与不选某部分内容的依据是什么，应该搞清楚。为什么国外那么重视量子力学，而少有人研究相对论？

仲：现在大家一致认为在高中物理课程中应引入量子力学，量子力学引进来应该讲哪些概念？

管：波粒二象性，这是物理学的重要概念。大学量子力学不讲光，光子很复杂。但会从光入手，而讲光的波粒二象性还是要从历史引入。讲光能讲到什么程度就讲到什么程度，我们不用完全了解，不是不能研究，是只能了解这么多。

讲氢原子就要讲电子云的概念。氢原子内部很复杂，对于不是物理系的学生，讲一下能级、角动量就行了。

不确定关系也需引入，但要求不能太高，以现在水平就知道这么多，不全知道也没关系。

在欧洲，因为他们没有高考，量子力学中波函数、态叠加原理也讲一讲。在英国、德国有高四，知识积累就不一样，而且学时也不一样，他们有80学时。我们知道量子力学发展就行了，知道波粒二象性的重要性，其他几乎可以不要求。

仲：在国内外，都是从历史线索展开教学内容。在高中阶段，学生对量子力学接触少，基本上还是早期量子论内容。

管：就是在大学物理系，学生学好量子力学也不容易，虽然他们会解一些方程，但不能理解其真正的含义。按历史线索呈现量子力学的教学内容，是一种容易接受的方式，涉及的人文知识也很多。

（三）申先甲先生访谈录

仲：把量子力学引入高中物理课程中，您认为其教育价值何在？

申：首先，量子力学的思想观念有很大的教育价值。从经典连续性原理到微观世界的不连续性——量子性，这是第一。第二，从经典的精确性原理到微观的不确定关系，测量上就有了限度，到一定程度就不能再精确了。

另外，从经典的机械决定论到量子力学的概率决定论，在思想方法上有很大的变化。而且现在看来概率决定论更本质一些。对于哪个决定论是更本质的，爱因斯坦说“上帝不会掷骰子”，认为决定论是唯一的，最终要用因果关系来解释一切。而量子力学否定这一点，它认为就是“掷骰子”，就是概率。所以要把量子化思想与基本知识本身相结合，要把量子化基础打得很牢固。

然后，结合海森伯的不确定性关系来解决精确测量问题。这说明微观世界就是这样的，它不是说要测量就可以了，过去我们批判不确定性关系是唯心的观点，实际上它不是唯心的，它是物理的问题。测量本来就有人为的因素，测量本身就是将人为的因素强加到微观世界上去。测量需要造仪器，造仪器有倾向性，如:你是重点要测什么，关注哪些问题，想测粒子性还是想测波动性。那就把人的选择性、主观的愿望加到仪器身上去了，加到实验身上去了。海森伯曾经说过很重要的一句话：人们研究物理学并不是和客观世界打交道，而物理学理论本身是中间的一个过渡，客观的物理世界是远的，主观的观察者是近的，在之间有一个中间层次就是物理学。之所以这么说是因为物理学本身已经是用人的选择性的思想，用人的已知的概念加在物理世界上提炼出来的东西，如粒子、波、连续、因和果等，这些都是人们已经有的传统观念，但是我们也只能用这些观念来研究物理学，研究物理世界。因为人们长期以来已经形成了一些基本概念了，认识物体就想知道它是波还是粒子，所以就把这些概念加到物理世界上，最后发现它既有波动性又有粒子性。所以物理学是把基本概念、基本观念进行运用后整理出来的理论，所以说物理学处于中间层次。

仲：这就涉及科学本质的问题。

申:是，这种思想应该在教学过程中给学生灌输，但是过去不敢灌输，容易被认为是唯心主义，因为科学不就是最客观的吗，客观世界是真实的，人们也可以用各种框架去认识，你有一个什么概念的框架，你就用这个概念的框架去整理世界的现象。亚里士多德有“上帝创造世界”的概念，他研究物理世界的时候，就提出了他的力学，如第一推动、事物都有自然位置，他是根据他自己已有的观念来研究物理世界，解释自然现象。伽利略、牛顿就不按这种方式去解释物质世界，他们根据客观实验，用力、惯性、动量、速度等解释世界，因此得出来的和亚里士多德的力学就不一样了。量子力学也是这个意思，用人们现在形成的物理学的基本观念来研究量子世界。

仲：这里有客观基础还有人的因素。

申：不同的概念框架，这和医学一样，西医根据人的结构如骨骼、肌肉等，而中医谈的是气、五行（金木水火土），用不同的概念来得出人体病理的一些东西，这两套方法都行之有效，不能说中医是伪科学。量子力学也有这个问题，你可以用矩阵来研究，也可以用物质波来研究。用粒子性的矩阵或用波动性的波动力学来研究，都能解决问题。有人说：不是自然界把万有引力定律显示给牛顿，而是牛顿把自己的概念强加到自然界而得出万有引力定律。因为牛顿是用距离、质量、力等这些概念来研究引力现象。如果事先没有这些概念就得不出万有引力的方程式。但是研究科学还是必须有一套基本观念、基本概念、基本出发点，要用这个框架来认识自然界，所以过去批判量子力学的主观干扰、主观性，理论的说法当然可以改变，但是本质上的原理还是不能改变的。

事物都有两面性，不能偏执在一个方面，物理学也讲辩证法。辩证法是有条件的，在什么条件下什么矛盾是主要的，就显示出来了。在量子力学的教学中应该讲这些基本概念，把这种辩证思想慢慢渗透进去。

这样中学生可能就会对世界有一个崭新的认识，对他们的世界观也是有影响的，就不会把经典的东西教条化、机械化，可能可以更好地理解辩证法。

仲：量子力学跟社会、科技发展的关系非常紧密。

申：现在的认识已深入到微观领域，深入微观领域以后发现微观世界中有许多奇妙的现象，在各种仪器制造、各种各样实际的技术应用上已经有反映了，如纳米技术，老百姓也知道这个词，为什么它能够在物质结构上有那么多新鲜的性质；产生激光需要粒子数反转，这是用宏观理论解释不了的；还有通信技术，其基本理论都是微观物理。量子力学对社会生活等方面的贡献是很大的，与社会生活密切结合。不要让学生觉得量子力学离我们太远了，学生认识到量子力学与社会生活的联系，对他将来钻研物理学、对物理学产生兴趣都有很大好处。另外从大的方面讲，怎么解释宇宙现象、宇宙是怎么样来的、宇宙是怎么发展的，暗物质这些问题都是用微观物理才能探索的，用宏观物理是探索不了的，就是说在人类认识的发展上，在人类的实际生活中，在技术应用上，在人类的观念的变革上，量子力学起的作用是很大的。

现在有个倾向，中学物理老师的教学有可能还只偏向于知识上，既然有量子力学这个部分，就只要把知识本身讲明白就完了，不一定理解为什么要讲这个东西，所以应该使老师在思想观念上有所提高。

仲：还有可能是老师本身对这个思想也不是很清楚。我曾经问过一些学过这门课的大学生，他们上过量子力学之后，不知道量子力学的思想是什么，基本的概念也不是很清楚，就只知道怎么解微分方程。如果让他们进行讲解，光电效应、爱因斯坦方程等可能很熟，玻尔理论等的运算也可以，但对量子力学的基本概念就不是很清楚，因此首先教师自己要转变观念。

申：有一次我讲课的时候，讲爱因斯坦怎么提出相对论的，讲完之后有个中学老师对我说："我在大学里就学过相对论，当时没学明白，但你简简单单的讲解却使我明白了，知道相对论是怎么回事了。"

教师对量子力学的认识要从思想方法、物理思想上提高，包括大学物理老师也应该懂这些东西，可是实际上即使知识讲得很熟练，教师也不一定思考这个问题，所以说要在这方面多做、多研究。

我们上大学时对波粒二象性思想很难接受，觉得波就是波，粒子就是粒子，对波粒二象性百思不得其解。有一位美国教授认为，学生学习量子力学有三个阶段：①用基本方法算题很简单；②理解基本概念、基本思想很难，易想用经典理论去理解波粒二象性等，当然想不明白；③当学习了量子力学的思想方法以后，就豁然开朗了，在这里没有能用经典物理学弄明白的东西，需运用崭新的物理方法、图景、观念，不能用经典物理学来解释量子力学。

仲：学生在学习的过程中也经历了物理学家走过的革命过程，发现用经典力学解释微观现象是行不通的。

申：正像普朗克所讲的，每一门新的学科出现都会有崭新的物理学思想方法，用旧的物理学思想方法就过不了这个坎，也学不好，需要把这个传达给学生。

仲：学生可能也有点概念，他们喜欢看一些科普的著作，如霍金的《时间简史》等，但还不是太清楚。

申：他们的概念比较混乱，会用经典理论讨论量子问题，比如连续性，如没有量子思想方法，就不能理解量子态。

仲：您认为高中量子力学部分要讲一些什么内容？如何选择？

申：一个是对量子力学体系本身要有很好的提炼，另一个就是要考虑中学物理教学的可接受性和学生的物理基础。一些基本内容应该要有，如量子态、波粒二象性、不确定关系、互补原理。

仲：现行教材的知识点比以前多了，原来只讲光电效应、原子理论等，现在从普朗克的量子假说到海森伯的不确定关系都讲了，但互补原理没有提及。

申：互补原理可以从（波粒）二象性说起，讲了波和粒子的二象性后带上一句就行了。互补原理是从哲学高度上概括的，让学生知道一些是可以的，这个词在杂志上也是经常出现的，本质上互补原理是从波粒二象性上来的。

仲：在国内外高中教材中，量子力学内容大多是从历史角度展示的，您对此有何看法？

申：对于微观物理学的教学，国内外有一个共识，从物理学史的线索来讲，学生更容易接受。对于宏观物理学，不涉及历史也没关系，如热学，不需要知道历史上人们是怎样认识的，学生在日常生活中就可以接触到，力学的情况与此相似，不需要从亚里士多德的观点说起，即学习经典物理学可以不用从历史角度展示的方法。但采用从历史角度展示的方法有个好处，可以展示物理学家思考和认识的过程。对于微观物理学，学生在日常生活中接触不到，看不见、摸不着，仪器反映的又都是间接的，所以从历史上人们是如何思考的，一步一步地去讲，这是符合认识规律的。

（四）何润伟先生访谈录

仲：在制定课标时，为什么要把量子力学引入其中？为什么新课程中加入了更多的这方面内容？你们（课标研制组）当时是怎么考虑的？

何：当时考虑到新课程改革的“三个性”：基础性、时代性、选择性。经过调查，从中华人民共和国成立起，高中物理教学内容基本没有什么变化，还是从苏联照搬的一套，中华民国时期也有翻译美国、日本、英国的，即从中国有物理教材开始，几十年来内容基本没有变化。物理学已经发展到今天这样一种情况，怎样去体现时代性？倒不是说要把普通物理内容下放，我们考虑首先要在内容的选择上体现时代性，如近代物理的一些基本观点，包括量子力学、相对论，广义相对论也做了一点介绍。量子力学内容以前在中学课程中是很弱的，只讲了光谱、玻尔理论，近代量子理论没有涉及。当时征求了一些科学院院士的意见，他们认为不一定要讲得很深，但是相关思想、观点要体现，它们对一个人的成长，不管是高中毕业走向社会，还是继续深造，都是最基本的东西。相对论和量子力学对于中学生原来是很神秘的，到了21世纪，应该破除神秘感，成为公民的一种常识。量子论的观点在生活中也经常遇到，所以首先要从内容上体现时代性。我们还进行了国际比较，比较中国的高中物理教科书与国外的教科书，看究竟差距在哪里。经典物理方面我们比国外不仅没有差距，甚至还高于国外，但近代物理部分比国外差得较多，量子论部分没有达到国际水平。美国的教科书，量子论部分比我们讲得多，观点新得多，成果也介绍得多。

经过国际比较，感觉中国高中物理教学水平应当要与发达国家水平相当，美国、法国等国外教科书、课程标准及大纲早就把量子理论作为中学物理的重要内容，我们以前是把它作为点缀，老的大纲中是有些量子论的内容，但主要是早期量子论的内容，到玻尔理论为止，不确定性关系没有涉及。科学院院士提出，量子论的基本思想和观点是一个公民的基本素养，即使是文科生，也应该知道量子论，知道相对论，而由于数学基础的限制，主要还是强调观点和思想。我们在三个模块加强了近代物理的知识，一个是共同必修物理2，写入量子力学的基本观点和思想，一个是选修3-4写入了相对论，一个是选修3-5集中展示量子理论。物理2主要介绍一些思想观点，使之后不再学习物理的学生对此有一些基本的认识，这也是科学院的一些院士提的意见。

仲：物理2中引入了量子力学的内容，有人不理解为什么要引入量子力学，量子力学引入应该是和热力学、电磁学联系的，在学习它们之前就引入，你们是如何考虑的？

何：当时的考虑是这样的，共同必修本来是想做两块，第一块是力学和电学的基本内容，物理2准备做一个大综合，给之后不学物理的学生打一个基础。后来科学院院士的意见是高中物理的基础还是必修，建议不要做大综合，物理1、物理2还是讲力学，因为力学是整个高中物理的基础，力学的研究方法对启发学生的思维有很大的作用，最后就调整为物理1、物理2都是力学。对于量子论，当时考虑到文科、艺术类的学生今后将不接触这部分内容，引入是有些突然，主要是考虑到今后不学物理的学生，不学这部分知识有点可惜。

仲：量子力学的教育价值很大，在观念上可以让学生更好地了解什么是科学，什么是物理学。

何：对，物理学不光是那些经典的内容，学习量子力学对了解物理学、提高个人的科学素养和对自然的认识，都起到了很大的作用，对人的成长，树立科学的价值观有着不可低估的作用，不能认为只是一个点缀。今后高考这方面内容应该考，可以考得浅一点，例如一些基本的思想、观点之类的。

仲：我国很多教材还是按照历史为线索讲解量子力学，包括量子论，从普朗克开始，过渡到量子力学，原子物理学也是这样。在沪科教版教科书的编写中，我们认为原子模型除了要考虑历史的线索，还应注意到学科的逻辑，在玻尔模型中，不能再强化轨道，故不完全按历史的线索呈现出来。国外有学者认为主流教材中按历史的线索排列的方式不经济，他举例说，讲麦克斯韦电磁理论的时候，就没有采用历史的线索，提出能不能从学科的角度来审视量子力学，他感到先讲光的波粒二象性不合适，可以先讲电子衍射，讲出电子的波动性和波粒二象性，让学生转变观念，回过头来再讲光的波粒二象性。这是不是也是一个可行的思路？

何：我觉得可以探索一下。

仲：这段时间我们在中学进行了调查，发现有些学生视野很开阔，会看一些课外书，如《果壳中的宇宙》。另外原子模型在化学中也有提到，数学中概率的学习对学好物理也有很大益处。

何：小学现在就渗透了统计和概率的思想。关注学科之间的渗透和融合，这是课改的一个要求，但是做得还不够好，虽然也开过好几次协调会，但效果不理想，比如我们提出了建议，同样讲原子，物理应从什么角度讲，化学应从什么角度讲，但现在还是各讲各的，缺少一个人或机构去统筹各个学科。横向的学科融合做得不够好，另外，同一个学科从小学的科学到高中物理各个阶段也没有很好的分工、整合。

教材中不可能什么都讲透，我们要多开发课程资源，引导学生学习，在量子理论部分可以给他们介绍一些相关的课外书籍和网站，通俗、形象、生动地表达量子力学的观点。

我觉得量子力学的思想、观念是最关键的，当初把量子理论放进来，旨在拓展学生的科学思维，增强对自然界的认识。

仲：可老师们都喜欢实在的内容，喜欢有公式能计算的内容。

何：当时制定相关课标的思想不在于计算，在于意识、思想、观念的更新。

（五）肖振军先生访谈录

仲：在高中课程引入量子力学的重要性、教育价值是什么？

肖：我认为在高中课程中一些基本的概念可提一提，比如实物粒子的波粒二象性、德布罗意波、电子衍射等，这些概念可提一提，但不可能深究，让中学生知道有这些东西即可。因为对于现在的物理学，量子力学是基本理论框架，相对论则是进入到了高速的领域。而激光、凝聚态、材料物理是以量子力学为理论框架的。

量子力学是很多高科技应用的理论基础，高科技中利用量子效应、场效应、量子霍尔效应的例子很多。

仲：这些已经影响到我们的生活。

肖：是的。

仲：如光电技术，像LED。

肖：对，这些都是。

仲：您认为还是应给学生讲一些？

肖：对，提一些。让他们知道有这个东西。让他们知道有量子效应，知道波粒二象性就可以。中学里主要还是经典物理。

仲：让学生了解一点量子力学还是有必要的？

肖：了解一些基本的观点，特别是波粒二象性的观点、概率的观点。

以前学生习惯于经典物理学的确定论，而量子力学涉及不确定性。量子物理与经典物理之间还是有联系的，而到了微观、高速领域，经典物理学的就不适用了，学生只要知道这些就可以。

仲：让学生了解科学到底是什么，了解科学本质还是有必要的。本来学生认为经典物理就这样了，就可以了，但是到了微观尺度又发生了变化，包括一些观点都是变化了的。

肖：微观尺度（10^{-10} m）的理论框架是量子力学。当然在更小的空间尺度——费米尺度（$\leqslant 10^{-15}$ m），量子场论和规范场理论代替量子力学成为基本理论框架。

学习量子力学让学生有一个发展的概念，经典物理是物理学发展中的阶段性成果，在一定的近似条件下才有效。

仲：除了了解一些知识，对学生了解科学本质、了解科学是发展的还是有帮助的。

肖：是的。

仲：像量子力学，它也是发展的，还没有最后的定论。

肖：对，到现在关于量子力学的本质还是有争论的，是概率解释，还是决定论，已上升到哲学的层次。

仲：以前有人问布拉格关于爱因斯坦和玻尔之间的这些争论，他说，我的理性追随玻尔，但是我的心智是跟着爱因斯坦的。您是怎么认为的呢？

肖：关于量子力学的争论，我觉得现有的实验告诉我们概率解释是正确的，当然不排除今后会有新的理论框架的建立。但是就目前的实验、科学发展程度，概率解释还是正确的。

仲：现在的量子力学理论还是管用的，您的想法好像和玻尔有些接近，就是世界到底是什么样子的，那是另外一回事。

肖：到更高的一个层次，到量子场论，它也是一个近似的理论。量子力学再往高一步走就是量子场论，量子场论的数学框架、数学基础也改变了，但是还是用概率解释。

仲：它还是要用到波函数？

肖：是的，那时的波函数是二次量子化的波函数。仍然用态、波函数的概念，一个初态跃迁到末态，仍然用到振幅。

仲：您认为高中生应该学习的量子力学概念有哪些？

肖：波粒二象性，波粒二象性是关于光和实物粒子的。除了波粒二象性，还有概率的概念。在中学也讲氢原子、氢光谱，关于电子在氢原子内部的空间分布，有关基态半径、玻尔半径等，当然不可能很详细。要求知道电子在核外的分布是概率分布，不存在经典意义上的轨道。

光电效应的要求为了解，光电效应最关键的是光的粒子性，用粒子性就可以解释：入射光子打在金属板上，光子的能量传递给板中材料的电子，电子就会逸出。

仲：中学生要不要了解不确定性关系？

肖：这个可能要了解。像不确定性关系、不确定性，量子力学里说明这两个量相互不对易，不能同时有确定值，但是对于中学生，应该怎么解释呢？

仲：我们编教科书的时候是用电子的单缝衍射来说明，因为不可能像（大学）量子力学那样处理，而这个结论是量子力学方程的一个基本推论，可直接通过理论来证明。就用电子的单缝衍射例子，位置确定度高了，它的动量不确定性就大。

肖：那是进行一种形象的解释。这也可以，可以告诉学生，到了大学学习时可以严格地证明出来。先给出一个物理图像，这个物理图像本身也是对的，这也是可以的。

仲：您认为高中生学习量子力学的困难有哪些？

肖：我觉得高中生阶段，主要是了解一些量子力学基本的观念，还谈不上学习。只是初步的了解，知道有这回事，就够了。

在中学阶段，学生还是接受物理学的启蒙教育，基本的理论框架还是经典物理学。困难一个是在观念理解上，再一个就是在数学上，你没法跟中学生讲薛定谔方程。

仲：量子力学是物理学上的革命，量子力学用的语言已经和经典物理学不一样了。

肖：对，是的。不说中学生，就是大学生在学习量子力学的时候也有观念上的跳跃。

仲：那您上量子力学的时候是怎么做的呢？

肖：用对比。好比说氢原子，经典的理解是一个二维的轨道，有点像太阳系确定的轨道，但是到了量子力学里呢？它处于基态时是在一个半径为 a_0 的球壳上概率最大，离开这个球壳面一定距离概率就小了。

因为基态的时候是球对称的，在半径是 a_0 的球壳上面球对称，如果不是基态，如 $n=2$，就有角分布，形状不是球状，而且最可几半径也就变了，不再是 a_0，可能有几倍的 a_0，另外有几个分布情况，跟经典的轨道差别就更大了。

仲：现在的课程标准要求对原子结构要了解。从历史角度展示，从汤姆孙的到卢瑟福的、玻尔的，然后是量子力学的原子模型，原子的光谱从能级的角度入手。

肖：当然并没有从量子力学求解氢原子的能级。

仲：最多告诉基态的能量、激发态的能量都是多少。

肖：并没有讲怎么计算。

仲：是的，直接告诉学生能量是量子化的，量子力学中是推导出来的。课标中还有波和粒子的内容，如能量量子化、光电效应、康普顿效应、光的波粒二象性、实物粒子的波粒二象性等。

肖：我觉得就够了，这里的重点就是波粒二象性、原子结构。原子结构主要还是了解。

仲：您感觉这样安排合适吗？

肖：还是合适的。要求和内容还是合适的。再多了就讲解不清楚了。我觉得现在的高中生需要知道一些，大都是定性的了解。

仲：在教材中，先介绍黑体辐射，然后是普朗克的能量子假说，然后就讲爱因斯坦的光电效应，然后是康普顿效应，再给出光是概率波。

肖：这里是一个概率波，按照场的观点，它就是一个电磁场。

仲：光比电子要复杂。

肖：是的，场的量子化表现了光子的粒子性。光比电子更难以理解一点。

仲：实物粒子讲解德布罗意波，再说它是一个概率波，这个可以给学生看一些图。原子方面讲了原子模型的提出，讲到玻尔理论。直接就告诉学生能级。光谱、吸收光谱都讲到了。

肖：我觉得还是合理的。

仲：国外的教科书讲到了能带，也讲到半导体物理，美国中学教科书还讲到了固体物理学的内容。

肖：那也只是了解，我想这些内容可以属于阅读。国外的教材是参考书，许多内容是不讲的。我觉得我们现在的够了。能带理论要学完量子力学以后才好理解，它涉及多电子的情形。中学物理毕竟是一个基础，作为一个普通人，关于自然界的认识，知道最基础的东西就已经够了。

仲：国内外大多数教材是按照历史的发展为线索编制的，对此您有何看法？

肖：我认为这是可取的，在20世纪初期物理学经历了从经典到现代的转变，在解释实验方面出现困难，讲解人们是怎么解决它的，然后观念发生了改变。这样学生比较容易接受。

仲：国外有学者提出光的波粒二象性实际上涉及量子场论，比较复杂，可以先讲电子的波粒二象性，通过电子衍射图样的展示，引入电子的波动性。您有何看法？

肖：学生在学这些之前学的是几何光学和光的波动理论，这样处理跳跃有点大。

仲：您认为还是按照历史的发展来讲比较好？

肖：我赞成这样。这应该是从易到难的一个过程。不过对于中学物理的教学，怎样组织内容，先讲哪个后讲哪个，从哪里入手也是因人而异的。

仲：而大学里的量子力学课程通常是先回顾一下历史，接下来就讲电子，光的问题放在后面。

肖：是的。

仲：那就是说从历史的角度或者学科逻辑的角度可能都是可以的？

肖：这些东西我觉得没有必要（太过于严格）。根据教师本人的理解，从什么地方入手，按照什么次序讲，这个自由度教师可以把握的。

仲：国外还有学者提出在原子模型的教学中，玻尔理论是一个中间理论，可以不提，直接提量子力学的原子模型，您的意见是什么？

肖：这个跳跃就更大了。

仲：可以这样处理，就是弱化轨道的概念，强化能量量子化的概念。

肖：但是轨道的概念在中学生心中是根深蒂固的。

仲：现在有一个顾虑，国外有人做了调查，问一个学完这些内容的学生，学完之后印象最深的是什么？他说："我觉得是玻尔理论，假如我跟我妹妹讲解的话，我不会讲电子云的概念，我会给她讲玻尔轨道的概念。"

肖：玻尔模型是半量子、半经典的。这不要紧，我觉得在中学阶段，这个自由度是老师的自由度，这都是允许的。我觉得在高中阶段借用玻尔模型，半经典、半量子，会好一些，玻尔模型在中学介绍还是合适的。这就相当于你本来要跳一大步，跳一米，玻尔模型就相当于在半米的位置，把一大步化成了两小步，从理解的梯度来说，我认为玻尔模型是在中间，一下要跳一米很困难，跳半米再跳半米，这个简单。

我觉得这还是教师的自由度问题，教师怎么讲，怎么引入这部分内容，让学生知道在经典理论之外还有量子理论，而量子理论对于这些现象的解释与经典的解释是有差别的，这就够了。至于怎样帮助学生去了解这个东西，那是另外一回事。电子的粒子性大家都知道，都可以理解，把它想象是一个小弹性球，但是它还有波动性，晶体的散射、电子的衍射说明了这一点，对于这个问题，教师还是可以根据自己的理解进行处理的。

仲：量子力学的核心内容，有无必要在中学阶段呈现？

肖：核心内容中的薛定谔方程是量子力学的一个基本假设，由于数学方面的原因不可能呈现，态叠加原理也做不到，太早引入不好。不确定关系可提一下，主要还应是早期量子论的内容。

仲：您现在给本科生、研究生讲量子力学，从您的角度来讲，对于高中到大学的衔接，您有什么要求？

肖：我觉得可以提一提最重要的概念，如波粒二象性、不确定性关系等。这样到了大学真正讲量子力学的时候障碍会小一些，有些概念以前听说过。但是具体的细节，还是要从数学的角度来解决，要求能用方程把（氢原子的）能级解出来，把波函数给算出来。

仲：这样求解出来，会发现高中的内容正好就是这个方程的自然结论。

肖：对，当时不告诉你为什么，只告诉你是什么，现在再告诉你为什么。

仲：您的意思是到大学的时候学生再看到这些东西会觉得面熟。

肖：实际上本科生在第一次学量子力学时就想掌握好是不太可能的，要想对量子力学有深刻的理解，就得往前走一步，从高一级层次回过头来再看低层次的内容，视角、理解就不一样了。

仲：玻尔说过，第一次学量子力学时如果感到不糊涂的话，这是不正常的。

肖：是的，包括本科生第一次学量子力学，要很清楚很难。这当中存在很多障碍，包括思维的障碍。

（六）平加伦先生访谈录

仲：您认为在高中课程中引入量子力学的意义是什么？

平：从量子力学的概念上来讲，让学生知道一些还是有好处的，从思维方式上进行感受。从某种意义上来讲，真正懂量子力学的人很少，多数人只是会用量子力学计算。

仲：懂量子力学的意思是什么？

平：就是对量子力学从基本原理到最后的结果的理解都要很清楚。像针对一些佯谬，从玻尔和爱因斯坦的一些争论里可以看出，这些还是很麻烦的。

仲：您的意思是从观念上？

平：对，从观念来看真正懂的人并不多。这样来看，在中学讲量子力学是不容易的。而在中学讲量子力学，反而可以突出物理的一些最根本的东西，即物理学归根到底是实验科学，总结在实验上观察得到了什么，然后去解释实验。

仲：就是理论跟实验相符合。

平：中学阶段主要是从实验角度上讲，实验的现象就在这里，你要去解释它，用经典物理学没法解释，那就得用到量子力学，这是解释微观世界的现象所必需的。量子力学中的基本概念有很多与常识相矛盾，表面上看来是和经典物理学相矛盾的，但是微观领域的实验是需要这种理论的。

仲：就是用经典物理学的观念、概念是没办法来做这个事情的。

平：让中学生从逻辑上搞清楚量子力学，这个很难，基本上是不可能的。

仲：这中间可能也涉及一些哲学的内容。

平：对，大学生也还基本搞不清楚，主要还是从实验上入手。

仲：到了微观领域就得用统计的观点才能解释好。

平：历史上的电子衍射实验，如不用波就没办法解释，它的花样和X衍射是相似的。从这个角度来讲，可跟学生强调，实践是检验真理的唯一标准。

仲：您的意思是让学生了解一点量子力学的知识是可以的，同时还要了解一些思想。以前学生们都认为经典理论相当于一个真理，但到了这里就不适用了。这实际上是对学生进行科学本质的教育。

平：科学本来就是证伪的，任何一个理论原则上来讲是一个有效的理论，但不是终结理论，在所研究的领域上是对的，或者说在测量误差范围内与实验是一致的，那么这个理论就可以用。经典物理在宏观领域是没问题的，量子效应没有显现，但是进入微观领域，量子效应就比较明显了，经典物理的结果就不适用了，从某种意义上讲就是误差太大了。

仲：您的意思是要让学生了解任何科学理论都不是终结真理，它可能会随着新的实验事实的出现还会改变。

平：对，是的。这正是科学发展的一个体现。

仲：这也是把量子力学引入高中物理课程的一个价值所在。不一定要让学生把所有的问题都能理解清楚，这受到了数学的限制。您认为哪些东西可以放到高中的课程当中？

平：首先几个相关的实验是要涉及的，即几个关于粒子和波的问题。

仲：就是说要先给学生一些物理学史上的经典实验。

平：像光的波动性和粒子性、黑体辐射、光电效应。实物粒子方面有电子的衍射实验、戴维孙－革末实验、康普顿效应等。

仲：黑体辐射和普朗克的量子假说是相关的，光电效应、康普顿效应和爱因斯坦的光子说是相关的，戴维孙－革末实验与电子衍射相关。

平：对。还有就是在讲光谱的时候，涉及玻尔的原子理论、氢原子光谱的问题。

仲：就是要有一些实验，实验相当于给学生一个情境，引入物理学的概念，有哪些概念可以引入高中物理课程？

平：概念是比较难的，像德布罗意关系没有问题，波函数我估计就比较难了。

仲：波函数对于量子力学是最重要的。

平：是的，最关键的，波函数牵涉到波动的理论，首先要学过机械波部分，知道怎么样来描述波。

仲：那可能讲不到那么多，不会给出波动方程的，只讲波的概念。

平：这样我就觉得很难了。

仲：而且波函数出来后，还要解读。

平：这个我觉得是比较麻烦的。

仲：您认为德布罗意波是可以涉及的。

平：是的。真正讲到概念，原子光谱这类的都可以。

仲：光的波粒二象性以及电子的波粒二象性这些是可以涉及的？

平：这个可以。

仲：关于原子方面呢？

平：真正用量子力学来研究原子会超出范围，可在讲玻尔理论的时候引出，那是早期的量子论，半经典、半量子，用经典的概念加入一些量子的条件，去处理一些问题，可以得出与实验相一致的结果，这是量子论发展的一部分。

仲：如何处理玻尔理论中的轨道？

平：用轨道的概念可以把玻尔理论讲得很清楚，我不知道学生有没有驻波的概念？

仲：波动的概念讲了，但没有讲驻波。用德布罗意的波长和驻波可引入量子化概念？

平：对，这样量子化就可以引入了。玻尔理论最重要的是有一个定态假设，什么叫定态假设呢，实际上如果有驻波的概念的话，它就是一个驻波。

仲：国外有很多教科书是这样讲的，讲了德布罗意波长以后，则轨道的周长刚好是德布罗意波长的整数倍。

平：对，刚好是它的整数倍。这是一个半经典、半量子的方法，原子光谱这样就出来了，它不需要把上面的常数都解释清楚，只需要把轨道的关系找出来就完了，定义玻尔常数就可以了。但是如果之前没有驻波的概念，这个也是没办法进行的。

仲：就像玻尔一样，强加给它一个量子化条件。我们现在处理的方法是把轨道概念弱化一点。另外,电子云模型要不要提出来？化学上讲过，是直接告诉学生的，介绍了历史上的原子模型。

平：书上提供了很多电子云的图，这些图是什么意思？

仲：就是告诉学生，本来玻尔说，电子只能出现在这些轨道上，其他地方是不能出现的，量子力学告诉我们，电子的分布是概率分布，不能规定它就一定在这个轨道上，它是什么地方都能出现的，只是在对应于玻尔轨道的地方出现的概率大一些。

平：实际上就是表征了电子出现概率的大小。

仲：您认为不确定关系可不可以讲？

平：不确定性关系是可以讲的，因为这个好讲，学生容易接受。有了光的单缝衍射现象为前提，学生就好理解了，就是用单缝衍射来说话。要测量一个粒子在 y 方向的位置，因为微观粒子是看不到的，所以只好用一个单缝去卡它，如果后面放一个屏，通过这个屏，那它的 $y=0$，这样就能求出了。如果想精确一点，那就使缝宽小一点，最后的结果是衍射图样。如果粒子要跑到离开中心位置的上面的地方去，那么在那里也出现电子，因为电子通过缝以后没有相互作用，过来的时候在 y 方向是没有动量的，后来动量变了。这样有实验，用实验来说话，从概念上来讲就不需要要求那么高了。

仲：您的意思是说，这些要讲一些概念？还是用实验来说话？

平：在中学讲量子力学一定是要用实验来说话，因为完全用理论学生是跟不上的。

仲：光和实物粒子的波粒二象性，还有原子方面的玻尔模型是不是也要提一提？

平：对，原子光谱、线状光谱，这些是必须要有的。

仲：量子力学的基本概念涉及波函数，这些知识可能还是难以讲解的，可能有一些概念还是可以说一说，像统计性。

平：对，这个还是要讲一下的。

仲：关于这一部分内容的安排，国外和国内是差不多的，基本上都是用历史的线索来安排的，您觉得这样处理是不是比较合适？

平：我觉得这样是比较合适的。

仲：那这样做您认为有什么好处呢？

平：历史上就是先发现了实验现象，你要解释这个现象，经典物理遇到困难，这时就必须要用量子理论，这也是科学发展的一个规律，学生理解起来也有好处，碰到新的理论，它正确与否，不在于你理论上的推导，而在于它能不能描述、解释实验。这样的话，一系列新的实验出来，你要去解释这些现象，你就要有新的理论，这时量子力学也就应运而生了。历史上就是这样一步一步地过来的，学生理解起来容易接受。

仲：相当于让学生重走科学家的道路。

平：这是对学生思维的一种训练，告诉他们今后如果要做科学研究工作，应该怎么去做。

仲：相当于科学事业是怎么运作的，物理学家遇到这些问题是怎么做的。给学生一个提示，以后如果要从事科学研究工作，也要这样做。

平：对，是这种方法。

仲：您给本科生、研究生在上量子力学课程，您认为从大学高度，或者说高中与大学的衔接上来看，应该注意什么？

平：大学中的这部分教学不可能考虑到高中的学习内容，目前看不出来需要什么样的衔接，还是从头讲起。高中如果要对大学这部分的教学有所帮助的话，还是要让学生有一种感觉，并接触过量子力学的一些新的概念。每次我上量子力学的时候，都跟学生强调，你第一遍学习不要希望把量子力学搞懂，你先要做到依样画葫芦，我告诉你怎么做，你就怎么做。你会做就行，这是第一遍。你如果要想把量子力学学好，就要把第二遍学好。因为量子力学中很多概念是很难分清楚顺序的，有些东西是交织在一起的。这样学过一遍以后，有了一个基本的概念，再去学，才能前后融会贯通。

中学如果要讲这部分内容，最主要是给学生树立一个正确的概念，让其明白量子规律跟经典物理的差别在什么地方。把这些概念搞清楚，到大学再学量子力学时不感到陌生，这样就很好。

仲：就是大学学量子的时候一提到一个概念，学生就能想到在高中时学过。

平：对。去学一个没有听过的知识，不管是什么内容，都比较难。如见过这个东西，听到过这个概念，尽管对它不是了解得很清楚，但当你再碰到它就不会感到害怕了。

仲：刚才您还提到一个观点，在微观世界用量子力学处理问题的时候，和经典物理还是有差别的，学生要有这样的思想。

平：人们研究各学科的时候，就是在每一个领域里都找最有效的理论来处理问题。物理学研究的理想是能有一个最一般的理论，把所有的东西都能解释。但实际上在处理具体问题的时候是不可能这样的。方程原则上都可以写出来，但是方程的阶数可能是无穷阶，都解出来是做不到的，这时候能不能找一些有效的理论，只要它可以描述这个领域的事情就行了，实际上各个学科都有自己的有效理论。

仲：这是带有经验性的。

平：对。分子物理中处理分子的一些情况的时候，就是把原子当作点粒子，不考虑原子的结构，原子间的相互作用用一种等效的方法来处理。

仲：您的意思是高中时给学生一些概念就可以？

平：是的。要跟学生强调的就是，实验上有需要，要解决这些问题，就必须要用这些理论。

仲：刚才我给您看了课程标准，还有高中的教科书，您觉得这样安排是不是恰当？

平：最重要的是，教科书一定要在各方面经得起推敲，不能有不正确的知识在里面，你可以不讲，要讲就讲对的，不能有科学性错误。

有一次我看中学教材里面就有错误，像一本书上有一个电子衍射的图样，那很漂亮，实际上电子衍射做不到那么漂亮，那其实是X射线的衍射。

仲：量子力学和相对论的情况还是不一样的，它们在哲学层次上争论是很多的。

平：是的，到现在这些争论还没结束。量子力学最麻烦的就是测量的问题，不测量没有任何问题，一到测量就麻烦了。实际上人们想获得一个客观对象的知识，是不可能做到真正客观的。

仲：您的意思是在构建理论的时候人为的影响很大？

平：这个很显然，你说电子自由运动是这样，你怎么知道它这样运动？你要知道你就必须去测量，你测量你就干扰了它，你的干扰对它有什么影响呢？你得到的信息是你干扰之后的信息，不是它处于自由状态的信息。

仲：这也牵涉到玻尔和爱因斯坦的争论。

平：是的。玻尔及其哥本哈根学派更强调实验，你测量得到什么东西就是什么东西，不需要知道它在不测量时是什么样，理论能解释实验结果就行了。爱因斯坦更倾向于一个完美的理论，能描述所有的事情。他就认为自然界是客观存在的，我要有一个理论来描述自然界，不管你人在不在，自然界就是按这个规律运行的，就是自然界本来的一种东西。玻尔是不同意这样的，他认为这是做不到的。

仲：爱因斯坦认为这些都是一些阶段性的理论，最终的理论不应该是这样的。

平：是的。

仲：那平老师您更倾向于哪种观点？布拉格也被问到过这个问题，他说："我的理性追随玻尔，但是我的心智是跟着爱因斯坦的。"

平：很多人都会这样回答。自然界作为一个客观存在，即使在其他星球上没有人，它还在那里，与人在不在其实是没有关系的。但是牵涉到理性，你要了解这个事情，你的存在就带来了麻烦。我认为玻尔这一派要研究自然界，是没法避开这种情形的。

现在的实验中没办法把人为的因素去掉。在经典物理学中可以把人为的因素完全去掉的，就相当于我是一个旁观者，我完全不参与。但量子力学避不开这个问题。

附录5 美国使用范围最广的高中物理教科书[1]

类型	教科书（编者/出版社）	各年份使用比例/%							
		2013	2009	2005	2001	1997	1993	1990	1987
常规一年物理课程	1.*Physics:Principles and Problems*（Zitzewitz/ Merril–Glencoe）	26	32	40	49	53	44	42	33
	2.*Conceptual Physics–HS Level*（Hewitt /Addison Wesley）	27	23	16	13	13	9	*	*
	3.*Holt Physics*（Serway，Faughn/ Holt）	30	32	25	13	—	—	—	—
	4.*Physics:Principles with Applications*（Giancoli/Prentice Hall）	7	6	5	—	—	—	—	—
	5.*Modern Physics*（Trinklein/ Holt）	—	—	*	5	20	23	32	36
概念物理课程	1.*Conceptual Physics–HS Level*（Hewitt /Addison Wesley）	73	80	76	75	74	79	75	27
	2.*Holt Physics*（Serway，Faughn/ Holt）	9	5	—	—	—	—	—	—
	3.*Physics:Principles and Problems*（Zitzewitz/ Merril–Glencoe）	5	7	*	6	7	8	7	28
荣誉生物理课程	1.*Holt Physics*（Serway，Faughn/ Holt）	33	28	26	9	—	—	—	—
	2.*Physics:Principles and Problems*（Zitzewitz/Merril–Glencoe）	18	21	18	30	25	18	*	*
	3.*Physics*（Giancoli/Prentice Hall）	19	20	17	16	19	14	10	7
	4.*College Physics*（Serway，Faughn/Harcourt–Brace）	6	8	8	9	*	—	—	
	5.*Physics*（Cutnull，Johnson/ Wiley）	—	—	8	7	*	—	—	—
	6. *Conceptual Physics–HS Level*（Hewitt /Addison Wesley）	11	8	6	*	*	*	*	*

[1] TESFAYE C L，WHITE S. High school physics textbooks，resources and teacher resourcefulness [R]. http://www.aip.org/sites/default/files/statistics/highschool/hs-textbooks-13.2.pdf.

说明：–表示没有统计；*表示使用比例低于5%。

续表

类型	教科书（编者/出版社）	各年份使用比例/%							
		2013	2009	2005	2001	1997	1993	1990	1987
	7.*Modern Physics*（Trinklein/Holt）	—	—	5	*	15	20	27	28
	8.*College Physics*（Wilson and Buffa/ Prentice Hall）	—	—	5	—	—	—	—	—
AP-B	1.*Physics*（Giancoli/Prentice Hall）	37	36	35	33	27	28	—	—
	2.*College Physics*（Serway & Faughn/Harcourt-Brace）	24	26	20	25	24	10	—	—
	3.*Physics*（Cutnull & Johnson/Wiley）	—	—	19	15	9	—	—	—
AP-C	1.*Fundamentals of Physics*（Haliday et al./ Wiley）	36	7	45	47	41	39	—	—

图书在版编目（CIP）数据

高中物理量子理论课程研究／郭玉英主编．—南宁：广西教育出版社，2016.12

（中国物理教育研究丛书）

ISBN 978-7-5435-8228-6

Ⅰ.①高… Ⅱ.①郭… Ⅲ.①中学物理课—教学研究—高中 Ⅳ.①G633.72

中国版本图书馆 CIP 数据核字（2016）第 320556 号

策　　划　黄敏娴　黄力平
责任编辑　潘姿汝
装帧设计　刘相文
责任校对　杨红斌　何　云
责任印制　胡庆团
封面题字　李　雁

出 版 人：张华斌
出版发行：广西教育出版社
地　　址：广西南宁市鲤湾路 8 号　　邮政编码：530022
电　　话：0771-5865797
本社网址：http://www.gxeph.com
电子信箱：gxeph@vip.163.com
印　　刷：广西壮族自治区地质印刷厂
开　　本：787mm×1092mm　1/16
印　　张：15.5
字　　数：229 千
版　　次：2016 年 12 月第 1 版
印　　次：2016 年 12 月第 1 次印刷
书　　号：ISBN 978-7-5435-8228-6
定　　价：34.00 元